한국인, 당신의 빛나는 창의성이
세상을 더욱 아름답게 바꾸리라 믿습니다.

_____ 님께

_____ 드림

창의성의 발견

창의성의 발견

2011년 1월 5일 초판 1쇄 발행 | 2021년 9월 7일 9쇄 발행

지은이 최인수
펴낸이 이성만

마케팅 권금숙, 양근모, 양봉호, 임지윤, 이주형, 신하은, 유미정
디지털콘텐츠 김명래 **경영지원** 김현우, 문경국
해외기획 우정민, 배혜림
펴낸곳 (주)쌤앤파커스 **출판신고** 2006년 9월 25일 제406-2006-000210호
주소 서울시 마포구 월드컵북로 396 누리꿈스퀘어 비즈니스타워 18층
전화 02-6712-9800 **팩스** 02-6712-9810 **이메일** info@smpk.kr

© 최인수 (저작권자와 맺은 특약에 따라 검인을 생략합니다)
ISBN 978-89-6570-004-3 (03180)

- 이 책은 저작권법에 따라 보호받는 저작물이므로 무단전재와 무단복제를 금지하며, 이 책 내용의 전부 또는 일부를 이용하려면 반드시 저작권자와 (주)쌤앤파커스의 서면동의를 받아야 합니다.
- 이 책의 국립중앙도서관 출판시도서목록은 서지정보유통지원시스템 홈페이지(http://seoji.nl.gc.kr)와 국가자료공동목록시스템(http://www.nl.go.kr/kolisnet)에서 이용하실 수 있습니다.
- (CIP제어번호: CIP2013005457)

- 잘못된 책은 구입하신 서점에서 바꿔드립니다.
- 책값은 뒤표지에 있습니다.

쌤앤파커스(Sam&Parkers)는 독자 여러분의 책에 관한 아이디어와 원고 투고를 설레는 마음으로 기다리고 있습니다. 책으로 엮기를 원하는 아이디어가 있으신 분은 이메일 book@smpk.kr로 간단한 개요와 취지, 연락처 등을 보내주세요. 머뭇거리지 말고 문을 두드리세요. 길이 열립니다.

창의성의 발견

창의성은 언제, 어디서, 무엇에 의해, 어떻게 발현되는가

|최인수 지음|

Creativity

contents

Prologue 누구나 원하는, 그러나 아무도 알지 못하는 창의성을 찾아서 **12**

Who
어떤 사람이 창의적인가?   **20**

적당한 창의성, 똑똑한 창의성   **24**

창의적인 사람의 특성 : 인지, 성향, 동기   **27**

백인백색, 과연 누가 창의적인가?   **29**
창의적인 '완소남' vs 창의적인 이기주의자 | 한국의 창의 vs 일본의 창의 vs 중국의 창의 | 17세기의 창의 vs 21세기의 창의

그럼에도 변하지 않는 특성은 있다 : 태극창의성   **37**
첫 번째 태극 : 내향성 vs 외향성 | 두 번째 태극 : 확산적 사고 vs 수렴적 사고 | 세 번째 태극 : 상상력 vs 현실감각 | 네 번째 태극 : 남성성 vs 여성성 | 다섯 번째 태극 : 겸손 vs 자존심 | 여섯 번째 태극 : 놀이 vs 일 | 일곱 번째 태극 : 전통 vs 혁신

창의적인 사람도 사람이다   **50**

Where
창의성은 어디에 숨어 있는가? 54

〈비너스의 탄생〉과 윈도 57

창의성의 세 박자 모델 : 세상사 모두가 세 박자 쿵짝! 61
첫 번째 박자 : 개인 | 두 번째 박자 : 평가자 | 세 번째 박자 : 평가된 산물 |
세 박자 모델은 움직인다, 불만과 함께

대한민국이 혁신의 터전이 되기 위해 필요한 것 68

아름다운 선율을 만드는 세 박자의 조건 72
평가자 : 자유와 자격을 갖추었는가? | 평가된 산물 : 정보가 막힘없이 흐르고 있는가? | 개인 : 열망과 능력이 내 안에 있는가?

세 박자 모델로 스스로를 점검해보자 76
교육과 세 박자 : 위계질서가 창의성을 내리누르지는 않는가? | 기업과 세 박자 : 현재에 발목 잡혀 미래를 밀쳐두고 있지는 않은가? | 벤처와 세 박자 : 기업가정신이 살아 숨 쉴 환경인가? | 검열과 세 박자 : 지금 누가 당신을 감시하고 있는가? | 그 많던 창의적 천재들은 다 어디에?

Why
왜 재미에 목숨 걸어야 하는가? 88

"이렇게 멋진 일을 평생 하고 살 거야!" 91
공자님도 말씀하셨다, "즐겨라!"

일은 일, 놀이는 놀이? 96
일과 공부는 정말 재미가 없을까?

일이 놀이로 바뀌는 순간, 플로우 101
플로우의 조건 1 : 난이도와 능력의 조화 | 플로우의 조건 2 : 분명한 목표 | 플로우의 조건 3 : 즉각적이고 명확한 피드백

대한민국 '영재'들은 플로우를 알까? 107
기업에서 플로우는 어떻게 가능한가? 110
희망은 보인다 114
프로독자들을 위한 보너스 : 플로우인가, 몰입인가, 아니면 플로인가?

When
창의성에도 타이밍이 있다? 122

한글 모르는 아이에게 영어책 사주는 것은
풍요환경이 아니다 125
'미운 세 살'의 뇌는 창의성 보물창고 131
예술적 창의성은 아이에게서 134
인생에서 창의성이 정점에 이를 때 136
창의성 곡선이여, 위로, 더 위로! 139
나이 들어서도 상상력을 유지하는 방법 | 유아의 창의성 개발, 중점은 어디?
창의적인 아이로 키우는 부모는 따로 있다 144
조금 낮게, 조금 천천히

What
당신의 창의성은 몇 점? 156

IQ로 창의성을 알 수 있을까? 158
영재와 인재, 이들의 선결조건 160
어떤 창의성 검사들이 있나? 161
인지·지각검사 | 창의적 성향 검사 | 창의적 산물 검사 | 테스트 말고

다른 방법은 없을까?
입학사정관제도로 창의적 인재를 선발하려면　178
창의성을 측정하는 궁극의 질문　181

6 How
창의적 문제해결, '유레카!'는 잊어라　188

멋있는 순간?　190
창의적 문제해결의 4단계　194
기존의 것으로 창의적 결과를 만드는 방법　198
서로 다른 것을 연결하는 능력
지식과 창의적 문제해결의 상관관계는?　203
IQ는 창의성과 관련이 있을까?
경험 : 창의성의 밑천이자 장애물　208
컴퓨터는 창의성을 가질 수 있을까?　210
문제해결 마지막 단계에서 사회문화를 생각하는 이유　211
다시 창의적 문제해결을 정의한다　213
창의적인 문제를 해결한다 | 문제를 창의적인 방법으로 해결한다

7 How
내 안의 창의성 꺼내기　220

창의적 아이디어를 위한 첫 번째 다중물 :
아이디어 생성기법들　223

플러스-마이너스 방법 | 창의적 문제해결법(CPS) | 브레인스토밍 | 마인드맵 | 강제연결법

창의적 아이디어를 위한 두 번째 마중물:
창의적 한국인들의 문제해결법　　　　　　　　　　240
원천적인 문제를 찾아라 | 머리를 쉬지 마라, 계속 상상하라 | 심신의 조화를 꾀하라 | 심리적 데드라인을 앞당겨라 | 반대로 생각하라 | 개방적이 되어라, 열심히 들어라 | 그만둘 때를 알아라 | 열심히 일한 당신, 떠나라

창의적 아이디어를 위한 세 번째 마중물:
일반인들의 노하우　　　　　　　　　　　　　　　247

일상이 바뀌어야 인생이 바뀐다　　　　　　　　　　251

8 인성이 없으면 창의성도 없다　　256

창의적 이기주의자로 키우지 않기 위해　　　　　　258
창의인성 교육은 과연 가능한가?　　　　　　　　　262
창의성 교육과 인성교육이 결합되어야 하는 이유　　264
창의인성 교육이 뿌리 내리기 위해서는?　　　　　　268
이것은 창의인성 교육이 아니다　　　　　　　　　　274

9 한국인에게 맞는 창의성 DNA를 찾아라　　280

한국인이여, 창의성 DNA를 갖춰라!　　　　　　　285
하고 싶은 것을 한다 | 최고를 지향한다 | 다른 우물에 욕심 내지 않는다 |

학이시습지 불역열호아 | 구성원으로서 사회에 다해 책임진다 | 인간관계를 포기하지 않는다 | 관심과 경험을 넓혀나간다 | 거방적이다 | 근면하다 | 위험을 감수하고 뛰어든다 | 운을 끌어들인다 | 문제발견·해결능력이 있다

우리 사회는 개인의 창의성을 어떻게 뒷받침하는가 : IT산업을 중심으로　　301
사회문화적 요소 | 정부의 지원

창의성은 없다　　308

창의성은 정의(定義)가 없다　　311
탁월한 천재의 단독플레이로 만들어지는 창의성은 없다　　314
기준이 바뀌지 않는 한, 아동의 창의성은 없다　　317
뇌 반쪽짜리 창의성은 없다　　321
당신의 창의성을 한 번에 맞히는 검사는 없다　　323
창의성의 팔방미인은 없다　　325
'우물 안 개구리'에게는 창의성이 없다　　327
영혼 없는 비즈니스의 미래는 없다　　329
문화와 스토리 없이는 창의성도 없다　　331
과욕으로는 창의성을 얻을 수 없다　　332

Epilogue　열망이 창의성을 이끌어간다　　336
감사의 글　　340

누구나 원하는,
그러나 아무도 알지 못하는
창의성을 찾아서

우리는 여전히 창의성을 모른다

IMF 위기를 기억하는가? 세계적인 경영자문회사의 분석에 따르면 우리나라가 IMF의 도움을 받을 수밖에 없게 된 주된 이유가 창의적 지식을 창출할 수 있는 능력이 부족한 데다 사회환경 또한 창의성을 지지하지 못하기 때문이라고 했다.[1]

그 지적에 자극받아서일까? 이제 우리는 창의성이 중요하지 않다고 생각하는 사람은 한 명도 없는 나라에서 살게 되었다. 어른 아이 할 것 없이 누구나 '창의적 인재'가 되기 위해 안간힘을 쓰고, 기업은 창조경영을 기치로 내걸며, 정부는 창의실용을, 수도는 창의시정을 주창하고 있다. 여기저기 하도 창의, 창조를 말하느라 이제는 진부하다 못해 식상하다는 느낌까지 줄 정도다.

문제는 그렇게 중요하다는 창의성에 대해, 막상 알고 있는 게 없다는 사실이다. 과연 창의성이 무엇이냐고 물어본다면 '그것은 이런 거다'라고 말해줄 수 있는 사람이 몇 명이나 될까? 너무나 익숙하게 생각하고 있지만 오히려 낯선, 그래서 당황스럽고 골치 아픈 개념이 바로 창의성이다.

중요하긴 한데 제대로 알지는 못하니, 이런저런 부작용이 나타난다. 창의성 교육과 관련된 강연회에는 어머님들이 몰려들어 북새통을 이루는데, 따지고 보면 '창의적인 아이'가 아니라 '공부 잘하는 아이'로 키우고 싶은 열망으로 가득하다. 그러니 아이가 자기 생각대로 표현해도 '정답'이 아니면 빨간 펜으로 체크하기를 주저하지 않는다.

어릴 때 IQ 점수가 조금만 높게 나오면 그 아이의 앞길에는 당장 '영재교육원-영재중학교-특목고-아이비리그 또는 명문대'라는 창창한 로드맵이 그려진다. 굳이 공부 잘하는 아이가 아니더라도 요즘 1~2년 선행학습에 이런저런 특기교육은 기본이다. 다 우리 아이의 창의성을 틔워주기 위한 일환이라는 것이다.

교육에서만 그런 게 아니다. 기업에서 미래의 인재를 선발한다며 창의적인 질문을 던져 신입사원을 뽑아놓고는, 정작 그들이 특이한 아이디어를 내면 "이게 되겠어?"라는 상사의 지적이 날아든다.

이렇게 적고 보니, 우리가 말로는 '창의성 개발'이라 하면서, 실제로는 '공부 잘하는 법'이나 '모나지 않게 성공하는 법'을 찾고 있는 건 아닌지 하는 의구심이 든다. 창의성이 한낱 듣기 좋은 수사(修辭)로 전락한 것은 아닐까.

이 책은 우리 현실에 대한 안타까움과 개인적인 반성에서 쓰게 되었다.

대형 서점에서 창의성에 관한 책을 찾아보면 성인용 책은 대부분 자기계발서다. 습관을 잘 들이거나, 잘 놀거나, 생각을 바꾸면 창의성이 늘어날 것이라는 희망을 주는 책들이다. 아이들의 책은 제2의 빌 게이츠, 안철수가 되기 위해 필요한 능력들을 키워준다는 위인전, 지능을 높여준다는 학습지, 창의성과 거의 동격으로 인식되고 있는 '확산적 사고'를 키워준다는 프로그램 책들로 채워져 있다. 한편 창의성 자체를 알고 싶은 사람들은 발품을 팔아 전문서적을 뒤적여보지만, 그건 또 어렵고 복잡해서 쉽게 도전을 접는다. 그렇게 중요하다고 사방팔방 떠드는데 도대체 창의성에 대한 변변한 소개서 하나 없다는 사실이, 창의성에 오랫동안 관심을 가져온 사람으로서 더 이상 피할 수 없는 책임의 방기라는 생각을 하게 된 것이다.

이에 못지않게 심각한 문제는, 그나마 소개된 책들이 모두 외국의 이론을 그대로 들여온 것들이어서 한국문화에 대한 고려가 거의 없다는 사실이다. 나는 오래전부터 '한국적 창의성'을 찾는 일에 관심을 가져왔다. 물론 한국적 창의성이라는 것이 있는지에 대한 답은 그리 간단하지 않았다. 전문가들조차 "창의성이면 창의성이지, 한국적 창의성이라는 것이 존재하는가?"라고 반문할 정도였다(그랬던 분이 지금은 나와 함께 공동연구를 수행하고 있다).

하지만 나는 창의적 결과물을 얻는 데는 그 사회와 문화의 특성이 매우 중요하다고 믿고 있다. 외국인에게서 추출한 멋진 이론들이 과연 우리나라의 상황에 그대로 적용될 수 있을지 의문이 드는 것이다. 물론 외국 이론을 빌리지 말자는 얘기는 아니다. 어찌됐든 창의성 연구에서 그들이 훨씬 앞서가고 있음은 사실이므로. 다만 그것을 한국적인 상황을 고려해 재창조하자는 것이다. 그렇게 해야 세계화와 보폭을 같이하면서도 우리만의 독창성을 지니는 양수겸장의 창의성을 보유할 수 있다고 생각한다.

창의성의 정체, 육하원칙으로 풀어보자

이 책은 그런 창의성의 개념을 좀 더 쉽게 풀어보자는 의도에서 쓰게 되었다. 이해를 돕기 위해 내가 접근한 방법은 육하원칙에 의거해 풀어보는 것이다. 육하원칙이란 알다시피 '누가, 언제, 무엇을, 어디서, 어떻게, 왜' 했는가라는 질문으로 문제를 풀어가는 방법이다.

창의성과 이 6가지 질문을 합치면 무한한 조합이 가능하다. 예를 들어 창의성과 '언제'를 붙이면 '창의성은 언제 발달하는가', '언제 창의성이 필요한가'. '창의성 연구는 언제 시작되었는가' 등 여러 가지 질문이 가능하다. 그 많은 조합 중에서 내가 꼭 집어서 연관시킨 질문들은 다음과 같다.

'누가' 부분에서는 어떤 사람이 창의적인 사람인가에 대해 이야기할 것이다. 도대체 어떤 특성이 창의적 성취를 이루게 도와주는가를 살펴본 후, 한국에서 인터뷰한 창의적 인물들에 대한 분석내용을 추가할 것이다.[2]

'누가'라는 질문은 필연적으로 창의성이 '무엇'인지라는 또 다른 질문으로 연결된다. 요즘 우리나라 아이들에게 창의적인 사람에 대해 물어보면 '똑똑하고, 인기 많고, 리더십 있고, 심지어는 '꽃보다 남자' 수준의 외모를 갖춘' 완벽한 사람으로 답한다. 그런데 동시대를 살면서 우수한 대학에서 학생을 가르치는 분들의 의견은 사뭇 다르다. '이기적이고, 타협을 모르고, 어딘가 조금 이상한 사람'으로 창의적인 사람을 생각하고 있다는 것이다. 당신의 생각은 어느 쪽에 가까운가? 도대체 왜 이런 차이가 생겼을까? 1장에서는 이런 차이가 창의성의 개념에 대해 우리에게 던져주는 시사점은 무엇일지를 생각해볼 것이다. 창의성이 무엇인지를 알아야 교육을 할 수 있고, 평가할 수 있을 것이기 때문이다.

한편 이와 관련해 5장에서는 영재교육기관이나 기업에서 선발도구로 실제로 사용하고 있는 창의성 검사의 종류와 측정방법을 소개하면서, 어떤 근거로 창의성을 측정하는지를 설명할 것이다. 이들 검사의 허와 실은 무엇인지도 살펴보겠다. 아울러 8장에서는 창의인성 교육은 무엇이고 어떻게 해야 하는지를 다루어보겠다.

다음 질문은 '어디서'다. 창의성이 어디서라니? 의아한 질문이 아닐 수 없다. 내가 던진 질문은 '창의성은 어디에 존재하는가?'다. 이 주제는 이 책의 흐름을 읽는 데 매우 중요한 틀이다. 창의성은 개개인의 머릿속에 있는가, 아니면 사회문화적인 환경에 영향을 받는가? 우리 회사의 신입사원은 매우 치열한 경쟁을 통해 선발했고, 창의성

향상을 위한 연수까지 마쳤으니 이제 기다리기만 하면 된다고 생각하는 사람은 창의성은 개인의 역량 속에 있다는 입장을 지지한다고 볼 수 있다. 그러나 배정부서, 수행평가 방식, 기업문화, 의사소통 등 그 직원이 속한 환경이 창의성의 발현에 영향을 미친다고 생각하는 독자는 2장을 유념해서 읽어주기 바란다.

'언제'와 관련해서는 우리 인생의 발달단계와 창의성과의 관련성을 다루게 된다. 논리적 능력과 창의적 상상력이 인생 전체에 걸쳐서 어떻게 발달해나가는가, 그리고 그에 따라서 창의성 교육은 어떻게 진행되어야 하는가를 검토해본다. 4장에서는 창의적으로 풍요한 환경은 어떤 것인가, 그리고 창의성을 함양하기 위해 부모의 역할은 어떠해야 하는가를 살펴볼 것이다.

네 번째는 의문사는 '어떻게'다. 워낙 많은 사람들이 관심을 가지고 있는 주제이니만큼 두 장으로 나누어 설명하고자 한다. 6장에서는 우리 머릿속에서 어떻게 창의적인 문제해결이 이루어지는지를 다룰 것이다. 문제해결의 단계, 지능과 문제해결과의 관련성 등 전체적인 이론적 틀이 검토된다.

이어지는 7장에서는 구체적인 문제해결 기법과 실제 적용사례들을 살펴보겠다. 한번쯤은 들어보았을 법한 창의적 문제해결법(CPS),[3] 마인드맵, 강제연결법, 브레인스토밍과 같은 아이디어 발상법 등, 실제 활용할 수 있는 실용적인 정보가 제시될 것이다. 또 한국의 창의적

인물들이 문제해결을 하는 방법들도 소개하겠다. 대학생들이 스스로 경험하여 추천하는 문제해결 기법도 보너스로 제시된다.

마지막으로, '왜'다. 나는 전부터 왜 창의적인 사람들이 자기가 하는 일에 그렇게 빠져서 몇 날 며칠 에너지를 쏟으며 몰입하는지 매우 궁금하게 생각해왔다. 사실 이 의문이 내가 창의성을 연구하게 된 배경이기도 하다. 어찌 보면 창의성의 본질을 밝히는 단초가 여기에 숨어 있기 때문이다. 이에 대한 내용을 3장과 9장에서 자세히 설명하도록 하겠다.

가급적 편하게 읽을 수 있도록 노력하면서 글을 써나갈 예정이나, 이 책에서 설명하거나 주장하는 것이 실제 연구결과에 근거하고 있는 만큼 조금 긴 호흡을 필요로 할 때가 있다. 내용에 따라 독서속도의 완급을 조화롭게 조절하면 좋을 것 같다. 좀 더 구체적인 학문적 정보가 필요한 분들은 해당 장의 끝에 있는 주(註)를 참고해서 이해의 폭을 넓혀갈 수 있을 것이다.

자, 설명이 길어졌다. 이제 본론으로 들어가보자. 당신의 창의성이 한층 업그레이드될 단초를 이 책 어딘가에서 발견하게 되기를 바란다.

최인수

주(註)

1 Booz·Allen & Hamilton. (1997). "Revitalizing the Korean Economy Toward the 21st Century." Seoul : KDI.
2 Choe, I. S. (2006). "Creativity : A Rising Star in Korea." In. R Sternberg (Ed.), *International Handbook of Creativity* (pp. 395-420). NY : Cambridge University Press, 2006.
3 Treffinger, D. J., Isaksen, S. G. & Dorval, K. B. (2000). *Creative Problem Solving : An Introduction*. Waco, TX : Prufrock Press.

Who

1

어떤 사람이 창의적인가?

  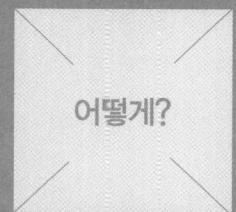

창의적인 사람은 기인(奇人)인가 '완소남'인가? 창의성에 대한 선입견은 사람마다 제각각이다. 잘못된 선입견은 자칫 엉뚱한 해법으로 우리를 오도할 위험이 있다. 그러므로 창의성에 대해 가지고 있었던 생각을 지우개로 지우고, 원점에서 다시 한 번 창의적인 사람들의 특성에 대한 범위와 시각을 넓힐 필요가 있다. 우리가 갈망하는 '창의적 인재'란 과연 어떤 사람들인가? 그들에게는 어떤 남다른 특성이 있어서 창의적 성취를 이룰 수 있었는가? 이 질문에 먼저 답하지 않으면, 창의성을 키우기 위한 출발점조차 잡지 못하게 될 것이다. 이 장에서는 창의적 성취를 이룬 사람들의 특성이 무엇인지부터 살펴보기로 하자.

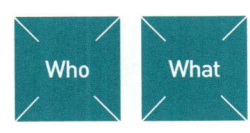

"'창의적 인재' 하면 누가 생각납니까?"

이런 질문을 받으면, 당신은 누구를 가장 먼저 지목하겠는가?

스티브 잡스? 레오나르도 다 빈치? 빌 게이츠?

언뜻 떠오르는 인물들이다. 아쉽게도, 우리나라 사람을 첫 손에 꼽는 이는 많지 않다. 우리나라에 창의적인 인물이 없어서가 아니라, 다른 선진국들에 비해 뒤늦게 창의성을 강조하기 시작했기 때문일 것이다.

현실이 이렇다 보니, 선진국을 따라잡기 위한 우리의 마음은 급하다. 너도나도 창의적 인재를 만들어준다는 자기계발서를 펼치고, 부모들은 '창의성 개발'이라는 문구가 붙은 각종 교재·교구를 자녀들에게 사다 나르느라 바쁘다.

그렇다면 우리가 그토록 갈망하는 '창의적 인재'란 과연 어떤 사람들인가? 그들에게는 어떤 남다른 특성이 있어서 창의적 성취를 이룰 수 있었는가? 이 질문에 먼저 답하지 않으면, 창의성을 키우기 위한 출발점조차 잡지 못하게 될 것이다. 따라서 이 장에서는 창의적 성취를 이룬 사람들의 특성이 도대체 무엇인지부터 살펴보기로 하자.

먼저 이 장을 시작하기 전에 준비물이 있다. 빈 종이와 필기도구다. 혼자서 해도 좋고, 여건이 되면 재미 삼아 온 가족이 함께 해도 좋다.
자, 준비가 되었으면 시작해보자.
지금부터 빈 종이에 머릿속에 떠오르는 창의적인 사람의 특성을 적어보자. 어떤 것이든 좋다. 여태껏 들어왔던, 생각해왔던 창의적인 사람들의 특성을 적는 것이다.
창의성! 참 오랫동안 들어왔고 무척이나 친숙한 단어인데. 막상 적으려니 어떤가? 쉽게 떠오르지 않을 것이다. 그나마 몇 개를 적어놓고도 이것이 진정 창의적인 사람의 특징인지는 자신이 없다.

왜 그럴까? 사람들에게 물어보면 대개 "알긴 아는데 말로 표현하기가 어렵다."고 한다. 이런 상태를 학문용어로는 간단하게 '모른다'고 한다.
그렇다. 우리는 의외로 창의성, 그리고 창의적인 사람에 대해 모르고 있다. 물론 그토록 귀에 못이 박히게 들어왔으니 전혀 모른다고 할 수는 없겠지만, 내가 알고 있는 것이 맞는지 틀리는지는 자신하지 못한다. 창의적인 사람이 되면 좋다고 온 나라가 난리인데, 도대체 뭘 어떻게 해야 하는지 알 수가 없다.

그래서 책을 본다. 지난달에 본 책은 20개의 특성만 알면 된다고 했는데, 이번에 보고 있는 하버드 대학 교수라는 사람의 책에는 30개의 특성이 있다. 다음 달에 보려고 찜해놓은 노벨상 수상자의 책에서는 논란을 불식시키는 40개의 '진짜 마지막 정리용 특성'이 실려 있다는 광고가 생각난다. 20+30+40=90. 모두 합치면 90개나 되는데, 그나마 30개는 중복되니 다행이라 해야 할까.

자, 주변에 이런 특성을 골고루 갖춘 사람이 있는지 찾아보자. 만약 있다면 둘 중 하나일 것이다. 신(神)이거나, 다중인격장애이거나. 무려 60개에 해당하는 창의적 특성을 모두 겸비했다면 이미 정상적인 사람의 범주를 벗어나기 때문이다.

그렇다면 궁금하다. 60개 가운데 정말 중요한 것은 무엇이며, 과연 몇 가지 특성을 갖춰야 창의적이라는 소리를 들을 수 있을까 말이다. 이 장을 읽으며 그 답을 찾아보자.

적당한 창의성, 똑똑한 창의성

자녀를 둔 부모님께 먼저 물어보자.

21세기에 가장 중요한 특성이 창의성이라는 것은 삼척동자도 다 아는 사실이다. 그렇다면 당신의 자녀가 진짜로, 참말로 매우 창의적이 되기를 원하는가? 너무나 창의적이라서 기존 질서와 규칙을 무시하고 튀는(?) 행동을 하기 일쑤지만, 언젠가 큰 인물이 되어 가족과 한국사회에 지대한 공헌을 할 것이라는 희망을 가지고 참고 견딜 수 있겠는가 말이다.

강연할 때 이런 질문을 던지면 어머님들은 당황하기 시작한다. 창의적인 아동으로 키우는 방법을 알려준다기에 바쁜 일정 마다하지 않고 달려왔는데, 정말 창의적인 아동으로 키우기를 원하는가라는 질문에는 선뜻 답을 못하는 것이다.

그중 한 어머님이 답한다.

"뭐, 그 정도까지는 아니고요. 그냥 적당히 창의적인 정도면 좋을 것 같아요. 스티브 잡스나 빌 게이츠 정도 말이죠."

적당한 창의성, 이것 참 어려운 이야기다. 그리고 스티브 잡스가 적당히 창의적이라는 말 그런 들도 보도 못한 바다.

결국 우리 부모님이 바라는 아이들은 적절히 창의적이어서 가족이나 학교생활에서 크게 어긋남이 없고, 경제적으로도 성공하는 그런 아이다. 그런데 그런 아이들에게 지금껏 우리가 붙였던 수식어는 '창의적인 아이'가 아니라 '모범생' 아니던가?

뭔가 이상하다.

이젠 선생님께 물어볼 차례다. 담임을 맡고 있다면 더 좋다.

당신의 학생들이 모두 다 창의적이 되기를 바라는가?

어째 좀 질문이 좀 이상하다. 그렇다면 이렇게 물어보자. 당신이 창의적이라고 평가하고 칭찬하는 학생은 과연 창의적인 학생인가, 아니면 똘똘하고 눈치 빠른 학생인가?

중국과 홍콩에서 이 질문에 대한 응답을 조사한 흥미로운 연구가 있다. 이들 교사들은 학생들에게 창의적인 사람이 되라고 가르치고 있지만, 막상 본인들은 똑똑하고 말 잘 듣는 학생을 선호한다는 것이다.[1] 이들이 생각하는 창의적인 사람의 특성 중에는 사회적으로 보기에 바람직하지 않은 기질도 포함되어 있기 때문이다.

우리나라의 경우는 어떨까? 우리나라 교사들을 대상으로 연구한 바에 따르면 두 가지 사실을 알 수 있다.[2]

첫째, 무엇보다도 우리나라 선생님들은 똑똑한 학생, 즉 여러 가지 특성 중에서 인지적 능력이 뛰어난 학생을 창의적이라 생각하고 있었다. 열정이나 독창성 등 창의성과 관련된 동기나 정의적 특성은 상대적으로 별로 고려하고 있지 않았다.

둘째, 잠재성보다는 현재 나타난 성취와 결과물을 창의성의 준거로 삼고 있었다.

결국 선생님들도 암묵적으로는 학교성적이 우수한 똑똑한 학생이 창의적이라고 생각한다는 것이다.

어쩌면 창의성이 무엇인지 잘 모르는 것보다, 이처럼 적당하고 똑똑한 창의성이 좋다는 생각이 오히려 문제가 될 수 있다. 모르면 채우면 되지만, 선입견은 바꾸기가 어려울 테니 말이다. 그러니 지금이라도 창의성에 대해 가지고 있었던 생각을 지우개로 지우고, 원점에서 다시 한 번 창의적인 사람들의 특성에 대한 범위와 시각을 넓힐 필요가 있다.

창의적인 사람의 특성 :
인지, 성향, 동기

창의적인 사람들의 특성에 대한 질문을 이번에는 집단에게 물어보자. 어떤 결과가 나올까?

자꾸 이런 질문을 하는 데는 중요한 이유가 있다. 바로 창의성에 관한 암묵적 지식을 얻기 위해서다.

책이나 강의를 통해 배운 것이 아닌, 일상생활을 하는 가운데 습득된 지식을 '암묵적 지식'이라 한다. 이와 대응되는 개념은 '명시적 지식'인데, 이는 교과서에 적혀 있는 지식이라고 생각하면 된다. 암묵적 지식은 현재 그 사회와 문화에서 사람들이 특정 사안에 대해 어떻게 생각하는지 전달해주는 좋은 자료가 된다.[3] 따라서 사람들의 진정한 판단을 읽으려면 암묵적 지식을 탐구할 필요가 있다.

내가 겪은 가장 최근의 경험을 말해보자. "자, 지금부터 여러분께 창의적인 사람의 특성에 대해서 물어볼 것입니다. 아무거나 좋으니 생각나는 대로 손들고 말씀해주시겠어요?"

위의 질문이 나가는 순간, 강연장을 꽉 메우고 필기준비를 끝내고 기다리던 젊은 엄마들은 갑자기 조용해진다. 방금 전까지 호기심에 차 나를 바라보던 눈은 지명을 피하고 싶어 하는 불안한 눈이 되어 있다. 앞서 설명한 대로, 잘 모르기 때문이다. 대답하는 데 익숙하지 않은 문화도 한몫할 것이고. 그러다 한두 명 지명해서 대답을 듣고,

맞거나 틀린 답은 없다는 격려와 감사의 말을 전한 후 칠판에 적기 시작하면 곧 물꼬가 터진다. 집단심리가 반대로 작용하는 것이다.

그들이 무작위로 답한 내용을 정리하면 크게 3가지 범주로 나뉜다는 것을 알 수 있다. 여기서 중요한 점은 3가지로 나뉜다는 사실이다. 먼저 어떤 범주인지 살펴보자.

첫 번째 범주는 '유연한 사고방식', '전혀 다른 것을 연합시키는 능력'과 같이 '머리'와 관련된 지적 특성을 말한다. 창의적인 사람은 머리와 관련된, 즉 '인지적인 능력'이 뛰어난 사람이라는 것이다.

두 번째 범주는 '호기심이 있다', '유머와 위트가 있다', '독특함을 추구한다'와 같이 '성격'과 관련된 특성이다. 창의적인 사람의 '성격적 특성'에 대한 의견이라고 볼 수 있다.

세 번째 범주는 '좋아하는 것을 한다', '목표의식이 뚜렷하다'와 같이 '동기'와 관련된 특성들의 모음인 것이다.

의미심장한 점은 이러한 질문을 다양한 계층, 다양한 연령대, 다양한 국가에서 실시해도 같은 묶음으로 정리된다는 것이다. 전 세계 어디를 가도 창의적인 사람의 특성은 인지적 요소, 성향적 요소, 동기적 요소로 나뉜다.[4]

그렇다면 전 세계가 생각하는 창의적인 사람은 똑같다는 말인가?

그렇지 않다. 범주는 3가지로 동일하지만, 그 범주에 들어가는 내용은 사뭇 다르다. 왜 그럴까?

백인백색, 과연 누가 창의적인가?

창의적인 '완소남' vs 창의적인 이기주의자

아래는 앞의 질문을 우리나라 학생들과 성인에게 물어서 얻은 결과를 비교한 표다. 왼쪽은 초·중·고등학생들, 오른쪽은 50대 이상 성인의 답 가운데 가장 많이 나온 성격 관련 특징 5개를 추출한 것이다.

자, 어떤 결과가 나왔는지 주목해주시기 바란다. 우리나라 학생들은 창의적인 사람들을 흡사 '완소남·완소녀'로 생각하고 있지 않은가? 남을 배려하고, 친구와 사이좋게 조화를 이루고 지내며, 관심도 다양하고 말이다. 5위 안에 들지 않은 특성들도 대부분 긍정적인 형용사로 구성되어 있다.

반면 우리나라 50대 이상의 성인들은 창의적인 사람들에 대해 상당히 부정적으로 평가하고 있음을 알 수 있다. 인기도 없고, 참을성도 없으며, 충동조절도 잘 못하고, 사람들과 조화로운 생활도 하지 못하며, 생각도 복잡한 그런 사람 말이다.

학생	순위	성인
남을 배려한다.	1	인기가 없다.
친구들과 잘 지낸다.	2	참을성이 없다.
조화를 이룬다.	3	충동적으로 행동한다.
대인관계가 좋다.	4	조화나 협력은 별로 중요시 하지 않는다.
관심이 다양하다.	5	생각이 복잡하다.

■ 표 '창의적인 사람'에 대한 우리나라 학생과 성인의 생각 차이

동시대에 같은 나라에 살면서도 창의적인 사람에 대한 생각이 이렇게 다를 수 있을까? 왜 그럴까? 어느 쪽이 더 정확히 판단하고 있는 것일까? 나아가 시대와 사회가 바뀌어도 변하지 않는 창의적인 사람의 특성은 과연 있을까? 아니면 이런 특성은 사회·문화에 따라 구성되는 것일까?

답을 고민하기에 앞서, 먼저 젊은 세대와 기성세대 간의 생각 차이가 이처럼 큰 이유는 무엇일까 생각해보자. 설명할 수 있는 가설은 두 가지다.

첫 번째 가설은 '세대차이'다.

창의성이 기존의 것들을 혁신적으로 대체하는 것이라고 본다면, 기성의 제도와 산물, 규범의 변화를 꾀하는 사람들은 젊은 세대에게 더 매력적으로 보일 수밖에 없을 것이다. 그러니 기성세대에게는 별로인 창의적 사람들이 젊은 사람들에게 인기를 끄는 것이다.

두 번째 가설은 '시대정신(Zeitgeist)' 또는 사회문화적 이유를 생각할 수 있다.

최근 우리나라에서 빌 게이츠나 스티브 잡스, 안철수 교수와 같은 창의적 인물을 다룬 언론보도나 인터뷰를 보면 공통점이 있다. 기사를 읽어보면 멋있고 부럽고 심지어는 존경스러운 마음까지 들게 한다. 영화 〈아바타〉를 만든 감독은 이 한 편으로 우리가 중형 승용차를 대략 9만 대 수출해야 벌어들일 수 있는 액수, 더 실감나게 비유하면 서울 강남의 중형 아파트 2,000채 정도를 사들일 만한 돈을 벌었다며, 우리나라에도 어서 이런 사람이 나와야 한다고 다그치는 기사가 실려 우리의 집단적 갈증을 부채질한다. 한때 줄기세포 연구를 통해 대한민국이 창의선진국으로 직행할 것 같은 희망도 품었지만, 설익은 조급증은 한바탕 사기극으로 끝나고 말았다. 이 밖에도 우리의 갈급함을 보여주는 사례는 주변에 넘쳐나지만, 여기에 다 소개할 필요는 없을 것이다. 요컨대 현재 대한민국에서 창의적인 사람은 우리나라의 미래를 짊어질 역사적 사명을 지닌 사람과 동격으로 그려진다.

  그렇지만 창의적인 사람을 동경하는 풍토는 사실 그리 오래되지 않았다. 1990년대 초반에 실시한 미국의 여론조사에 의하면, 창의적인 사람들은 자기 일에만 몰두하며 다른 사람이나 사회적 책임에는 무관심한 모습으로 그려지고 있다.[5] 불과 20여 년 전만 해도 이렇게 생각했다는 것이다. 귀를 자른 고흐나 우울증에 시달렸던 《폭풍의 언덕》의 에밀리 브론테, 일본에서 요절한 이상 등, 창의적인 사람들이 하나같이 괴팍하거나 부정적인 모습으로 그려지던 시절이 그리 오래된 이야기는 아니다.

  즉 창의적인 사람들의 모습은 그때나 지금이나 그대로인데, 그들을 바라보는 우리의 생각이 냉탕 온탕을 왔다갔다 한다는 것이다. 기성세대에게는 괴팍해 보이는 모습이, 지금의 젊은 세대에게는 우리를 구원해줄 〈매트릭스〉의 '네오' 같은 모습으로 대접받는다.

어느 해석이 더 그럴듯한가? 세대차이인가, 아니면 사회문화적 상황 때문인가? 아직까지 정답은 없다. 심증은 가지만 물증이 없다는 이야기다. 그러나 답을 구하는 방법은 의외로 간단하다. 사회·문화가 우리나라와 사뭇 다른 나라를 정해서 세대 간 자료를 구한 다음 우리나라와 비교해보면 된다. 그러나 여기서 더 길게 설명하면 논의가 복잡해지니, 아쉬운 마음을 접고 다시 본론으로 돌아가자.

어쨌든 분명한 것은 창의적인 사람에 대한 이미지가 한 나라 안에서도 다르다는 사실이다. '다르다'는 것은 무슨 뜻인가? 정형화된 절대 불변의 특성은 존재하지 않는다, 즉 창의성의 정의와 창의적인 사람의 특성은 변한다는 것이다.

한국의 창의 vs 일본의 창의 vs 중국의 창의

절대적인 창의성의 개념은 존재하지 않으며, 사회·문화에 따라 구성되고 변화되어간다는 사실을 보여주는 흥미 있는 예가 있다. '창의성(創意性)'이라고 같은 한자로 써놓고도 한·중·일의 생각이 다르다는 것이다.

얼마 전부터 나는 창의성 전문가들과 공동으로 한국·일본·중국의 창의성에 대한 비교문화연구를 하고 있다. 문화비교를 하려면 기본적으로 '창의성'이라는 용어에 대해 3개국이 같은 개념을 가지고 있어야 한다. 그런데 현실은 그렇지 않기에 연구가 여간 까다롭지 않다. 예컨대 '창의적인 사람은 어떤 사람인지 생각해보고 가장 중요하다고 여기는 특성을 5가지만 적어주세요'라는 질문을 그대로 번역한다고 해서 동아시아 3개국에 대한 비교연구가 이루어지지는 않는다.

그럼 각 나라에서 창의는 어떻게 해석되는가? 동아시아 3개국에서 'creativity'라는 영어단어에 대응해서 사용하는 단어는 크게 '창조', '창의', '창신' 이 3가지다.

먼저 우리나라를 보자.

국어사전을 찾아보면 창조는 '전에 없던 것을 처음으로 만듦', 창의는 '새로운 의견을 생각해냄'이라고 풀고 있다. 이에 따라 창의성은 창의하는 특성, 창조성은 창조하는 특성으로 간단하게 정의하고 있다. 창신이란 단어는 아예 없다. 그리고 '창조경영', '창의시정', '창의실용정부' 등의 예에서 알 수 있듯, 창조와 창의가 큰 구분 없이 사용된다. 우리가 일반적으로 사용하는 창의성, 창조성은 대부분 창의적 산물을 기대하는 실용기능적인 의미로 활용되며, 아동의 창의성을 논할 때 설명하는 자아실현적 의미로서의 뜻은 들어 있지 않다.

중국은 어떤가? 낱자마다 의미가 중요한 중국에서는 세 단어의 뜻 차이가 분명하다. 중국인 교수의 자문을 통해 정리한 결과는 다음과 같다.

창조(創造)란 새로운 사물을 구체적으로 만들어내는 것으로 주로 인문, 정치, 종교의 맥락에서 활용되며, 창의(創意)란 창조를 낳는 독창적인 사고 또는 생각을 일컫는다. 한편 창신(創新)이라는 용어는 과학, 기술, 기업에서의 혁신을 의미하는 단어로서 최근 들어 중국의 개혁개방과 맞물려 많이 사용되고 있다고 한다.

연구 초반에 중국 사람들에게 창의적인 사람에 대해 물어보았더니 덩샤오핑, 마오쩌둥 같은 정치가들이 많이 거론되었다. 이에 대해 어느 전문가는 우리가 창의나 창신 대신 '창조'라는 용어를 사용했기 때문일 것이라고 설명해주었다. 중국인들에게는 창조라는 단어가 갖는 무게감이 창신이나 창의보다 크다는 것이다. 아울러 과학, 기술의 창의성을 논하는 데는 '창신'이라는 용어가 더 적합할 것이라는 조언을 주었다.

그렇다면 일본의 경우는 어떠한가?[6]
우선 일본에서 가장 권위 있는 코지엔(廣辭苑) 사전을 찾아보면 창조란 '새롭게 만들어내는 것, 새로운 것을 처음으로 만들어내는 것'이고, 창의란 '지금까지 없었던 새로운 것을 생각해내는 것'으로 정의되어 있다. 일본에서는 창의라는 말 뒤에 종종 궁리〔工夫〕를 붙여서 쓴다고 한다. 창의궁리는 여러모로 생각하여 새로운 것을 만들어내는 과정(process)을 의미한다. 한편 창신이라는 단어는 일본어 사전에 없다.

이처럼 같은 한자권 국가임에도 불구하고, 창의를 바라보는 관점은 미묘하게 다름을 알 수 있다. 이런 차이점을 걷어내고 3개국의 공통분모를 추출해 정리해보면…

'창조'는 존재하지 않던 산출물을 만드는 것(creation)으로,
'창의'는 독창적인 생각을 말하는 것(originality)으로,

'창신'은 우리나라에서 사용하는 혁신(innovation)의 개념으로 볼 수 있겠다.

나는 개인적으로 창조성보다 창의성이라는 말을 더 선호한다. 결과물에 초점을 맞추는 창조보다는, 그에 앞서 독창적인 아이디어를 내는 데 필요한 창의가 교육뿐 아니라 경영현장에서도 더 중요하다고 생각되기 때문이다.

17세기의 창의 vs 21세기의 창의

창의적인 사람의 특성은 나라마다 다를 뿐 아니라, 시대에 따라서도 변화무쌍하다. 역사를 살펴보면 창의적인 사람에 대한 이미지가 시대사조의 변화를 그대로 반영하고 있음을 알 수 있다.

인간의 이성을 중요시하던 17세기 합리주의 시대의 천재들은 동시대인들에게 어떻게 받아들여졌을까? 그들은 냉철한 이성을 가지고 있으며, 고전에 대한 식견까지 탁월한 매우 건강한 모습으로 그려졌다. 주술적이고 전근대적인 생각을 뿌리 뽑아야 한다는 사상이 지배하던 시대였으니 그럴 만도 하다.

그러나 불과 100년 만에 생각은 반전된다. 18세기 낭만주의 시대의 사람들은 합리성과는 거리가 멀었다. 산업혁명이 몰아치고 물질적 가치를 지나치게 받드는 데 대한 반작용으로, 이 시대의 천재적 예술가들은 합리성보다는 주관성, 신비성을 더욱 중시하였고, 따라서 반항적이고 일탈적인 모습으로 비춰지게 된다.

재미있지 않은가? 창의적인 사람에 대한 이 두 가지 입장은 우리에게도 전혀 낯설지 않으니 말이다. 이런 견해차이는 지금도 서로 다른 문화권은 물론, 한 사회 안에서도 공존하고 있다. 이를테면 우리나라 학생들은 계몽주의적 입장을 따르고, 어른들은 낭만주의적 입장을 따른다고 할 수 있을까.

사회학자 소로킨(Pitirim Sorokin)이 기원전 6세기부터 20세기에 이르기까지 서구의 지적 전통의 흐름을 분석한 자료가 있다. 그에 따르면 합리주의, 경험주의, 신비주의와 같은 철학사조는 서로 앞서거니 뒤서거니 하며 발달해왔고, 어느 한 사조가 독점적인 위치를 오랫동안 누리지는 못했다고 한다.[7] 현재 최고의 위치를 차지하고 있는 것처럼 보이는 과학적 경험주의도 역사의 긴 스펙트럼에 놓고 보면 일천한 역사를 갖고 있을 뿐이다. 이러한 지적 전통의 부침 속에 창의적인 사람의 모습도 시대에 따라 변화해왔음을 미루어 짐작할 수 있다.

그렇다면 이쯤에서 다음의 질문에 대해 생각해보자.

영화에 나오는 과학자는 왜 죄다 아인슈타인의 머리스타일을 하고 있는가?

파이프담배와 베레모가 없는 예술가의 사진은 왜 허전한가?

학자들은 왜 하나같이 한 손으로 턱을 괴고 사진을 찍는가?

결국 우리가 생각하는 창의적인 사람의 모습은, 우리 시대가 신봉하는 창의적 인물의 전형(典型)을 따라가고 있는 것은 아닐까.

그럼에도 변하지 않는 특성은 있다 : 태극창의성

세계적인 석학이 창의적인 사람의 특성을 10가지로 파악하고 이를 향상시키기 위한 법칙을 만들었다고 해보자. 자기계발서 출판을 주업무로 하는 우리나라의 B&G출판사는 '치즈를 좋아하는 고래가 칭찬하는 10가지 창의성 시크릿'이라는 판타스틱한 이름의 책을 외국과 동시출간할 것이 분명하다. 끊임없이 능력을 향상시켜야 뒤처지지 않는다는 강박에 사로잡힌 한 독자가 열심히 탐독해 겨우 법칙을 익힐 때쯤, 그 석학을 가르쳤다는 사부가 새로운 비결을 공개한 책이 나와버렸다. 경쟁자들이 앞서가기 전에 이 책도 얼른 따라잡아야 할 것 같다. 외국 교수가 한국에 오면 왜 갑자기 석학으로 변하는지 그리고 그런 석학의 책은 왜 그렇게 많이 한국에서 출판되는지, 1년 내내 무수한 법칙과 시크릿이 쏟아져 나온다. 10권만 해도 100가지 법칙 아닌가? 우리는 언제까지 이런 무한도전을 반복해야 하는가?

앞에서도 이야기했듯이 창의적인 사람의 특성은 문화와 시대에 따라 계속 변한다. 그러므로 이런 무상한 변화를 무작정 좇다가는 창의성 흉내만 낼 뿐, 본질과는 오히려 멀어질 위험이 있다.

그럼 어떻게 하라는 말이냐고 항변하는 분들이 계실 것 같다. 답은 쉽다. 변하지 않는 것을 잡으면 된다. 대한민국의 태극기처럼 변하지 않을 것을 잡자는 말이다.

갑자기 웬 태극기 타령이냐고 황당해하겠지만, 나는 여기에 창의성의 핵심이 녹아 있다고 본다. 우리나라 태극기에 대한 정부의 공식적인 설명은 다음과 같다. '…가운데의 태극 문양은 음(陰 : 파랑)과 양(陽 : 빨강)의 조화를 상징하는 것으로, 우주 만물이 음양의 상호작용에 의해 생성하고 발전한다는 대자연의 진리를 형상화한 것이다.'

이 태극의 원리, 즉 '우주 만물이 음양의 상호작용에 의해 생성하고 발전한다는 진리' 속에 창의성의 핵심이 있다.

남이 가보지 않은 길을 가야 하는 창조란 곧 극단의 딜레마를 해결하는 과정이라고 표현할 수 있다. 이런 맥락에서 미국 심리학회장을 지낸 스턴버그(Robert Sternberg)는 애매모호함을 참고 견뎌내는 성향을 창의적인 사람의 가장 중요한 특성으로 꼽았다.

딜레마(dilemma)라는 것은 무엇일까? 어원을 찾아보면 그것은 'di(둘)+lemma(주장)'라는 말로 풀 수 있다. 즉 서로 양립할 수 없을 것처럼 보이는 두 가지 입장이라는 뜻이다. 창의성이란 '서로 연관되지 않을 것처럼 보이는 두 개의 대상을 강제로 결합시키는 것'[8]이라는 고전적 정의를 생각해본다면, 창의적인 사람은 양립되지 않을 것 같은 극단에서 보완적인 원리를 찾아 독창적으로 결합시키는 능력을 가져야 한다. 해와 달, 남자와 여자, 머리와 가슴, 이상과 현실 등 음과 양의 모습으로 분리되어 있는 것들, 딜레마, 역설, 갈등 속에서 최적의 조합을 찾아가는 사람이야말로 창의적이라 할 수 있다.

역설적 극단을 조화시키는 능력이 창의적인 사람들에게 공통분모로 있다는 융(Carl Jung)[9]의 통찰 이후 맥멀런(W. E. McMullan), 배런

(Frank Barron) 등의 선구적 연구가 있었고, 최근 들어 칙센트미하이(Mihaly Csikszentmihalyi)[10] 교수가 구체적 이론으로 발전시켰다. 이러한 시도는 비단 심리학에 국한되지 않고 다른 영역으로 확대되어, 일례로 케임브리지 대학의 찰스 햄든 터너(Charles Hampder-Turner)는 이러한 특성을 경영학에 접목시켜 창의적 기업가정신을 교육하는 데 활용하고 있다. 본래가 생리학과 교수이면서 과학사에 관심이 있던 루트번스타인(Robert Rcot Bernstein)도 예술과 과학의 본질이 다르지 않다는, 즉 예술과 과학에서 창의적 성취를 남긴 사람들은 모두 상상과 논리의 조화를 이룬 사람이라는 연구사례를 제시하고 있다.

어쩌면 이쯤에서 헤겔의 '정-반-합'을 떠올리는 독자도 있을지 모르겠다. 내가 이러한 조화나 균형에 관심을 갖게 된 것은 15년쯤 전이었다. 당시 나는 칙센트미하이 교수의 지도 하에 노벨상 수상자 등 창의적 인물에 대한 인터뷰를 분석하고 있었다. '어떤 요인이 그들의 창의적 성취에 도움을 주었는가?' 이 물음에 답하기 위해 나와 미국인 연구자들은 각자 인터뷰 자료를 보고 요인을 찾은 후, 그에 대해 논의하는 과정을 이어갔다.

그런데 독창성, 개방성 등의 요인들은 모든 연구자들에 의해 추출되었으나, 조화나 균형이라는 요인은 유독 나만 추출했다. 미국인 친구들은 이것이 창의적 성취의 이유가 될 수 있다는 생각을 전혀 하지 못하다가, 인터뷰 내용에 근거한 내 설명을 듣고서야 비로소 동의했다. 조화나 균형이 중요하다는 것을 어릴 적부터 배워온 동양인의 문화적 DNA가 나에게 이 요인을 뽑아내도록 지시했던 것일까.

자, 그렇다면 과연 창의적인 사람은 어떤 것들을 조화롭게 융합할까? 나아가 우리가 조화를 이루어야 할 다양한 음과 양은 어떤 것들이 있을까? 구체적으로 설명해보자.

첫 번째 태극 : 내향성 vs 외향성

우리는 흔히 혼자 있기 좋아하고 수줍음을 타는 성향을 내향성, 다른 사람과 어울리기 좋아하는 활달한 성향을 외향성이라 구분한다(융이 규정한 학문적 구분은 이것과 조금 다르지만, 여기서는 일반적인 정의를 따르도록 하겠다). 창의적인 사람은 이 두 가지를 다 가지고 상황과 맥락에 따라 적용할 수 있어야 한다.

뛰어난 연기자, 심지어 찰리 채플린을 비롯해 수많은 관객에게 웃음을 선사하는 코미디언 대부분이 내성적인 성격이라면 의외라고 생각할 사람이 많다. 그러나 남을 웃기고 울리기 위해서는 그 느낌이 어떤지 본인이 명확히 알아야 한다. 자신의 모습, 자신의 성격에 대해 좀 더 많이 생각하는 내성적인 사람일수록 이러한 감정에 더욱 민감하고, 따라서 다른 사람의 마음을 이해하고 감동을 주는 능력이 뛰어나다고 할 수 있다.

하버드 대학의 가드너(Howard Gardner) 교수는 역사상 대인간 지능이 가장 뛰어난 인물로 마하트마 간디를 꼽는다. 수많은 명연설로 대중의 마음을 쥐락펴락 했던 간디의 모습과 '내성적'이라는 단어는 왠지 어울려 보이지 않는데 말이다.

그런데 간디 자서전을 읽어보면, 법정에서 무슨 말을 할지 갈피를 잡지 못한 채 혼란에 빠진 풋내기 변호사 시절의 에피소드가 등장한다. 결국 그는 의뢰인에게 수임료를 환불하고 그 자리에서 법정을 뛰쳐나왔다고 한다.[11] 자신의 서툰 발언을 판사나 법관들이 틀림없이 조롱할 것이라는 생각에 더 이상 변론할 수 없었다는 것이다. 이런 내성적 성격 때문에 한동안 법정에 서지 않겠다고 다짐했지만, 결국 그는 내성적 성격 때문에 다시 법정에 서게 된다. 땅을 몰수당하고 절망에 빠진 가난한 주민들의 청을 거절할 수 없었던 것이다. 그 이후의 행적은 익히 아시는 대로다. 누구보다 내성적이고 수줍음을 많이 탔지만, 그는 역사상 가장 위대한 정치가로 대중 앞에 섰다.

내성적인 사람은 혼자 있는 때가 많다. 그런데 창의적인 성취를 위해서는 혼자 있는 시간에도 익숙해져야 한다. 영재아동들의 특성을 연구한 시카고 대학 연구팀은 영재아의 특징 중 하나로 혼자만의 시간을 감내하는 능력이 있다는 점을 들었다.[12] 김연아가 미국 방송사와의 인터뷰에서 올림픽 준비를 하느라 친구를 만날 수도, 학교에 갈 수도 없었다고 담담하게 이야기할 수 있었던 것도, 결코 즐겁지만은 않은 혼자만의 시간을 감내하는 통제력을 키워왔기 때문일 것이다. 잘 알다시피 청소년들은 또래와의 관계를 매우 중시한다. 친구들과의 교우 정도가 곧 자신감으로 직결되기 때문이다. 다른 친구들은 서로 어울려서 수다도 떨고 게임도 하는데 연습실에서, 운동장에서 홀로 자신의 재능을 갈고닦는 것은 분명 고통스러운 일이다. 그러나 혼자만의 시간을 견디지 못하면 결코 능력을 극대화할 기회를 갖지 못한다. 외로운 시간을 견디는, 나아가 즐기는 능력은 창의적 성취에 빠질 수 없는 요소다.

그렇다면 외향성은 왜 필요한 것일까? 혼자만의 시간을 극대화하고 오랫동안 노력한 끝에 창의적인 아이디어를 얻었다고 하자. 창의적인 아이디어가 최종적 산물로 남기 위해서는 다른 사람에 의해 제대로 평가되고 선택되어야 한다. 그러려면 스스로가 자신의 독창적 이야기를 적극적으로 개진하고 설득할 수 있어야 한다. 흔히들 말하는 '창의성의 4P 정의'라는 것이 있는데, 그중 하나가 설득(Persuasion)이다. 그만큼 창의적인 아이디어를 발현시키기 위해 사람들을 얼마나 자기편으로 만들 수 있는가, 환경을 얼마나 호의적으로 만들 수 있는가가 중요하다는 뜻이다. 이 순간 외향적인 태도가 빛을 발한다. 세간에 화제가 되고 있는 스티브 잡스의 명품 강연은 설득을 극대화하는 대표적 예다.

두 번째 태극 : 확산적 사고 vs 수렴적 사고

창의적 산물은 두 가지 조건을 가져야 한다.

첫 번째, 독창적이어야 한다. 당연한 말씀이다. 그렇다면 두 번째는? 적절해야 한다. 아무리 독창적이어도 사회문화적 맥락에 적합하지 않은 것은 사람들이 창의적이라 하지 않는다. 그저 괴상하다고 한다.

독창적인 아이디어를 얻기 위해서는 어떻게 해야 할까? '확산적 사고(divergent thinking)'가 필요하다. 먼저, 많은 아이디어를 내야 한다. 양질전환(量質轉換)이라고, 많은 아이디어 중에서 좋은 아이디어가 나올 확률이 높다. 아이디어 생성기법 중 가장 많이 쓰이는 방법인 브레인스토밍은 바로 이 양질전환 원칙을 이용한다. 두 번째로는 융통성이 있어야 할 것이다. 먹고 난 우유 곽을 쓰레기라 치부하는 대신, 여러 가지 재활용할 수 있는 방안을 생각해보는 것과 같다.

확산적 사고를 통해 가능성 있는 독창적인 아이디어를 많이 얻었다고 하자. 이제 이것들 중에서 무엇이 최고인지 걸러내는 능력을 발휘해야 한다. 많은 후보 중에서 최적의 결과를 얻기 위해 평가하고 선택하는 능력, 이것을 우리는 '수렴적 사고(convergent thinking)'라 한다.

많은 경우 창의성을 키우기 위해 확산적 사고에 집중하지만, 모든 문제해결에는 확산적 사고뿐 아니라 수렴적 사고도 반드시 필요하다. 창의적 문제해결 과정은 사고의 확산과 수렴의 연속이다.

세 번째 태극 : 상상력 vs 현실감각

44쪽 그림을 보고 어떤 것이 떠오르는가? 나비? 공룡? 잠자리? 보는 사람마다 반응은 천차만별일 것이다. 이 그림은 데칼코마니 기법을 활용해서 만든 것이다. 잉크를 떨어뜨리고 종이를 반으로 접어서 누르면 양쪽에 대칭되는 모습이 나오는데, 이런 그림을 해석하는 방식은 그 사람의 성격을 일정부분 투사한다고 하여 심리검사에도 활용되고 있다.

재미있는 실험이 있다. 미국에서 아이비리그에 속한 대학의 창의적 학생들과 심리장애로 고생하고 있는 사람들을 모아 각각 두 집단을 만들고, 이 그림에 대한 느낌을 물어보았다. 두 집단 모두 조사자가 쉽게 이해하기 힘들 만큼 독창적인 답변을 많이 했다.

그러면 두 집단의 답변에 어떤 차이가 있을까? 창의적 학생 집단의 설명을 듣고 있노라면, 연구자가 미처 발견하지 못했던 그림이 정말 나타난다는 것이다. 그러나 심리장애를 보이는 사람들의 답변은 아무리 열심히 듣고 이해하려고 해도 지각적·인지적으로 동의하기가 힘들었다고 한다.

이 실험은 우리에게 메시지를 준다. 아무리 상상력이 뛰어나다 할지라도, 현실감각을 동반하지 않을 때는 기괴하다는 평가에 머물 수

■ 그림 투사검사법에 사용되는 그림

밖에 없다고. 이를 빗대어 '눈은 들어 별을 향하되, 발은 땅에 두어라'는 명언으로 표현할 수 있을 것이다. 코앞만 바라보는 근시안이 아니라 무한한 상상과 꿈을 꾸는 높은 이상을 가지되, 현실과 논리를 무시하지 않고 탄탄한 기초를 쌓아야 한다.

2008년 노벨 물리학상을 받은 일본의 마스카와 도시히 교수는 어느 인터뷰에서 이렇게 권고했다.

"…나는 '안고수저(眼高手低)'라는 말을 해주고 싶다. (…) '목표는 높이 두되 착실히 다질 수 있는 부분부터 하라'는 것이다. (…) 목표를 높이 두지 않고 늘 자신이 할 수 있는 것만 고집한다면 평생 지나봐야 똑같다. 확고하고 높은 목표를 세워놓고, 어디서 시작해 어느 정도 시간을 두고 목표에 접근해간다는 의식을 갖는 게 중요하다."

어렸을 때의 아름다운(?) 추억을 떠올리면 쉽게 공감이 될 것 같다. 방학을 맞이해서 그동안 부족했던 영어단어를 마스터하겠다고 결심한다. 남들의 두 배를 하겠다는 야무진 계획 하에 '영어단어 66000 완성'이라는 1,000쪽에 이르는 두꺼운 책을 구입한다. 주어진 방학기간은 50일이니 하루에 20쪽만 독파하면 되겠다고 계획을 짠다. 그냥 딱 하루 친구들과 논 것 같은데 날짜를 계산해보니 방학이 반으로 줄었다. 오케이, 하루 40쪽! 이쯤이야 문제없다고 다짐했다. 그리고 지금, 알람시계를 맞추고 있다. '내일부터 300쪽씩 보아야 하니 오늘은 체력보강을 위해 일찍 자자.' 개학 3일 전 잠자리의 풍경이었다.

네 번째 태극 : 남성성 vs 여성성

1990년대 초반에 김용의 고전 《소오강호》를 영화화한 〈동방불패〉라는 무협영화가 있었다. '동방불패'라 불리는 정체불명의 주인공은 비전(秘典)을 손에 넣은 후 무림을 석권하고, 황제가 되려는 야심을 품은 자였다. 그런데 신기한 것은 그의 무공수련이 더해져 내공이 쌓일수록 점점 남성성을 잃어간다는 것이었다. 완전히 무공을 터득한 순간 그는 양성을 가지게 된다는 내용이다.

이 영화를 보던 때는 동방불패 역을 맡은 배우 임청하에 몰입되어 내용을 잘 이해하지 못했지만, 두고두고 생각해보니 무림의 절대고수가 되기 위해서는 남성과 여성의 강점 모두를 겸비해야 한다는 메시지가 숨어 있는 명작이라는 생각을 금할 길 없다. 이것이야말로 21세기 리더십이 나아갈 길 아니던가!

21세기 리더가 가져야 하는 특성 중 하나는 고정된 성역할로부터 벗어나는 것이다. 심리학자 벰(Sandra Bem)은 이러한 특성을 가리켜 '양성성'이라 표현했다. 배아에서 생명이 시작하는 순간의 남자는 여성을 기본 틀로 해서 생겨나는 만큼, 남자가 여성성을 겸비한다는 것은 이상할 것도 창피할 것도 없는 자연스러운 현상이라는 주장이다.

수업시간에 남학생들에게 최근에 슬픈 영화를 보고 울어본 적이 있는지 조사해보면, 상당수의 학생들이 꽤 오랫동안 울어본 적이 없다고 답한다. 왜냐는 질문에 '쪽팔리다'라는 답변이 날아온다. 여자 앞에서 나약한 모습으로 비치는 게 싫다는 것이다.

항암치료에 눈물요법을 도입하고 있는 이병욱 박사에 따르면, 남자의 생리구조가 여자보다 눈물을 훨씬 많이 흘리게 되어 있을 뿐 아니라, 남성호르몬 자체가 눈물분비를 돕고 눈둘샘 성장에도 중요한 영향을 미친다는 것이다. 그는 실컷 울고 나면 우리의 뇌가 새롭게 리셋된다고 말한다. 감정이 들어가 흘리는 눈물은 우리 몸의 스트레스 호르몬을 바깥으로 배출하는 역할을 하기 때문이다. 이 말대로라면, 사회적 통념이 남자의 자연스러운 스트레스 해소기제를 방해하는 안타까운 결과를 낳은 것이다.

그래서 나는 남학생들에게 우는 연습을 해보라고 권한다. 처음에는 익숙하지 않으니 혼자 있을 때 시도해보라고, 그리고 울음의 기초를 되찾는 데는 슬픈 영화보다는 올림픽 시상식 같은 장면이 더 효과적이라는 경험에서의 팁도 함께 전수한다.

그러면 여학생들은 무슨 연습을 하면 될까? 내가 생각한 것은 '아니오'라고 말하는 연습이다.

우리나라 문화에서는 면전에서 거절하기가 쉽지 않다. 특히 여성들이 어려워한다. 그러나 에둘러 말하는 것은 더 큰 오해를 사고, 뜻하지 않은 심리적 대가를 치르게 될 가능성이 높다. 상대방을 배려하면서도 자신의 생각을 있는 그대로 전달하는 기술이 필요하다. 서울대학교 문용린 교수는 우리나라 사람들은 상대편을 배려하는 '선의의 거짓말'이 습관화돼 있어서 사회 전체적으로 큰 비용을 치르고 있다고 주장한다. '아니오'라는 말을 적절히 구사하지 못한 대가다.

휴렛패커드(HP)의 전 CEO 칼리 피오리나(Cara Carleton Sneed Fiorina)는 '실리콘밸리의 여제(女帝)'답게 반드시 필요한 일이라면 아무리 두려워도 행동으로 옮기는 용기와 강인함이 있어야 한다고 역설했다. 그러나 그녀가 HP를 정상궤도로 올려놓은 원동력은 이것만이 아니었다. 강인함이 항상 냉정함을 동반해야 하는 것은 아니라며, 인간적인 면이 필요할 때는 있는 그대로 드러내는 것도 서슴지 않았다. 이러한 균형감으로 그녀는 자신만의 탁월한 리더십을 발휘할 수 있었다. 남성성과 여성성의 이상적인 조합이라고 할까.

다섯 번째 태극 : 겸손 vs 자존심

"If I have seen further (than certain other men) it is by standing upon the shoulders of giants."

뉴턴의 이 말을 우리나라의 두 출판사는 각기 이렇게 번역했다.

A : 거인의 어깨에 올라서서 더 넓은 세상을 바라보라.
B : 내가 다른 사람보다 멀리 보았다면, 그것은 내가 거인의 어깨 위에 서 있었기 때문이다.

나의 개인적인 선택은 B다.
뉴턴은 본인의 성공이 있기까지 그 앞에서 길을 닦아준 선배에 대해 예의를 표현한 것이지, 젊은 친구들에게 '세상은 넓고 할 일은 많다'는 식의 옛날 모 그룹 회장의 구호를 외친 것은 아닐 터다.

노벨상 수상자들의 수상소감에는 특징이 있다. '운이 좋아서 받았다'는 표현이 많다는 것이다. 처음에는 '뭐야, 나도 운만 좋으면 가능하다는 말인가' 싶어 의아했다. 그러나 그 뜻을 파스퇴르의 경구에서 찾아야 한다는 것을 깨달았다. 파스퇴르는 '운은 준비된 자를 좋아한다'는 명언을 남겼다. 이는 무슨 뜻인가. 준비는 개인의 몫이고 나머지는 하늘의 몫이라는 '진인사대천명(盡人事待天命)'의 자세를 의미하는 것이었다.

영화 〈엽기적인 그녀〉에서 여주인공이 추억의 나무 밑에서 낯선 할아버지와 나눈 대사는 파스퇴르의 말보다 더 가슴에 와 닿았다. 할아버지는 말한다.

"운명이란 말이야, 노력하는 사람한테는 우연이란 다리를 놓아주는 거야!"

아직 내가 그 경지에 들어가보지 못해서 왜 그런 것인지는 모르겠다. 그렇지만 벽돌 하나 올려놓고는 피라미드를 자기가 만들었다고 떠드는 하수(下手)보다, 다른 사람들이 모두 '당신이 피라미드를 다 만들었다'고 귀에 단 말을 해도 "나는 선배들이 만들어놓은 토대에 벽돌 몇 개를 더했을 뿐."이라고 말하는 사람이 창의적 고수다.

단, 겸손이 지나쳐 자신의 가치를 잃어버리는 일이 있어서는 곤란하다. 창의적 인물들은 현재 자신이 하고 있는 일에 대한 의미나 가치를 평가절하하는 것에 대해서는 무척이나 단호하게 대처한다. 이는 곧 자신의 일에 무한대의 자존감을 갖고 있다는 방증이기도 하다.

여섯 번째 태극 : 놀이 vs 일

놀이를 일처럼, 일을 놀이처럼 하자는 음양의 균형은 3장에서 신나게 다룬다.

일곱 번째 태극 : 전통 vs 혁신

창의성은 무에서 유를 만드는 것이 아니다.

어느 영역이든지 창의적 성취를 이루기 위해서는 기존에 쌓인 지식과 기술을 습득하는 과정을 거쳐야 한다. 그런 의미에서 그 영역의 전통을 이어가는 것은 기본적으로 따라와야 할 필수코스라 하겠다.

그러나 한편으로 창의적이 된다는 것은, 어느 순간 둥지를 떠나 이제까지 자기를 키워준 곳을 비판적 시각으로 바라보는 것까지 포함하는 것이다. 이에 대해서는 창의적 문제해결 과정을 다루는 6, 7장에서 자세히 살펴보기로 하자.

창의적인 사람도 사람이다

여기서 잠깐 싱거운 질문을 하나 해보자. 교수들의 특성은 무엇이라고 생각하는가?

누군가 '입은 많이 열고 지갑은 잘 열지 않는 사람'이라고 정의했다지만, 그 반대의 경우도 나는 많이 보았다.

나보고 말해보라면, 교수는 키가 크기도, 작기도, 운동을 좋아하기도, 싫어하기도, 허풍이 심하기도, 수도자 같기도, 털이 많기도, 꼼꼼하지 못하기도 하는 등 별의별 유형이 다 있다고 하겠다. 즉 전문적 지식을 갖고 있을 뿐 일반사람과 크게 다르지 않다는 것이다.

내 아버님께는 죄송하지만 일화 하나를 소개할까 한다. 그분은 평생 열심히 살아오시느라 건강이 좋지 않아 많이 야위셨다. 언젠가 우리 가족이 함께 목욕탕에 간 적이 있었는데, 먼저 나오신 어머님이 남탕 종업원에게 '최 교수님'을 불러달라고 부탁하셨다. 종업원이 남탕 문을 열고 "최 교수님 찾습니다!"라고 외치자, 목욕하던 사람들은 두리번거리며 누가 최 교수일지 나름대로 탐색하기 시작했다. 그러고는 뿔테 안경을 쓰고 배가 좀 나온 사람을 힐끗힐끗 보는 것이었다. 저쪽 구석에 앉아 있던 야윈 노인이 일어서자 놀란 듯 의아해하는 표정이 역력했다.

두 가지를 말하고 싶어 굳이 아버님까지 모셔왔다.

첫째, 교수는 뿔테 안경을 쓰고 배가 나와야 한다는 근거가 있는가? 이처럼 우리는 일상생활에서 사회적 역할에 대해 검증되지 않은 전형적 이미지를 가지고 산다. 우리가 흔히 생각하는 '창의적인 사람'의 모습도 혹시 이런 오류 안에 있지는 않은지, 즉 사회적 편견으로 만들어진 것은 아닌지 생각해볼 일이다.

둘째, 탕 안에는 뚱뚱한 사람, 우울한 사람, 머리 모양새가 이상한 사람, 여자에 관심이 많은 사람이 있다. 이들은 창의성에서 둘째가라면 서러울 파바로티, 고흐, 아인슈타인, 피카소다. 하지만 맨몸으로 만나니 누가 누군지 알 턱이 있나. 이처럼 창의적인 사람도 사람이다. 그래서 일반인이 가지고 있는 다양한 특성을 다 가지고 있다. 키 큰 사람, 작은 사람, 착한 사람, 나쁜 사람, 우울한 사람, 건강한 사람 등 말이다.

이 사람들이 보통 사람들과 다른 점은 다음과 같은 것들뿐이다.
첫째, 앞서 이야기한 인지, 성향, 동기의 정상분포 곡선에서 아래위로 조금 더 많은 경험과 능력을 가지고 있다.
둘째, 복합적인 태극의 속성들을 체화했다.
셋째, 무엇보다 불타는 호기심과 열정을 지니고 산다.
당신에게는 이들 속성 중 어떤 것들이 있는가? 그리고 어떤 요소를 더 채워 넣어야 하는가? 그것을 알았다면, 이미 출발은 절반쯤 성공한 것이나 다름없다.

주(註)

1. Chan, D. W. & Chan, L. (1999). "Implicit Theories of Creativity: Teachers' Perception of Student Characteristics in Hong Kong." *Creativity Research Journal, 12*(3), 185-195. Rudowicz, E. & Hui, A. (1997). "The Creative Personality: Hong Kong Perspective." *Journal of Social Behavior and Personality, 12*, 139-148.
2. Lee, E. A. & Seo, H. A. "Understanding of Creativity by Korean Elementary Teachers in Gifted Education." *Creativity Research Journal*.
3. Sternberg, R. J. (1985). "Implicit Theories of Intelligence, Creativity, and Wisdom." *Journal of Personality and Social Psychology, 49*(3), 607-627.
4. Kaufman, J. (2009). *Creativity 101*. NY: Springer Publishing Company.
5. Gallup. (1994). *Survey #22-00807-024*. NY: The Gallup Institute.
6. 일본의 창의성 개념에 대한 자문은 고베 대학 인간발달환경연구과의 박사후기 과정 장인희 선생이 해주었다. 설문지 조사는 호세이 대학의 키요시 아사카와 교수가 도움을 주고 있다.
7. Riley, M. W. (1963). *Sociological Research I: A Case Approach*. NY: Harcourt, Brace and World.
8. Mednick, S. A. (1962). "The Associative Basis of the Creative Process." *Psychological Review, 69*, 220-232.
9. Jung, C. G. (1969). *On the Nature of the Psyche*. Princeton, NJ: Princeton University Press.
10. Csikszentmihalyi, M. (1996). *Creativity: Flow and the Psychology of Discovery and Invention*. NY: HarperCollins.
11. Chadha, Y. (2001). 《마하트마 간디》. (정영목 옮김). 한길사. (원저 1998 출판).
12. Csikszentmihalyi, M., Rathunde, K. & Whalen, S. (1993). *Talented Teenagers*. NY: Cambridge University Press.

Where

어디에?

왜?

언제?

2

창의성은 어디에 숨어 있는가?

사람들은 흔히 이렇게 생각한다. 창의성이 넘치는 학생을 키우고, 혁신 마인드를 가진 직장인을 뽑아 훈련시키면 창의적 성과는 자동으로 따라오리라고. 과연 그럴까? 우리의 희망처럼 개인의 창의적 능력 향상이 창의적 성취를 담보하는가? 창의성의 역사는 반드시 그렇지는 않다는 사실을 보여준다. 창의적 산물은 단지 한 개인의 능력이 탁월하다고 해서 만들어지지 않는다. 창의적 산물은 뛰어난 재능을 지닌 사람들의 아이디어가 제대로 평가되고 선택되어야만 탄생할 수 있다. 역사적으로 인정받는 창의적 산물들이 이러한 공통적인 과정을 거쳤다는 사실에 착안해서 만들어진 것이 바로 '창의성의 세 박자 모델'이다.

오늘날 창의성은 대한민국의 가장 중요한 화두 중 하나가 되었다. 특히 교육계와 기업의 관심이 지대하다.

교육과학부는 우리나라 교육의 최대 핵심과제를 학생들의 창의인성을 함양하는 것으로 잡았다. 어렸을 때부터 건실한 창의적 역군을 키우자는 것이다. 기업은 어떤가? 기업은 기업대로 창의적 인재를 뽑기 위해 입학사정관제 뺨치는 까다로운 선발과정을 도입하고 있으며, 이렇게 선발한 신입사원을 대상으로 창의성을 증진시키는 데 많은 예산을 쏟아 붓고 있다.

이런 흐름에는 한 가지 전제가 깔려 있다. 창의성이 넘치는 학생을 키우고, 혁신 마인드를 가진 직장인을 뽑아 훈련시키면 창의적 성과는 자동으로 따라오리라는 기대가 그것이다.

과연 그럴까? 우리의 희망처럼 개인의 창의적 능력 향상이 창의적 성취를 담보하는가?

창의성의 역사는 반드시 그렇지는 않다는 사실을 보여준다.

물론 개개인의 창의성 함양이 중요하지 않다는 것은 아니다. 숨어 있는 잠재력을 끄집어내는 교육은 당연히 기본이 되어야 한다. 그러나 개인의 능력만으로는 안 되며, 다른 무언가가 있어야 창의성이 꽃 필 수 있다는 것을 알아야 한다.

도대체 그 '무언가'는 무엇일까? 지금부터 타임머신을 타고 탐사 여행을 떠나보자.

〈비너스의 탄생〉과 원도

조개껍데기 위에서 막 태어난 아름다운 여인을 독창적인 감각으로 그려낸 그림 〈비너스의 탄생〉, 그 예술적 창의성에 딴죽을 걸 사람은 없을 것이다. 세계적 소프트웨어 회사인 어도비(Adobe)의 제품포장에도, 화장품 광고에도, 음료수병에도 붙어 있는, 세계 모든 이에게 사랑받는 걸작이다.

그러나 이 그림이 우리에게 알려지기까지 거의 500년의 시간이 필요했다는 사실을 알고 있는 사람은 얼마나 될까?[1]

이태리 화가 보티첼리는 1485년에 이 그림을 완성했지만 전혀 인정받지 못했다. 그 당시 화단을 주름잡고 있던 화풍과 달랐기 때문이다. 대다수의 그림들이 정물화, 그것도 수묵을 재료로 사용하던 시절의 대한민국 국전에 느닷없이 피카소의 〈게르니카〉 같은 그림이나 백남준의 비디오아트가 출품된 격이라고나 할까? 그림에 등장하는 사람은 정면을 보고 있어야 한다든가, 그림의 좌우는 대칭을 이루어야 한다든가, 전체적으로 명암대비는 어떻게 해야 한다든가 하는 식의, 그 당시 미대를 진학하려는 학생들이 반드시 지켜야 하는 실기전형 요령을 보티첼리는 깡그리 무시했으니 입시와 국전에서 떨어지는 것은 당연지사. 평론가 레비(Michael Levy)가 지구상 그 어떤 화가도 보티첼리만큼 오랫동안 무시되었던 경우는 없었을 것이라고까지 했을 만큼 이 그림은 그 후로도 오랜 세월을 먼지와 거미줄에 파묻혀 지내야 했다.[2]

500년이 지난 그 어느 날, 드디어 이 그림은 영국의 영향력 있는 문예비평가 러스킨(John Ruskin)의 눈에 운명적으로 들어오게 된다. 그는 보티첼리의 작품을 발견하고 자연의 생명력이 그대로 느껴지는 이 작품이 왜 지금까지 버려져 있었던가 하는 회한과 찬사가 가득 찬 평론을 쓴다. 그 글이 나간 다음날 아침부터 이 그림을 보기 위한 행렬은 끝 모르고 이어지기 시작했고, 이제는 르네상스의 근원지 피렌체의 우피치 미술관에서도 가장 좋은 자리에 떡하니 자리 잡고 전 세계의 관람객을 맞이하고 있다.

이제 질문을 던져보자. 이 창의적 예술작품을 우리가 향유할 수 있게 된 것은 보티첼리 때문인가? 아니면 러스킨 때문인가?

■ 그림 비너스의 탄생(1486), 산드로 보티첼리, 피렌체 우피치 미술관.

잠시 생각할 동안 이번에는 과학으로 옮겨보자.

우리나라에서 아무나 붙잡고 컴퓨터 운영체계인 윈도 시스템을 개발한 사람이 누구냐고 질문하면 십중팔구는 '빌 게이츠'라고 답한다. 사실 빌 게이츠의 창의성은 미국에서보다 우리나라에서 더 대접받는다.

어쨌든 윈도를 개발한 사람은 빌 게이츠가 아니라, 복사기 회사로 유명한 제록스 연구소(PARC)의 연구자들이었다. 컴퓨터에 관한 한 그야말로 날고 기는 재주를 가진 이들은 재정적 후원과 어떤 연구든 할 수 있는 특권을 활용해 텍스트 중심의 기존 컴퓨터 운영체계를 획기적으로 변환시킨 새로운 그래픽 사용자 인터페이스(GUI)를 만들었다.[3] 이것이 곧 윈도의 전신이다.

이 운영체계가 바로 상용화되었다면 어떻게 되었을까? 아마 지금의 마이크로소프트(MS) 회사의 간판에는 '제록스소프트웨어'라 적혀 있을 것이다. 아니다. 기왕 타임머신을 탔으니 당신이 운영체계를 사들여 당신 이름을 그 회사에 붙일 수도 있겠다.

그러나 이 획기적인 운영체계의 잠재적 시장성을 바라보는 안목을 가진 경영진은 제록스에 없었다. "돈 주고 일하라고 했더니 쓸데없는 거나 만들었네!"라고 야단을 맞았다는 이야기도 들린다. 결국 이 운영체계는 회사 내에서, 그것도 연구자들만 사용하는 용도로 활용되었다.

그러던 어느 날(왜 옛날이야기는 항상 이렇게 시작할까?), 연구소를 방문하여 이 운영체계를 보게 된 스티브 잡스는 그 자리에서 환호성을 내지른다. "이 좋은 아이디어를 가지고도 왜 가만히 있나? 이렇게 혁명적인데!"[4] 그리고 자신들의 아이디어를 한눈에 높게 평가해준 스티브 잡스의 안목에 감복한 어느 개발자는 그 순간 애플(Apple) 사로 옮길 것을 결심했다. '혁명적' 가치를 발견한 스티브 잡스에 의해 새롭게 태어난 이 아이디어는 여러 가지 우여곡절을 거쳐 지금의 윈도 체계로 자리 잡았다.[5]

그렇다면 다시 처음의 질문으로 되돌아가보자. 지금 우리는 누구 덕분에 윈도를 사용할 수 있게 되었는가? 개발자인 제록스회사 연구자인가? 아니면 통찰적 안목을 가지고 있었던 스티브 잡스인가?

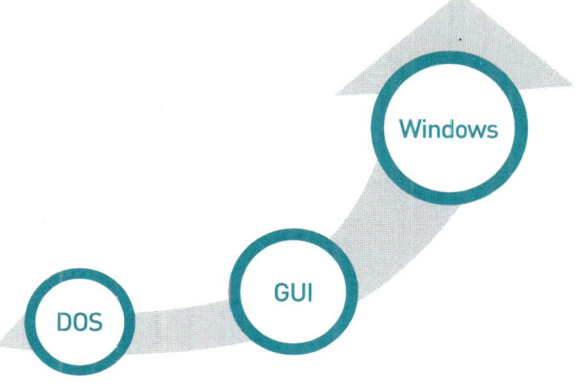

■ 그림 도스에서 윈도로

창의성의 세 박자 모델 :
세상사 모두가 세 박자 쿵짝!

당신이 앞의 두 질문에 대해 어떤 답을 했을까 궁금하다. 보티첼리와 제록스 연구자인가? 아니면 러스킨과 스티브 잡스인가?

최근 몇 년간 이와 비슷한 질문을 해보면, 놀랍게도 보티첼리나 제록스 연구자들보다 이 창의적 산물들의 가치를 평가하고 선택했던 러스킨이나 스티브 잡스의 손을 들어주는 사람들이 많음을 발견한다. 당신의 판단도 크게 다르지 않았으리라.

지금까지 우리는 '창의적 대한민국'을 만들기 위해 보티첼리나 제록스 연구자 같은 창의적 인재를 육성하기만 하면 된다고 생각해왔다. 다들 그랬는데, 왜 지금 러스킨이나 스티브 잡스가 창의적 성취에 더 중요한 역할을 했다고 생각하는가? 어찌된 일인가?

결론부터 이야기하자.

창의적 산물은 단지 한 개인의 능력이 탁월하다고 해서 만들어지지 않는다. 창의적 산물은 뛰어난 재능을 가지고 있는 사람들의 아이디어가 제대로 평가되고 선택되어야만 탄생할 수 있다.

역사적으로 인정받는 창의적 산물들이 이러한 공통적인 과정을 거쳤다는 사실에 착안해서 만들어진 것이 바로 '창의성의 세 박자 모델'이다.[6] 이 모델은 백가쟁명(百家爭鳴) 시대에 있는 창의성의 여러 이론들을 종합하는 것으로 인정받아가고 있다.

세 박자 모델을 그림으로 표시하면 다음과 같다.

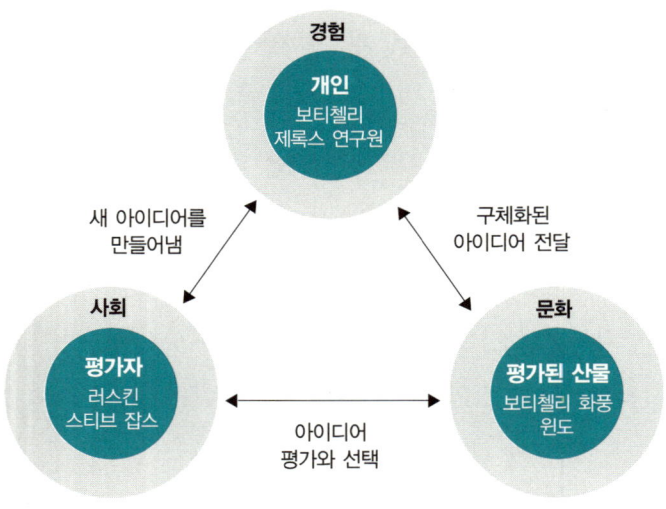

■ 그림 창의성의 세 박자 모델[7]

여기서 세 박자라 함은 각각 개인, 평가자, 평가된 산물을 일컬으며, 이 3개의 조화 속에 창의적 성취가 이루어진다는 것이다. 하나씩 구체적으로 살펴보자.

첫 번째 박자 : 개인

창의적 아이디어를 만들어내거나 기존의 아이디어를 변형시키는 역할을 하는 주체다. 창의적인 사람(들)이라고 간단하게 생각하면 될 것이다. 보티첼리와 제록스 연구자들이 여기에 해당한다. 지금까지 우리나라에서 관심을 가져왔던 유일한 부분이다.

두 번째 박자 : 평가자

개인에 의해 생성된 아이디어를 평가하고 선택하는 역할을 한다. 앞의 예에서는 보티첼리의 그림을 재발견한 러스킨과 GUI를 현재와 같은 운영체계로 구현한 스티브 잡스가 여기에 해당한다. 물론 제록스의 경영진도 평가자에 해당한다. 다만 현명하지 못한 평가자라는 것이 다를 뿐. 이처럼 평가자는 올바른 선택과 그릇된 선택을 할 가능성을 동시에 가지고 있다.

또한 평가자는 개인일 수도, 집단일 수도 있다. 예를 들어 우유 회사에서 체리 맛이 나는 우유를 오랜 기간 동안 막대한 비용을 들여 개발했다고 하자. 그렇더라도 까다로운 소비자들의 입맛에 맞지 않으면 제품은 팔리지 않고 실패한다. 이 경우 평가자는 소비자 집단이 된다.

사람들은 상황에 따라 '개인' 또는 '평가자'의 역할을 맡게 된다. 예컨대 혁신적인 아이디어를 내는 나는 개인에 속하지만, 논문 심사 위원이 될 때에는 동시에 평가자의 역할을 수행한다.

세 번째 박자 : 평가된 산물

평가자에 의해 선택된 창의적 산물을 일컫는다. 개인이나 평가자는 사람이 주체이지만, 이 세 번째 박자는 선택되어 남은 결과인 만큼 상징적인 개념으로 보면 된다. 보티첼리의 경우에는 당연히 〈비너스의 탄생〉이라는 그림이지만, 단순히 그림을 넘어서 보티첼리와 같은 표현양식을 존중하는 라파엘전파(pre-Raphaelite)라는 미술사조까지 평가된 산물로 보아야 한다. 컴퓨터의 예에서는 윈도 운영체계 자체가 여기에 해당할 것이다.

그렇다면 셋째 박자의 역할은 무엇일까?

바로 다음 세대가 딛고 올라설 수 있는 '디딤돌' 역할을 한다. 꿈나무들이 디딤돌을 딛고 일어서 더 넓은 세상을 바라볼 수 있도록 하는 것이다. '나는 내 앞에 있는 수많은 거인의 어깨에 올라와 있을 뿐'이라는 뉴턴의 말과 궤를 같이한다. 뉴턴의 창의적 이론도 선인들의 지혜가 그 토대가 되었다는 의미다.

디딤돌의 역할을 좀 더 생생하게 설명해보자. 우리나라에서는 입시와 연관지어 설명하면 귀에 쏙쏙 들어온다고 하니 여기서도 한번 그렇게 해보겠다.

보티첼리는 미술대학 실기전형을 하며 학원에서 가르쳐준 대로 하지 않아 낙방했다. 그 당시 미대입시 전문학원으르 가장 명성이 높았던 곳은 '라파엘 학원'으로, 시대를 주름잡았던 화가 라파엘의 화법을 전수받은 제자들이 만든 프랜차이즈 학원이었다. 거의 코든 학생들은 이곳에서 학원선셍이 이야기해준 방식대로 '좌우가 대칭이 되고', '등장인물은 무조건 앞을 보아야 하는' 식의 기법을 배웠다. 그래야만 미술 명문대학을 갈 수 있었으니, 별 수 있으랴. 입시 심사위원도, 나아가 국전 심사위원도 모두 라파엘 학왼 출신이었으니 감히 거스르는 것은 생각하기 어려웠다. 이런 상황어서 보티첼리의 그림은 당연히 배척될 수밖에 없었다.

그러나 500여 년 후, 상황은 역전되었다. 이지는 라파엘처럼 그림을 그리면 대학입시에서 참패할 수밖에 없다. 뭘가 살아 숨 쉬는 역동성도 있고, 인체의 비율도 사실대로가 아니라 조망에 따라 달라지는 것도 허용하는 보티첼리 류의 그림만이 일루대를 보장해주었다. 학원 간판도 '보티첼티 학원'으로 개명한 지 이미 오래고. 모든 미술학도들은 〈비너스의 탄생〉과 같은 스타일에 익숙해져 있었다.

단 두 명만 빼고…. 한 학생은 물감을 붓에 굳혀 흩뿌리다 혼나고 있고, 다른 학생은 신체 그림을 부위별로 해체한 후 이곳저곳에 다시 옮겨 붙이는 작업을 하다고 혼나고 있었다.

타임머신을 타고 있는 우리는 곧 '잭슨 폴락 학원'과 '피카소 학원'이 대세가 되는 것까지 목격하게 된다.

세 박자 모델은 움직인다, 불만과 함께

앞의 이야기에서 우리는 무엇을 알 수 있을까?

세 박자 모델이 고정되어 있지 않고 살아 움직인다는 사실이다. 무슨 말인지, 윈도 운영체계를 예를 들어 설명해보자.

지금 20대 중반 이하는 잘 모르겠지만, 그 윗세대들은 예전에 컴퓨터 학원에 의외로 돈을 많이 갖다 바쳤다. 도스(DOS)를 배우기 위해서였다.

도스! 역사의 뒤안길에서 아득히 사라지고 있는 이것을 우리는 그때 돈 내고 배웠다는 것이다. 지금은 마우스로 파일을 클릭해서 휴지통에 넣으면 될 것을 예전에는 삭제를 의미하는 'DEL'이라는 명령어를 화면에 입력해서 처리했다. 그 밖에 복사(COPY), 저장(SAVE)을 비롯해 수많은 기능을 실행하기 위해 명령어들을 외워야 했다. 지금은 어떤가? 더 이상 도스를 배우는 사람은 없다. 그냥 윈도가 하라는 대로 따라 하면 된다.

그렇다면 윈도는 운영체계의 종착역인가? 그렇지는 않을 것이다. 지금 이 시점에도 윈도체계를 디딤돌 삼아 더 혁신적이고 효율적인 개인용 컴퓨터를 사용하기 위한 생각에 골몰해 있는 사람들이 틀림없이 있을 것이다. 그중 한 명인 A는 윈도방식이 뭔가 마음에 안 든다는 생각을 항상 가지고 있었다. 사용자에게 편리함을 주는 방향으로 윈도가 변해가고 있기는 하지만, 그럴수록 컴퓨터는 점점 더 고급 사양을 필요로 한다는 사실이 그에게는 늘 불만스러웠다. 언제까지 더 빠른 처리장치나 더 많은 저장장치를 위해 소비자들이 주머니를 털어야 하나? 오랫동안 고심 끝에 그가 생각해낸 아이디어는 회사에서 직원들에게 비싼 개인용 컴퓨터를 일일이 사줄 필요 없이, 매우 강력한 성능을 가진 슈퍼컴퓨터 한 대만 갖추는 것이었다. 그런 다음 각 직원에게는 그 컴퓨터와 연결된 간단한 터미널만 제공하고, 빨라진 전산망을 활용해서 모든 일을 더 신속하고 안전하게 처리하자는 것이었다.

그럴듯한가? 그 A는 다름 아닌 선마이크로시스템스(Sun Microsystems)의 스콧 맥닐리(Scott McNealy) 회장이다. 그는 이 아이디어를 바탕으로 네트워크 언어인 자바(JAVA)를 개발해 대성공을 거두었다. 비록 현재는 경영부진 등의 이유로 오라클(Oracle)에 합병되긴 했지만, 최근까지 MS를 대체할 유력한 회사 중 하나로 인정받았던 창의적 기업이다.

도스를 배운 세대들이 그 불편함을 윈도의 창조로 극복하고, 윈도의 불편함이 다시 자바를 낳았듯이, 세 박자의 순환은 시간의 흐름과 함께 계속 진화한다.

그러나 만약 우리가 윈도를 쓰면서 아무 불편과 불만 없이 마냥 행복하다면? 적어도 우리 가운데에는 스티브 잡스와 빌 게이츠를 기대하기 힘들 것이다.

대한민국이 혁신의 터전이
되기 위해 필요한 것

세 박자 모델은 그 사회와 문화가 창의성의 발현에 어떤 영향을 미치는가를 설명하는데도 매우 유용하게 사용되고 있다.

개별 박자의 범위를 확장시켜보면 다음과 같다. '평가자'의 집합은 그들이 속한 조직, 집단, 나아가 한 사회라 할 수 있고, '평가된 산물'의 집합체는 바로 그 나라 사회의 문화가 된다. '개인'의 창의성에 영향을 주는 것은 그 사람이 가진 유전과 경험일 것이다.

자, 이제부터 이 세 박자 모델이 어떻게 창의적인 사회 또는 문화 현상 등 거시적 의미에서의 창조와 혁신을 설명하는지, 15세기 르네상스 시대를 중심으로 살펴보자.

르네상스 시대에 어떻게 그처럼 다양한 분야에서 창의적 산물이 쏟아질 수 있었는가를 설명하는 이론은 매우 많다.

그 가운데 내가 가장 '창의적'이라 생각하여 좋아하는 것이 '혜성 이론'이다. 그 이론에 따르자면 3,000년마다 지구로 다가오는 혜성이 15세기에, 그것도 하필이면 르네상스의 발원지인 피렌체 근처를 무지하게 가깝게 지나간 덕분에 그 지역 사람들에게 창의적 능력을 솟구치게 하는 유전자변이가 생겼다는 것이다. 이 설명에 동의하는 독자는 여기서 읽기를 바로 멈추고 다음 장으로 넘어가면 된다. 그리고 기다리자, 우리나라에 그 '혜성'이 다시 나타나기를! 그러나 혹시 동의하지 않는 독자라면 계속 설명을 들어보자.

15세기 이전까지, 유럽에서 예술적 재능이 있었던 대부분의 사람들은 종교적 건축물이나 조형물을 만들기 위한 장인(匠人)으로서 종사했을 뿐, 예술을 생업으로 할 수 있는 여건은 갖추지 못했다. 그들은 주로 교회에서 제단을 만들거나 건물에 필요한 장식들을 만들면서 생계를 이어갔다.

그러나 해양교역으로 자본을 축적한 피렌체의 메디치 가문을 비롯해 상인들의 조합인 길드들이 가문의 영광과 자신들의 명예를 드높이기 위하여 예술적 장인들의 후견인이 되고, 아울러 예술에 대한 투자를 하게 된다.[8] 동네에서 함께 건축일을 하던 친구가 피렌체로 가더니 먹고사는 것은 문제없고, 심지어 자기가 좋아하는 일을 하면서 돈 버는 것을 보고는 예술적 재능이 있는 사람들이 이곳으로 속속 모여들기 시작한다.

역사적으로 보면 이러한 재능의 풀(pool)이 뭉쳐 있는 곳에서는 필요에 따라 협력하거나 때로는 치열한 경쟁도 불사하는 과정에서 자신의 끼를 최대한 발휘할 수 있는 창의의 불꽃이 생겨난다. 미켈란젤로가 '천국의 문'이라고까지 칭송했던 부조상도, 기베르티와 브루넬레스키라는 당대 최고의 조각가 두 명의 경쟁을 통해 산출된 것이 아니던가.

3,000년마다 온다던 혜성이 참지 못하고 500년이 흐른 20세기에 오스트리아 수도 빈(비엔나) 위로 한 번 더 지나간다. 정신분석이론의 프로이트, 심리검사 MBTI 이론의 제공자 융, 철학자 비트겐슈타인,

소설가 로베르트 무질, 현대건축의 새 장을 연 오토 바그너, '왈츠의 아버지' 슈트라우스, 가난해서 교회의 창문디자인 등을 하다가 온 구스타프 클림트 등이 비엔나에 함께 모여 이웃사촌으로 지냈던 것도 우연만은 아닐 것이다.

예술에 대한 후원으로 천재적인 인력풀이 만들어진 것과 동시에, 또 한 가지 중요한 요인이 르네상스의 발현을 도왔다. 그것은 바로 14세기말부터 학자들을 통해 그리스로마의 문화가 재조명되어, 암흑시대를 거치는 동안 결핍되었던 '문화적 다양성'이라는 필수영양분을 공급해준 것이다. 르네상스(Renaissance)라는 단어는 '부흥'이라는

■ 그림 창조적 아이디어의 산실 : 비엔나의 프로이트 생가

어원을 가지고 있는데, 그것은 바로 그리스로마 문화가 이때 다시 부활했다는 의미를 내포한다.

풍부한 예술적 경험을 가진 장인들, 막대한 부를 바탕으로 많은 예술가들을 지원해주고 표현의 다양성도 인정하는 사회적 분위기, 인간이 다시 우주의 중심이 될 수 있도록 도와준 그리스로마 문화의 부활, 이 3가지 박자의 조합이 르네상스의 도래에 큰 역할을 한 것이 아닌가.

도시경제학자 플로리다(Richard Florida)는 그의 책 《창조적 계급의 등장(The rise of the creative class)》에서 3개의 T를 갖고 있어야 혁신의 장소가 될 수 있다고 주장한다.[9] 그 3가지란 재능을 가진 사람(Talent), 다양성을 인정하고 평가해주는 사회문화적 분위기(Tolerance), 그리고 혁신을 가능케 하는 기술(Technology)을 가리킨다. 그는 실리콘밸리가 있는 샌프란시스코를 예로 들며, 이 3가지 중 어느 하나라도 갖추지 못하면 혁신과 창조를 낳는 공간이 되지 못한다고 역설한다.

그런데 꼼꼼히 따져보자. 플로리다의 3T 주장은 다름 아닌 세 박자 모델의 도시경제학 버전 아닌가. 첫 번째 T는 능력을 가진 개인이고, 두 번째 T는 다양성을 인정하고 평가해주는 사회적 분위기이며, 마지막 T인 혁신에 이르게 하는 기술은 문화의 소산이기 때문이다.

나아가 우리의 결론 또한 플로리다의 주장과 다르지 않다. 개인의 능력뿐이 아닌 다른 박자들도 있어야 우리나라가 피렌체, 비엔나, 샌프란시스코가 될 수 있다는 것을!

아름다운 선율을 만드는
세 박자의 조건

세 박자 모델에 대한 이해는 충분히 되었을 것이라 생각하고, 이번에는 3가지 박자 내에서 창의적 성취에 도움이 되는 핵심요소들이 어떤 것인지를 살펴보기로 하겠다. 이는 지금 나의 상황 또는 몸담고 있는 기업, 내가 속한 사회가 얼마나 창의적인지 점검하는 목록으로 활용할 수도 있을 것이다.

평가자 : 자유와 자격을 갖추었는가?

올바른 평가와 선택을 하기 위해서는 다음과 같은 요건이 갖추어져야 한다.

첫째, 무엇보다도 기업, 조직, 더 나아가 사회 자체가 변화에 대한 개방성, 남과 다름에 대한 허용성을 가지고 있어야 한다. '모난 돌이 정 맞는다'는 식의 발상이나, 90% 넘는 국민이 자신을 '중산층'이라 생각하는 것은 곤란하다. 즉 그 사회가 창의성에 대해 말뿐이 아니라 얼마나 진지하게 가치를 부여하고 있는가가 매우 중요하다.

관리와 통제가 중요한가, 창의와 혁신이 중요한가? 많은 돈을 투자해서 사내 제안제도를 실시하고 있는데, 그 많은 현장의 목소리가 과연 최고경영진까지 가감 없이 전달되는가? 이런 점을 점검해야 한다. 생각이 다른 것을 틀린 것이라 여기는 한, 올바른 평가와 선택을 할 길은 없어진다.

둘째, 평가자가 소신껏 판단할 수 있는 여건이 마련되어야 한다. 한마디로 정치, 종교, 경제적 여건 등 창의성 자체와 무관한 요인으로부터 자유와 독립성이 보장되어야 한다. 철학이 신학의 시녀였던 중세유럽 암흑기나 독재치하와 같이 정치적 고려가 최우선시되는 곳을 생각해보면 쉽게 이해될 것이다.

셋째, 평가하는 사람의 안목을 높이고 전문성을 고양하기 위한 교육이 필요하다. 평가를 하는 사람이 평가내용에 대해 까막눈이라면 어떻게 되겠는가? 말도 안 되는 가정이라 생각할지 모르겠다. 그러나 중요한 사안을 결정하는 위원회가 전문성이 검증되지 않은 낙하산인사로 구성되는 경우가 실제로 있다. 그렇다면 그 중요한 사안은, 과연 어떻게 되겠는가?

평가된 산물 : 정보가 막힘없이 흐르고 있는가?

두 번째 박자는 정보와 지식체계, 나아가 이것들의 집합인 문화와 밀접한 관련이 있다.

우리는 정보를 어떻게 다루고 있는가? 정보가 소수에 의해서만 공유되고 있는 곳에서 창의성이 발현되기는 힘들다. 중세 철자의 발명이 몇몇 성직자에 의해 독점되었던 성서의 대중화에 기여했고, 그 결과 종교개혁을 이끌어 낸 것을 생각해보자.

아울러 정보가 명확하게 전달되지 못하는 기업을 생각해보자. 케임브리지 인큐베이터(Cambridge Incubator) 설립자인 티모시 로(Timothy Rowe)는 이렇게 말했다. "CEO가 올바른 가치관을 가지고 있는가보다 더 중요한 것이 있다. 그것은 기업의 가치관이나 목표 등의 정보가 회사 전체에 얼마나 효과적으로 전달되고 있는가다."[10]

이해가 어렵다면 도서관을 비교해서 생각해보기를 권한다. 세계적인 대학은 다 훌륭한 도서관을 가지고 있다. 도서관이 훌륭하다는 것은 무엇을 뜻하는가?

먼저, 어마어마한 장서의 숫자다. 일단 웬만한 책은 다 소장하고 있는 것이다. 그렇다. '정보의 양'이 첫째로 중요하다.

그런 다음에는 이렇게 많은 책들 중에서 나에게 정말 필요한 책이 무엇인지, 어디에 있는지 알 수 있어야 한다. 박사학위까지 소지한 전문사서에게 물어보면 검색의 범위가 획기적으로 좁혀진다. 아울러 도서검색을 도와주는 첨단기기는 갈수록 사용자 위주로 진화하고 있다. 여기서 알 수 있듯이, 두 번째로 중요한 요소는 '정보의 조직화'다.

그런데 만약 이렇게 많은 책들이 정작 정해진 위치에 있지 않다면 어떻게 될까? 아무리 좋은 자료가 많아도 활용할 수 없게 된다. 다른 분야에서도 마찬가지다. 따라서 정보의 대중화를 위해서는 '접근 가능성'이 필수다.

유학시절 꼭 찾아보아야 하는 책이 있었다. 대출되지 않았다고 하는데 몇 번이고 그 자리에 가도 책이 없는 것이었다. 그러던 중 우연히 그 책이 전혀 다른 곳에 꽂혀 있는 것을 발견했다. 잔꾀를 부리는 어느 학생이 자기만을 위해 장소를 살짝 옮겨놓고 필요할 때마다 뽑아보고 있었던 것이다.

칙센트미하이는 이와 관련해 다음과 같은 예를 들고 있다. 두 제약회사가 R&D 및 연구자에 대한 투자 정도가 같을 경우, 다음 사항들에 어떻게 대응하느냐에 따라 신약개발의 결과가 달라질 수 있다는 것이다.

첫째, 어느 회사가 약학에 관해 좀 더 전문적이고 자세한 정보를 가지고 있는가?
둘째, 어느 회사가 정보 및 자료를 잘 조직화하고 있는가?
셋째, 약학에 대한 지식이나 정보를 소중히 하는 기업문화가 있는가?
넷째, 어느 회사가 가설을 검증하기가 더 수월한가?

개인 : 열망과 능력이 내 안에 있는가?

창의적 성취에 도움이 되는 개인 변인은 1장에서 살펴보았던 대로 내적 동기, 인지적 능력, 창의적 성향 이 3가지다.

내적 동기란 현재 내가 하고 있는 일을 얼마나 기꺼이 하고 싶어 하는가에 대한 스스로의 답이다.

인지적 능력은 창의적 문제해결에 필요한 사고능력이라 할 수 있다.

창의적 성향은 성취를 이루는 데 도움이 되는 개인의 특성을 말한다. 대표적인 것으로는 다양한 관심, 열린 마음, 불타는 호기심, 독자성, 위험을 감수하고자 하는 도전정신, 끈기 등을 들 수 있다. 내게 이러한 특성이 얼마나 내재돼 있는지, 스스로 점검해보자.

세 박자 모델로
스스로를 점검해보자

그렇다면 세 박자 모델을 각각의 영역에 적용하면 어떻게 될까? 방금 소개했던 박자별 요인들을 염두에 두면서 읽어보자.

교육과 세 박자 : 위계질서가 창의성을 내리누르지는 않는가?

여기 새로 임용된 김 교사가 있다. 21세기의 교육목표는 단연 학생의 창의성 함양이라고 생각했다. 그래서 그는 학생들의 창의성을 향상시키기 위해 최선을 다했고, 기존의 교육방식을 획기적으로 개선한 프로그램을 개발하여 B&G 프로젝트라고 이름 붙였다. 신중한 김 교사는 섣부른 판단을 피하기 위해 3년 동안 자료를 보완해가면서 효과를 검증했다. 마침내 이제는 틀림없이 효과가 있다고 확신하게 된 김 교사는 이를 윗선에 이야기하고 본격적으로 시행해볼 것을 제안했다.

그러나 교장선생은 난감했다. 그간 기울여온 김 교사의 열정적인 노력을 모르는 바 아니었고 내심 호감을 가지고 도와주고도 있었지만, 막상 아이디어를 실행에 옮기자고 하니 비용, 번거로움, 제도 수정 등 따라올 여러 가지 사항이 골치 아팠다. 그래서 저녁때 교장선생은 김 교사를 불러 회식자리를 가진다. 어느 정도 분위기가 올랐을 때 점잖게 운을 뗀다.

"내 편한 동생 같아서 한마디 하겠네. 아이디어는 참 좋은 것 같더

군. 나도 젊었을 때는 아이디어맨이라고 칭찬 많이 받았어…. 헌데, 말로는 다 못하겠네만 이런저런 사정으로 좀 어려울 것 같네. 변화를 꾀한다는 것이 그리 녹록한 것이 아니네."

오랫동안 품어왔던 꿈이 시행도 해보기 전에 좌절되어 큰 실망에 잠겨 시간을 보내고 있던 김 교사는 어느 날 회의시간에 통보를 받는다. 교과과정과 교수방법이 며칠 있으면 갑자기, 그것도 자신의 생각과는 전혀 다른 방향으로 바뀌게 된다는 소식을 말이다. 어제 상부에서 공문이 내려왔다는 것이다.

억지로 만들어낸 예라고 생각되는가?

창의적인 아이디어로 번뜩여야 할 교육기관도 실제 현장에서는 의사소통의 통로가 폐쇄되는 경우가 다반사다. 혁신과 변화라는 가치가 존중되고 보장되지 않는 한 한국교육의 창의적인 발전은 참으로 요원하다. 밑에서 아무리 좋은 아이디어가 올라올지라도 그것을 평가하고 선택하는 위치에 있는 사람들이 현상유지에만 급급하다면 말이다.

교육부, 교육청, 지역교육청, 단위학교로 이어지는 수직적 위계와 이를 통한 통제위주의 획일적 정책에 대해 어느 교육전문가는 이렇게 비판했다.

"학교는 교육청 눈치를, 교육청은 교육부 눈치를 봐야 하고 (…) 학교의 자율적인 의사결정이 중요한 것이 아니라 위에서 내려오는 공문이 더 큰 위력을 발휘하게 되었다. 지역주민의 의견을 학교에 반영

할 수 있는 통로도 꽉 막혔다. 학교는 본연의 창의성과 활력을 잃어 가고 있다."[11]

교복자율화가 채 정착되기도 전에 많은 학교가 다시 교복을 의무화하고 있다. 왜일까? 혹시 학생들을 통제하고 관리하기 쉬워서일까? 만약 그런 이유에서라면, 개성과 자유가 담보되어야 발현될 수 있는 창의성은 어떻게 되겠는가? 지금은 목 조이는 교복을 입고 열중쉬어 자세로 교장선생님 훈화를 듣던 때가 아니다. 혹자는 경제적인 이유로 부모가 원한다고도 말한다. 그러나 교복은 단순히 복장 차원의 문제가 아니라 통제의 문제다. 똑같은 복장과 획일화된 규제 아래 청소년기를 보낸 자녀가 스티브 잡스 같은 부자가 되기를 기대하는 것은 무리가 아닐까?

기업과 세 박자 : 현재에 발목 잡혀 미래를 밀쳐두고 있지는 않은가?

모토로라(Motorola). 치열한 경쟁 속에 과거만큼 정보통신 기업으로서의 명성과 지위를 유지하지는 못하고 있지만, 얼마 전 세계적으로 열풍을 몰고 왔던 '레이저 폰 신화'는 모토로라가 개인에 의해 창안된 아이디어를 선택하고 평가하는 데 얼마나 개방적이며, 통찰력과 비전을 갖추고 있는지 보여주는 좋은 사례다. 그런데 레이저 폰의 아이디어가 우리나라 중소기업에서 나왔다는 사실을 아는 사람이 얼마나 될까?

시계 디자이너 출신인 서태식 사장은 얇은 시계를 만드는 기술을 휴대폰에 적용하여 기존 휴대폰의 두께를 절반으로 줄이는 금속 키

패드를 개발했다. 그 후 몇 개월 동안 국내 업체를 찾아다녔으나 성과는 없었다. '슬림은 추세가 아니다', '금속은 전파를 방해한다', '지금 휴대폰의 추세는 카메라와 같은 기능 고급화이지 디자인은 아니다'와 같은 이유로 소위 문전박대를 당했던 것이다.

이 아이디어의 진가를 인정해준 것은 다름 아닌 외국기업 모토로라였다. 2000년대 초 경쟁업체의 추격에 시장을 잠식당하며 고전하고 있던 모토로라는 새로운 형태의 휴대폰을 개발하기 위해 와신상담 기회를 찾고 있었다. 모토로라는 서태식 사장의 아이디어를 진지하게 검토하고 바로 계약을 맺었다. 서태식 사장조차 "변변한 실적도 없는 한국 중소기업의 제품을 인정하고 믿어준 모토로라의 개방성과 예측력이 놀랍다."라고 감탄할 정도였다. 그리고 그 결과는 계약속도만큼이나 신속하게 나타났다. 모토로라의 전 세계 시장점유율은 몇 년 만에 최저 11%대에서 20%로 수직상승한 반면, 노키아, 삼성, LG 등은 동반하락한 것이다.

얼마 전 삼성그룹 사내 언론에 지금까지 삼성을 성공으로 이끌었던 '빠른 추격자(fast follower)' 전략에 대한 비판글이 실렸다고 한다. 지금까지는 성공모델이 있는 곳에 투자를 집중해서 빠른 시간 안에 1등을 따라잡을 수 있었지만, 이제는 바로 그 전략 때문에 발목을 잡힐 수 있다는 내용이었다. 최초에 대한 두려움 때문에 구글의 스마트폰 공동개발 제안이 무위로 돌아가고, 결국 대만 업체가 구글폰의 파트너가 되었던 사례를 들며 '가지 않은 길'을 선뜻 나서지 못하는 현실을 지적했다.

획기적인 아이디어가 떠오른다 해도 미래의 잠재성보다는 현재의 시장성에 근거해서 평가가 이루어지고, 위험을 감수하지 않고 패자부활의 기회도 주어지지 않는다면 누가 자발적으로 혁신 노력을 하겠는가? 그룹총수가 기업의 미래가 창조경영에 달려 있다고 했을 때, 그 의미가 '지금 당장 시장성 있는 제품'을 만들라는 뜻은 아니었을 것이다.

고무적인 것은 삼성이 최근 이 기사를 방송으로 제작해서 전 직원이 볼 수 있게 했다고 한다. 원래 문제란 쉬쉬하며 숨기기보다는 속 시원히 털어놓아야 해결책이 생기는 법이니, 앞으로의 발전을 기대해본다.

그렇다. 중요한 것은 앞으로다. 아무리 중요한 아이디어가 나온다 하더라도 이를 신중하게 받아들이고 검토하는 개방성과 안목이 없다면 결국 경쟁에서 뒤처지는 치명적 결과를 맞게 될 것이다.

한 가지 덧붙인다면, 올바른 선택과 평가에 대한 문제는 사내교육과도 관련된다. 신입사원에게 창의성 교육을 시키는 것이 중요한가? 아니면 패기와 열정이 넘치는 신입사원의 자유분방함은 그대로 두고, 아이디어를 평가하고 선택하는 중간관리자 이상의 개방성과 융통성을 키우는 프로그램을 실시하는 것이 더 효과적일까? 진지하게 고민해야 할 주제다.

벤처와 세 박자 : 기업가정신이 살아 숨 쉴 환경인가?

우리나라에서 가장 존경받는 인물 중 한 명인 안철수 석좌교수는 기업가정신을 '새로운 가치를 창출하는 행위'라 정의한다. 이런 의미에서 기업가정신을 의미하는 한자는 꾀한다는 의미의 기(企)가 아닌 아이디어를 통해서 가치를 일으키는 기(起)가 되어야 한다고도 했다. 그는 대기업 중심의 경제구조가 아니라 중소기업, 벤처기업이 다양하게 포진한 구조를 가져야만 우리나라 경제의 견전성이 담보된다고 주장하고 있다. 마치 주식투자도 위험수준을 다양하게 조절하는 포트폴리오 투자가 정석이듯이 말이다.

그러한 측면에서 우리의 미래를 짊어질 젊은 세대들이 기업가정신을 가지고 많은 벤처기업에 도전해야 하는 것은 더 이상 부수적인 옵션이 아니다. 그러나 안철수 교수가 지적하듯 현재 우리나라의 추세는 세계적 흐름과는 달리 벤처를 시작하려는 사람이 줄어들고 있다. 왜 그럴까? 10여 년 전 김대중 정부 시절 벤처기업에 대한 전폭적인 지원이 있었음에도 불구하고 많은 경우 실패로 돌아갔다. 그 원인이 궁금해 나름대로 조사해 보기도 했는데,[12] 어쩐 일인지 상당한 시일이 경과한 지금도 직면하는 문제는 그때와 크게 달라지지 않았다는 느낌이다. 예나 지금이나, 벤처기업을 시작하고자 하는 사람들은 다음과 같은 창업환경에 맞닥뜨리곤 한다.

가장 심각하게 지적되었던 문제는 역시 '공정한 선정'이다. 선정에 참여한 심사자가 벤처기업의 잠재력이나 기술적 혁신을 파악할 능력을 가지지 못하니, 어떻게 재원배분의 형평성을 기대할 수 있겠는가. 실력보다 청탁에 의한 선정으로 의심되는 사례들도 있었고, 투자자(엔젤)들도 성장이 확실시되는 기업에만 투자할 뿐, 정작 지원이 필요한 초기단계의 벤처기업은 위험하다고 기피하는 것이 다반사였다. 그러니 뛰어난 제품을 개발했어도 레이저 폰의 예에서와 같이 납품 기회조차 갖지 못한 경우가 태반이었다. 아무리 좋은 아이디어가 있어도 평가가 공정하지 못하고 기회조차 주어지지 않는다면, 벤처기업을 누가 하려고 하겠는가?

그렇다면 벤처창업에 필요한 정보의 접근성이나 조직화는 제대로 이루어졌는가를 살펴보자. 벤처가 붐을 이룬 시기였음에도 불구하고 도대체 어디에서 누구로부터 도움을 받을 수 있는지조차 제대로 알려주는 곳이 없었다는 볼멘소리들이 많았다. 아울러 벤처기업들이 불순한 목적으로 중복지원을 받아도 확인할 길이 없는 등, 자금지원 및 관리창구에서의 DB 구축이 이루어지지 못했다. 여러 부서에서 담당하고 있지만 총괄기능을 하는 곳은 없었기 때문이었다.

말로는 벤처기업을 육성하는 정책을 편다고 해도 창업자금을 받기 위한 심사기준이 까다롭고 심사하는 사람들이 그 아이디어의 잠재력을 알아볼 능력이 없다면, 또한 상위기관에서 벤처에 관한 지식이나 정보가 조직적으로 관리되지 못한다면, 젊은이들로부터 벤처기업에 대한 불꽃을 기대하기는 쉽지 않을 것이다.

검열과 세 박자 : 지금 누가 당신을 감시하고 있는가?

〈공포의 외인구단〉으로 우리나라 만화의 새 지평을 열었던 이현세 작가는 어렸을 때부터 고향인 경주의 이야기를 그림으로 옮기고 싶어 했다. 천년고도 경주에서의 생활은 당연히 신화(神話)에 관심을 갖게 했고, 우리 민족의 신화를 다룬 대작을 기획 연재하게 된다. 세상의 모든 이야기 중 가장 창의적이어야 할 것이 신화이기에 인간과 다른 동물들과의 교감도 나올 수 있었을 것이다. 아니, 꼭 나와야 했다.

그러나 동물과 인간의 애정을 표현한 〈천국의 신화〉는 음란물 판정을 받아 약식 기소되고, 그 후 작가는 2년여 동안 한 달에 한 번씩 재판에 나가는 고역을 치렀다. 인간과 동물이 어떻게 애정행각을 하냐는 것이다.

진짜 문제는 작가가 기소되었다는 사실이 아니다. 이현세 씨는 그일 이후 붓을 잡을 때마다 자기 내면에서 검열관의 감시를 받게 되었다고 한다. 국보급 이야기꾼의 머릿속에 외부의 평가와 감시보다 더 심한 내부의 감시자가 생겼고, 신명으로 임해야 하는 창작활동에 울분이 끼어들게 된 것을 누가 책임질 것인가? 그나마 5년 후 헌법재판소의 위헌판결로 무죄가 확정된 것은 불행 중 다행이 아닐 수 없다.

자, 이제 자신을 돌아보자. 나의 창의성을 방해하는 감시자는 없는가? 나의 혁신적이고 창의적인 아이디어를 제대로 평가하고 선택해주지는 못할망정 무조건 방해하고 딴죽을 거는 '내면의 방해자'가 내 안에는 없는 것일까? 있다면, 왜일까? 그리고 어떻게 그 방해자를 없앨 것인가?[13]

그 많던 창의적 천재들은 다 어디에?

인터넷에서 발견한 재미있는 이야기가 있어 들려드리겠다.

옥황상제와 내기바둑을 두어 이긴 안창호는 나라 사랑하는 마음으로 한국에 천재 5명을 태어나게 해달라고 부탁했다. 약속을 들어준 옥황상제에게 감사하며, 시간이 지난 후 천재들이 무엇을 하고 있나 우리 함께 살펴보자.

천재 중 한 명인 김뉴턴. 그런데 학원강사를 하고 있는 게 아닌가? 그 연유를 알아보았다. 어릴 때부터 신동이었던 김뉴턴은 조기입학과 졸업을 거듭하며 이미 20대 초반에 박사학위를 마쳤으나, 학회에서 말도 안 되는 소리를 계속한다는 평가를 받더니 교수들의 눈 밖에 나버렸다. 결국 추천서 한 장 써주는 이가 없어 대학이나 연구소에 명함도 내밀지 못하고 학원에서 수학을 가르치고 있다는 것이었다. 그것도 가르치는 내용이 너무 어려워 인기 강사만 있다는 대치동과는 2시간 떨어진 동네학원을 전전하고 있었다.

최에디슨은 무엇을 하나 보았더니 로스쿨 준비를 하고 있었다. 이건 또 웬일인가? 수많은 발명품을 만들어냈지만 대학 졸업장도 없는 에디슨을 입사시키거나 납품 기회를 준 회사가 없었다. 그렇다면 특허라도 내자고 생각한 에디슨이 어렵게 물어물어 절차를 밟으면, 이번에는 등록자격이나 요건을 갖추지 못했다고 하고, 어떤 때는 '무엇에 쓰는 물건인지 알 수 없음'이라는 답변이 돌아왔다. 그래서 다 때려치우고 법부터 먼저 공부해야겠다고 마음먹었다는 것이다.

나머지 퀴리 부인, 갈릴레오, 스티븐 호킹은 지금 어디서 무엇을 하고 있는지, 성공해서 잘나가고 있는지 아니면 어디서 노숙자 생활을 하고 있는지 알려진 바 없다. 지금부터 독자 여러분이 주변에서 찾아보고, 그들에게 끝까지 희망을 잃지 말라고 당부해주길 부탁한다. 혹시 당신 또는 당신의 자녀가 바로 그들이라면, 희망을 잃지 말라는 부탁의 말씀을 드린다. 문제점은 여전히 많지만, 사람들의 창의성을 꽃피울 여건은 조금씩 나아지고 있다는 믿음으로 말이다. 적어도 나는 그렇게 생각한다.

주(註)

1. Kermode, F. (1985). *Forms of Attention*. University of Chicago Press.
2. Michael, L. (1960). "Botticelli and Nineteenth-Century England." *Journal of the Warburg & Courtauld Institutes, 23*, 291-306.
3. Graphic User Interface : 기존의 텍스트 명령어 중심이 아닌 그림을 이용하는 컴퓨터 운영방식.
4. Jeffrey, S. Y. & William, L. S. (2005). 《iCon 스티브 잡스》. (임재서 옮김). 서울: 민음사. (원저 2005 출판).
5. Cringley, R. X. (1996). *Accidental Empires:How the Boys of Silicon Valley Make Their Millions, Battle Foreign Competetion, and Still Can't Get a Date.* NY : Harperbusiness.
6. 원래 이름은 '창의성의 체계모델(Systems Model of Creativity)'이다. 내용상으로 풀어 쉽게 이해하기 위해 이름을 '세 박자 모델'로 바꾸어 사용했다. 칙센트미하이 교수가 1988년에 처음으로 체계모델을 제안했고, 1994년 하워드 가드너 및 데이비드 펠드먼과 함께 모델을 정교화했다(Feldman, Csikszentmihalyi & Gardner, 1994).

    Csikszentmihalyi, M. (1988). "Society, Culture, and Person:a Systems View of Creativity." In R. J. Sternberg (Ed.), *The Nature of Creativity* (pp. 325-339). Cambridge, MA : Cambridge University Press.

    Feldman, D. H., Csikszentmihalyi, M. & Gardner, H. (1994). *Changing the World : A Framework for the Study of Creativity*. Westport, Conn : Praeger.
7. 세 박자 각각의 원래 이름은 개인(individual), 분야(field, 여기서는 평가자), 영역(domain, 여기서는 평가된 산물)이다.
8. Hibbert, C. (2001). 《메디치가 스토리》. (한은경 옮김). 서울: 생각의나무. (원저 1980 출판).

9   Florida, R. (2002). *The Rise of the Creative Class*. NY : Basic Books.
10   Csikszentmihalyi, M., (2006). 《몰입의 경영》. (심현식 옮김). 서울 : 황금가지. (원저 2003 출판).
11   이주호. (2006). 《평준호를 넘어 다양화로》. 서울 : 학지사.
12   최인수, (1998). "창의적 성취와 관련된 제 요인들 : 창의성 연구의 최근 모델인 체계모델(Systems Model)을 중심으로", 《미래유아교육학회지》 5(2), 133-166.
13   Adams, J. (2001). *Conceptual Blockbusting*. NY : Basic Books. 이 책은 인지적 장애, 정서적 장애, 문화적 장애, 지적인 장애 등 우리가 창의적이 되는 것을 방해하는 장애물에 대해 구체적으로 설명하고 있다.
     Von Oech, R. (2002). 《생각의 혁명》. (정주연 옮김). 서울 : 에코리브르. (원저 1983 출판). 이 책은 창의성에 관한 오해와 편견을 깨는 방법을 소개한다.

Why

왜?

언제?

무엇?

3

왜 재미에 목숨 걸어야 하는가?

어떻게? 누가? 어디에?

창의적 성취를 하는 데 가장 중요한 요소는 내적 동기, 즉 '재미'다. 그리고 일과 재미, 재미와 성취의 상관관계를 밝히는 데 가장 중요한 화두 중 하나는 바로 '몰입' 또는 '플로우'다. 창의적 사람들은 일반인에 비해 플로우를 좀 더 자주, 그리고 오랫동안 경험한다. 거꾸로 해석하면 플로우를 많이 그리고 오랫동안 경험할수록 창의적 성취를 이룰 가능성도 높아진다는 것이다. 그렇다면 문제는 이것이다. 어떻게 하면 우리 활동에서 플로우를 더 많이 느낄 수 있을까? 어떻게 하면 '재미'와 '성취'라는 두 마리 트끼를 잡을 수 있을까?

창의적인 사람들 하면 떠오르는 몇 가지 인상 중 하나는 아마 이것이리라. 아이 같음.

'아이 같다'는 말에는 여러 가지 의미가 함축돼 있겠지만, 그중에서도 가장 중요한 한 가지는 자기가 하는 일에 열심히 빠져든다는 것이 아닐까 한다. 단적으로 말해, 이들은 한번 '꽂히면' 정신을 못 차리고 정말 열심히 '논다.' 일반인의 시각에서는 분명 골치 아픈 일을 앞에 두고서도 "내게 왜 이런 시련이!" 하는 식의 불평은 전혀 하지 않는다.

도대체 왜 창의적인 사람들은 낮밤 구별 없이 자기가 하는 일에 그렇게 빠져 있을까? 어떻게 하면 그렇게 될까? 이제부터 그 궁금증을 풀어보자.

"이렇게 멋진 일을 평생 하고 살 거야!"

시카고 대학 연구팀은 노벨상 수상자를 비롯한 세계적인 창의적 인물 100명을 인터뷰하고 그들의 성취에 중요한 역할을 한 요인이 무엇인가를 조사했다. 그들이 찾아낸 다양한 요인 중 손꼽히는 것은 무엇이었을까?

그것은 바로 자기가 좋아하는 일을 했다는 것이다.

한 인터뷰를 예로 들어보자.

열 살짜리 여자아이가 새로 이사한 집의 2층에 잠자리를 꾸몄다. 새 보금자리는 도시로부터 조금 떨어진 외곽에 위치해 있었다. 뒤척이며 잠을 청하려던 순간, 아이는 도시에서는 한 번도 볼 수 없었던 수많은 별들이 자기를 향해 손짓하고 있음을 발견한다. 자리를 박차고 창가에 서서 하염없이 아름다운 별들에 빠져든다. 얼마나 시간이 흘렀을까, 아이의 마음속에 다짐이 일어난다. '그래, 이렇게 아름다운 별들을 평생 보고 살 거야!'

그 이후로 아이는 하루도 빼놓지 않고 별을 보며 별과 함께 살고 있다. 그녀의 이름은 베라 루빈(Vera Rubin). 우주에 암흑물질이 존재한다는 것을 구체적으로 밝혀 노벨상 수상이 유력한 여성 천문학자다.

공자님도 말씀하셨다, "즐겨라!"

사람들이 일을 하는 이유를 일컬어 '동기'라 하는데, 학자들은 그것이 일 자체에서 오는 즐거움(재미)과 보람 때문이면 '내재적 동기'

이고, 반대로 일 자체보다는 외적인 목적 때문인 경우는 '외재적 동기'라 했다. 또 외재적 동기는 돈이나 사회적 지위를 얻기 위한 목적이면 '물질적 외재 동기', 친구나 동료 등 사회적 관계 속에서 인정받기 위한 것이면 '사회적 외재 동기'라 다시 분류한다. 시카고 대학의 연구결과를 학문적으로 표현한다면 창의적 성취는 내재적 동기가 있어야 가능하다는 것이다.

그렇다면 우리나라 사람들도 창의적 성취를 하는 데 재미가 중요하다고 생각할까?

재미나 내재적 동기와 관련된 동서양의 문화적인 차이를 살펴보면 흥미 있는 사실을 발견할 수 있다. 올스타전에 선발된 운동선수들이 경기 시작 전에 하는 인터뷰를 본 적이 있는가? 우리나라 선수들은 대부분 '팬들의 성원에 보답하기 위해'라든가, '코치를 포함한 가족들의 기대에 부응하기 위해 최선을…'이라는 식으로 인터뷰에 응한다. 표정도 사뭇 진지한 것이 마치 과거 국민교육헌장 외우듯이 말한다. 물론 아주 드물게는 '우유'를 실컷 먹으려고 메달을 따고 싶었다는 이야기도 있다. 지금은 과장기사로 밝혀졌지만, 이게 사실이었다면 그 선수에게는 배고픔에서 벗어나고 싶은 절실한 동기가 있었다고 해석할 수 있을 터다.

그런데 내가 유학시절 존경하던 마이클 조던을 비롯한 외국의 올스타 선수들은 거의 모두 "I just want to have fun here(즐기기 위해서)!"라고 했다. 최근 우리나라에도 꽤 많은 용병선수들이 활약하고 있기에 귀 기울여 들으면 이 영어문장이 실제로 들린다. 이러한 표현의 차이는 단지 스포츠뿐 아니라 예술이나 과학 등 다른 분야에서도 쉽게 발견된다. 우리는 죽자고 덤비는데, 그들은 놀자고 한다는 것이다.

오랜 세월 공부하면서 나는 이 점이 계속 궁금했다. 이처럼 표현의 차이가 극명하게 나타나는 근본적인 이유가 뭘까?

동양 사람들은 일을 할 때 재미보다는 외적 이유가 더 중요하고, 서양에서는 재미가 더 중요하다고 생각하는 것인지? 아니면 문화에 따른 수사학(rhetoric), 즉 문화권에서 통용되는 의사소통 양식의 차이 때문인지가 궁금했다. 동양에서는 자신의 속마음을 솔직하게 표현하기보다는 주변의 기대와 규범에 거스르지 않게 말하는 경향이 있으니 말이다.

이 문제에 대해 오랫동안 고민하던 중 우연히 발견한 구절이 있다. 지금으로부터 대략 2,500년 전에 공자님께서 하신 말씀이다.

《논어(論語)》의 옹야편(雍也篇)에는 다음 구절이 있다.

"지지자(知之者) 불여호지자(不如好之者) 호지자(好之者) 불여락지자(不如樂之者)."

쉽게 풀어보자면 어떤 것을 아는 사람은 그것을 좋아하는 사람을 따라갈 수 없고, 좋아하는 사람은 그것을 즐기는 사람을 결코 따라갈 수 없다는 뜻이다. 그렇다면 동양에서도 즐김, 재미의 중요성은 이미 오래전부터 간파되었다는 뜻 아닌가?

나는 좀 더 구체적인 증거를 찾기 위해 한국에서 창의적 성취를 이룬 인물을 인터뷰하고 그들의 성취에 영향을 준 요인들을 찾아보기로 했다.[1]

한국에서는 어떤 결과가 나왔을까?

한국에서도 창의적 성취에 즐거움과 재미가 가장 중요한 요인이 되었을까?

???

!!!

그렇다.

한국의 창의적 인물들도 자신이 좋아했기 때문에 그 일을 하고 있다고 답했다. 물론 어떤 점이 그들로 하여금 그 일을 즐기게 했는지에 대한 구체적 이유는 사람마다 다르다. 이를테면 호기심을 충족시키기 위해서라든가, 남들이 하지 않는 것에 도전해보고 싶어서라든가, 밝혀지지 않았던 사실을 규명해나가는 것과 같은 여러 가지 이유가 존재했지만, 분명한 것은 그들 모두 일 자체를 즐기고 좋아했다는 사실이다.

그들의 목소리를 직접 들어보고 정리한 경험적 자료에 근거해서 나는 이제 두 가지 확신을 가지게 되었다.

첫째, 하는 일을 즐긴다는 사실 자체가 창의적 성취에 매우 중요하다는 것과, 둘째, 이는 동서양을 막론하고 통용되는 일반적 진리라는 것이다.

동서양의 차이는 그저 표현방식의 차이일 뿐이었다. 우리는 열심히 일하면서도 그에 대해 '즐긴다', '재미있다'라는 표현을 전면에 내세우기를 주저한다. 왜 그럴까? 혹여나 잘난 척하는 것처럼 보여 꼴사납다는 인상을 줄까 봐 염려해서는 아닐까? 진지해야 할 상황에서 즐긴다고 말하는 것이 자칫 일을 소홀히 대한다는 뉘앙스를 풍길까 봐 조심하는 것은 아닐까?
　각자 중고등학교 시절을 회고해보자. 성적이 매우 뛰어나 전교 수위권을 놓친 적 없는 학생이 있었다. 열심히 해도 성적이 오르지 않아 고민인 친구들이 비결을 묻자 "난 공부가 재미있거든!"이라고 솔직히 말했다고 치자. 그 학생이 친구로부터 존경의 부러움을 받겠느냐, 아니면 점심시간에 구석자리에서 혼자 도시락을 먹고 있겠느냐 말이다.

　그런데 다행스럽게도 언젠가부터 우리 주변에서 "인생을 즐겨라!"라는 표현이 등장하기 시작했다. "안 되면 되게 하라!"와 같이 무조건 열심히 하면 성공한다는 식의 구호가 사라지고 '즐김'이라는 새로운 키워드가 그 빈자리를 채우게 된 것은 매우 바람직한 현상이 아닐 수 없다. 전혀 즐겁지 않으면서도 즐겁다고 말하면 위선인 것처럼, 즐거운데도 재미없다고 표현하는 것도 자연스럽지 않다. 자연스럽지 않다면 불편한 것이다. 말과 마음과 행동이 일치해야 능력이 극대화되지, 불편과 부자연 상태에서는 좋은 결과를 기대할 수 없다.
　그러니 앞으로는 다른 사람이 놀듯이 일을 즐긴다고 하면, 속으로

'놀고 있네'라고 고깝게 듣지 말자.

박지성 선수가 자서전에 인용한 이영표 선수의 말을 옮겨보자.

"재능 있는 선수는 열심히 뛰는 선수를 이길 수 없고, 열심히 뛰는 선수는 즐기면서 플레이하는 선수를 이길 수 없다."[2]

오호라, 공자님 말씀의 업그레이드된 축구버전 아닌가!

일은 일, 놀이는 놀이?

어느 설문조사에서 직장인 1,200명을 대상으로 직장생활을 하는 이유에 대해 물었다. 그들 중 대다수가 주중에 열심히 일하는 까닭이 가족과 여가생활을 보내는 데 필요한 시간과 경제적 수단을 마련하기 위해서라고 답했다고 한다. 일 자체가 흥미 있거나 재미있다는 답은 거의 찾아볼 수 없었다. 오히려 60% 이상의 응답자가 어쩔 수 없어서거나 습관적으로 일을 하고 있기에 일 자체가 힘들고 따분하다는 것이다. 다른 말로 직장생활을 표현해달라는 요청에는 '스트레스, 무료함, 전쟁터' 심지어는 '지옥'이라는 단어까지 등장했다.

그렇다면 주말에는 희망대로 가족과의 놀이시간을 가지고 있을까? 그것도 아니라니 문제다. 주말이 되면 피곤과 스트레스에 찌들어 누울 곳만 찾게 된다는 것이다.

주5일의 근무시간이 주2일을 준비하기 위해 어쩔 수 없이 희생해야 하는 재미없는 시간이라면, 어림잡아 우리 인생의 7분의 5가 따분

하고 스트레스 받는 시간으로 채워진다는 계산이 나온다.

물론 이러한 조사결과가 모든 직장인의 경우를 대변한다고 할 수는 없다. 그러나 간과할 수 없는 지점이 하나 있으니, 우리의 머릿속에 일은 재미없고 놀이는 재미있다는 이분법적 사고가 팽배해 있다는 사실이다.

더욱이 염려스러운 것은 이것이 어른들에게만 국한되지 않는다는 점이다.

아동에게 설문지를 통해 조사해본 결과, 가장 재미있다고 답한 것은 컴퓨터게임이나 인터넷 활동이었던 데 반해, 공부나 시험과 같은 학교활동은 가장 재미없는 것으로 꼽혔다.[3]

'우리도 학생 때는 안 그랬나? 당연한 얘기 아냐?' 이렇게 생각할 분도 있을 것이다. 그러나 그 안에 담긴 함의를 생각해보면 걱정스럽다. 우리가 어렸을 때부터 놀이는 재미있고, 일은 재미없다는 고정관념을 갖고 있다는 뜻이 되기 때문이다. 나아가 벌써 이때부터 공부는 결코 놀이가 될 수 없다는 부정적인 생각을 경험하기 시작한다는 말이다.

창의적 성취를 이룬 사람들의 인터뷰에서 가장 인상 깊었던 부분은 다름 아닌 '일(공부나 직장생활)은 놀이고, 놀이는 일'이라는 대목이었다. 어느 노벨상 수상자는 어떻게 그렇게 낮밤을 가리지 않고 일에 매진할 수 있었는가를 묻는 질문에 "나는 평생 일한 적이 없다(I've never worked in my life)."는 답변을 하여 질문자를 머쓱하게 만들었다. 자신이 하는 행위를 아예 '일(work)'이라고 생각해본 적이 없다는 것이다.

이들의 말이 사실이라면, 직장생활이 지옥이라는 우리나라의 성인들과, 공부는 따분하고 지루한 것이라는 우리나라 학생들의 생각이 바뀌지 않는 한, 직장생활과 공부에서 창의적인 결과를 얻게 될 가능성은 점점 희박해질 수밖에 없지 않겠는가?

독일의 철학자 아렌트(Hannah Arendt)[4]는 같은 일이라도 의식주를 해결하기 위해 하는 것을 노동(labor)으로, 삶의 의미와 즐거움을 위해 하는 것을 활동(action)으로 구분했다. 창의성을 발현하기 위해서는 우리의 직장생활과 학업생활이 말 그대로 '노동'에서 벗어나 '활동'이 되어야 한다. 일과 놀이 사이에 넘을 수 없는 경계가 있다는 우리 사회의 고정관념이 없어져야 한다.

일과 공부는 정말 재미가 없을까?

'세상에 존재하는 까마귀는 모두 검다'는 가설을 부정하려면?
단 한 마리의 흰 까마귀를 찾아오기만 하면 된다.

그렇다면 공부나 일은 원래 재미없는 것이라는 가설의 진위를 밝히려면?

공부나 직장생활이 무척이나 즐겁다는 딱 한 사람만 발견하면 충분하다. 그렇게 되면 우리는 '공부나 일은 당연히 재미없다'라는, 언제인가부터 한 번도 검증받지 않은 채 그냥 떡하니 우리 머릿속에 자

■ 그림 영국에서 발견된 하얀 까마귀

리 잡고 있는 이 가설을 의심해보게 되지 않을까?[5]

다행스럽게도 다양한 학문영역에서 공부나 연구가 너무나 재미있다고 실토하는 사례를 찾아보는 것은 생각만큼 어렵지 않다. 일례로 동료들이 퇴근한 시간에도 항상 연구실에 홀로 남아 무언가를 하던 어느 생물학자는, 도대체 뭘 하는지 궁금해하는 동료들에게 "사람들의 방해 없이 미생물과 놀고 있다."라고 답했고, 끝내 페니실린을 발견했다.

노벨 물리학상을 탄 봉고연주자는 세상에 확실한 것만 존재했더라면 살기 힘들었을 것이라 말했다. 불확실성을 찾아가는 과정이 오히려 삶에 활력과 재기를 주었다는 것이다. 불확실함과 애매모호함을 참고 견디는 것이 창의적 인물의 가장 중요한 특성이라고 손꼽은 학자도 있다.

'검은 까마귀'의 일반화를 뒤집는 반증사례로 충분한가? 생물학과

■ 그림 물리학자, 봉고연주자 등 다채로운 이력을 남긴 파인만

물리학 이야기는 당신과 거리가 멀다고 느끼는가? 반드시 창의적 성취를 이룬 사람만 그렇게 답하는 것도 아니다. 당신도 그런 때가 전혀 없었다고 할 수는 없지 않은가?

이 밖에도 문학, 예술, 기업, 학습에서 재미와 창의성의 관계를 보여주는 사례는 무수히 많다. 일례로 펌프회사인 그런포스(Grundfos)의 CEO 칼스턴 비야그(Carsten Bjerg)는 직장생활이 재미와 분리되는 바람직하지 못한 상황을 일찍이 간파했다. 직원들이 월급으로 업무 외의 다른 일을 할 때에만 기쁨을 느낄 수 있다면 문제라는 것이다. 그는 직원들이 회사에서 흥미진진한 도전을 할 수 있도록 만들어주는 것이 중요하다고 역설했다.

일이 놀이로 바뀌는 순간, 플로우

흥미로운 도전, 그리고 일과 재미, 이 상관관계를 밝히는 데 가장 중요한 화두 중 하나는 바로 '몰입'이다.

몰입 또는 '플로우(flow)'라는 용어가 주목받고 있다. 최근 창의성에 관한 어떤 연구자료를 찾아보더라도 플로우와의 관련성을 언급하지 않는 경우가 없을 정도로 중요한 개념으로 받아들여지고 있다.

플로우는 칙센트미하이 교수가 명명한 개념으로, 간단히 말하자면 외적인 보상이 없어도 자기가 하는 일 자체가 즐거워서 푹 빠져 있는 심리적 상태를 의미한다.[6] ('몰입'이냐 '플로우'냐, 통일되지 않은 용어에 혼란을 느낄 법하다. 이 장에서 몰입이 아니라 플로우라는 용어를 굳이 사용하는 이유는 끝부분에 설명했으니, 진짜 궁금한 프로독자들은 참조하시기 바란다.)

일반인과 창의적 인물 사이에는 어떤 차이가 있을까? 연구를 통해 밝혀진 바에 의하면 창의적인 사람들이 플로우를 좀 더 자주, 그리고 오랫동안 경험한다고 한다. 거꾸로 해석하면 플로우를 많이 그리고 오랫동안 경험할수록 창의적 성취를 이룰 가능성도 높아진다는 것이다.

그렇다면 문제는 단순해진다. 어떻게 하면 플로우를 좀 더 자주 그리고 오랫동안 경험할 수 있을까?

플로우 상태에 빠지기 위해 필요한 조건은 난이도와 능력의 조화,[7] 분명한 목표, 명확한 피드백 이 3가지다. 각각의 조건을 자세히 살펴보자.

플로우의 조건 1 : 난이도와 능력의 조화

첫 번째 조건인 난이도와 능력의 조화에 대해 알아보자. 그림에 나타나듯이, 플로우는 거의 예외 없이 자신이 하고 있는 일의 난이도와 그 일을 수행할 자신의 능력이 조화를 이룰 때 나타난다. 여기서 말하는 난이도와 능력은 다른 사람이 평가하거나 표준화된 수치가 아니라 본인이 스스로 지각하는 정도를 말한다. 즉 자신이 그 일을 얼마나 어렵다고 느끼는지, 또 그 일을 감당할 능력이 얼마나 있다고 생각하는지에 따라서 플로우의 체험 여부가 달라진다.

그림에서 보듯이 난이도를 Y축, 능력을 X축이라고 할 때, 지금 하고 있는 일과 관련되어 본인이 평가한 난이도와 능력수준의 접점이 45도의 기울기를 가진 푸른색 영역(플로우 존(zone)이라고 하자) 안에 있

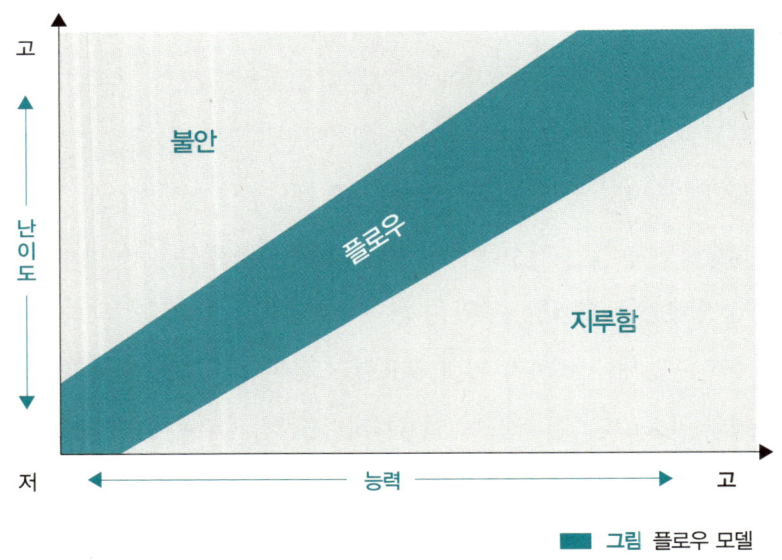

그림 플로우 모델

느냐 아니냐로 이해하게 된다.

  그냥 쉽게 표현하자면 '현재 내가 하고 있는 일이 내 수준과 잘 맞느냐' 정도이겠다.

  그렇다면 재미있다는 말의 반대말은 무엇일까? (설마, '재미없다'는 대답은 하지 말자.)

  가장 먼저, 따분하고 지루한 상황이 떠오른다. 졸음이 오는 이런 상황은 재미와는 전혀 관련이 없어 보인다. 놀라운 전략으로 '황제'의 칭호를 얻은 임요환이 초보 게이머와 시합한다면? 게임은 쉽게 이길지 몰라도 재미를 느꼈다고 생각하기는 힘들다. 자기 능력에 비해 과제의 난이도가 너무 낮기 때문이다.

  또 다른 것은?

  시험공부를 못 마치고 시험을 보러 간다면 어떨까? 이것도 영 재미없다. 즉 불안하고 긴장된 상황도 재미와는 거리가 멀어 보인다.

  그렇다. 재미없다는 말을 분석해보면 '지루함'과 '불안감'이라는 두 가지 경우로 정리된다.

  플로우 이론은 지루함과 불안에 대해서도 명쾌하게 설명한다. 내가 가진 능력보다 닥친 문제가 쉬우면 따분함을 느끼고, 반대로 내게 닥친 과제의 난이도가 해결할 수 있는 능력보다 높으면 불안해한다는 것이다.

  이것이야말로 간단하지 않은가? 모델의 간결함. 플로우 이론이 세계적으로 인정받는 이유는 바로 이런 간단명료함 때문이다. 이것저

것 늘어놓지 않고 '내가 얼마나 잘할 수 있는가?' '지금 이 일이 나에게 얼마나 어려운가?'라는 두 가지 요소만 비교하면 재미있음과 재미없음을 설명할 수 있기 때문이다. 또한 다음에서 보듯이, 재미없음에 대한 해법은 또 얼마나 명쾌한가.

재미없음을 어떻게 재미로 바꿀 수 있을까

해법은 간단하다.

현재 플로우가 아닌 불안감이나 따분함을 느낀다 할지라도, 난이도와 능력을 조정하면 다시 플로우 상태를 경험할 수 있다는 것이다. 그리고 그 선택에 따라서 창의적 성취를 경험하는가 아니면 건강하지 못한 삶을 이어가는가가 결정된다.

예를 들어보자. 동아리 활동을 하느라 수업에 충실하지 못했던 학생A와 B는 중간고사 준비를 못했고, 결과는 참담했다. 이런 지경에 이르러보니 기말고사를 어떻게 해야 할까 심히 걱정되고 마음이 잡히지 않는다. 이런 불안상태로부터 벗어나는 방법을 플로우 모델에서 찾자면 다음 두 가지 경우가 가능하다.

첫 번째는 난이도를 변화시키는 것이다. 수업을 듣지 못해서 내용도 잘 모르겠고, 중간고사만큼이나 기말 결과도 암담할 것이 뻔하다. 어떻게 할까 고민하다가 학생A는 난이도를 떨어뜨리기로 결심한다. 바로 수강철회를 하는 것이다. 다음번에는 최선을 다하여 좋은 결과를 받을 수 있을 것이라고 희망찬 미래를 꿈꾸니 기분도 그다지 나쁘지 않다. 과목을 포기한 A는 마음이 편해져서 친구와 한잔 하자며 즐겁게 학교 문을 나선다.

학생B는 난이도를 조절하는 대신 능력을 변화시키기로 결심한다. 동아리에 사정을 이야기하여 기말고사 때까지 시간을 번 이 학생은 큰맘 먹고 높게만 여겨졌던 교수연구실의 문턱을 넘는다. 교수를 만나서 그간의 사정에 대해 이해를 부탁하며 어떻게 하면 지금까지의 부진을 따라잡을 수 있는지, 어떤 부교재를 읽어야 하는지 설명을 듣는다. 그런 다음 충실히 수업을 들었던 학생 몇 명을 설득해서 스터디그룹을 만든다. 기말고사 시간, 문제가 까다롭게 출제되었지만 능력을 최고 수준으로 끌어올린 학생B는 어떻게 시험이 끝났는지 모르게 2시간을 보낸다. 저녁때 친구와 한잔 하면서 평생 처음으로 시험 보는 것이 즐거웠다는 고백을 한다.

A와 B의 선택이 두 사람의 미래에 어떤 영향을 주었을까는 당신의 상상에 맡기기로 하겠다.

불안감은 이렇게 해소할 수 있다. 그렇다면 따분함은 어떻게 해결해야 할까? 앞의 사례를 응용해보면 어렵지 않게 답이 나올 것이다.

플로우의 조건 2 : 분명한 목표

플로우를 경험하기 위한 두 번째 조건은 분명한 목표다.

플로우에 빠지면 무념무상의 상태가 되는데, 목표를 생각해야 한다니 무슨 말인가 싶기도 할 것이다. 일을 하는 와중에도 목표가 무엇인지 항상 생각해야 한다는 뜻은 아니다. 단, 목표는 플로우의 문을 열어주는 '열쇠'임을 잊지 말라는 말이다.

플로우의 아이러니는 목표가 분명하지 않으면 몰입에 들어가지 못한다는 사실이다. 여기서 말하는 목표는 구체적인 행동목표를 뜻한다. 그러므로 목표는 가급적 자세히 만들어놓는 것이 중요하다. 신년을 맞이할 때마다 각자 생각하는 계획이 있을 것이다. 막연하게 '올해 무엇을 해야지'라고만 생각하지 말고, 단기·중기·장기로 나누어 구체적인 계획을 마련하는 것이 좋다는 것이다. 목표성취의 기쁨과 보람은 곧바로 재미로 이어진다.

플로우의 조건 3 : 즉각적이고 명확한 피드백

쉽게 생각해보자. 죽어라 작업을 해서 완성한 보고서를 직장상사에게 제출했는데, 한 달이 지나도록 상사가 가타부타 말 한마디 없다. 그러면 앞으로 또 그렇게 열심히 하고 싶겠는가?

무슨 일이든 마찬가지다. 재미가 있기 위해서는 지금 내가 하고 있는 일에 대한 평가와 피드백을 바로바로 받을 수 있어야 한다.

적어놓고 보니 이 3가지 조건이 그다지 거창한 것은 아닌 듯하다. 심각하게 어려워 보이지도 않는다. 이것이 플로우의 열쇠다. 그리고 플로우 경험은 창의적 성취의 밑거름이 된다.

대한민국 '영재'들은 플로우를 알까?

그렇다면 일견 만만해(?) 보이는 플로우의 조건이 우리 현실에서 어떻게 구현되고 있는지 살펴보자.

최근 들어 일상생활에 관한 자료를 수집하는 방법의 일환으로 경험표집방법(Experiential Sampling Method, ESM)이라는 것이 있다. 이 방법은 참여자에게 하루 5~6번, 주5일간 정해진 시간에 문자신호를 보내고, 참여자는 그 신호가 울릴 때마다 아래 그림과 같이 미리 나누어준 수첩에 지금 무엇을 하고 있는지, 기분은 어떤지, 집중은 잘되는지를 적는 것이다. 설문지를 통한 조사는 행동이 끝난 후의 기억에 의존한다는 단점이 있고, 오랜 기간 직접 참여자를 관찰하는 것은 비

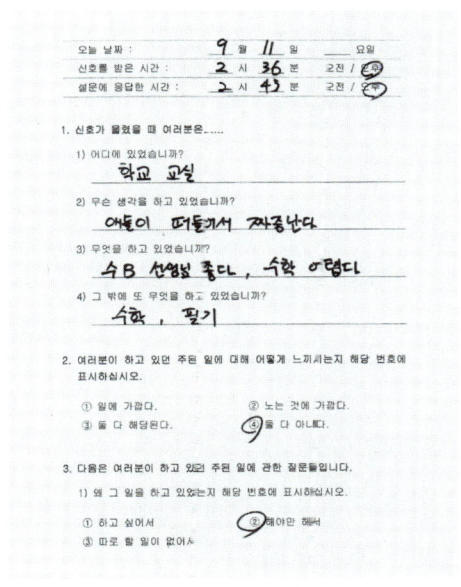

■ 그림 경험표집방법 양식

용과 시간이 많이 든다는 단점이 있기에 이 두 가지를 보완하기 위해 개발된 방법이다. 혹자는 노벨상 수상자인 카너먼(Daniel Kahneman)의 일상기록 방법과 비슷하다고 하나, 카너먼의 방법이 자신의 하루를 일기처럼 잠들기 전에 기록하는 것이라면, 이 방법은 문자가 올 때만 기록한다는 점이 다르다고 할 수 있다.

내가 속한 대학의 연구팀이 이 방법을 사용해 우리나라 고등학생의 일상을 조사해보았다.[8] 공부할 때 문자가 울린 경우 대부분의 학생은 앞에서도 언급했듯이 어쩔 수 없이 해야 하는 일이라고 답했고, 기분도 따분하거나 지루하다고 답했다. 새삼스러운 결과는 아니었다.

정작 놀라운 것은 학생들이 저녁식사 후 농구를 할 때였다. 여가시간에 하는 농구라면 남학생들이 가장 재미있어할 만한 활동이 아닐까? 그러나 농구할 때의 느낌은 마냥 즐거운 것이 아니었다. 드리블을 하고 점프슛을 쏘는 순간 눈 안에 들어오는 독서실의 환한 불빛은 마냥 농구에만 탐닉할 수 없게 했다. 시험은 다가오는데 저 안에서 열심히 책을 파고들고 있을 경쟁자를 생각하니 마음 한 켠에 숨어 있던 불안감이 고개를 들더라는 것이다.

이 사실은 무엇을 말해주는가? 우리 학생들의 학교생활은 지루하고 불안하다는 것이다. 다른 말로 표현하면 재미없다는 것이다.

이러한 사실은 비단 평범한 학생들만의 얘기가 아니었다. 다음 표는 한국과 미국의 영재학생들이 학교에서 왜 공부하는가에 대한 동기를 물어본 결과다.[9]

한국 학생의 동기요인	순위	미국 학생의 동기요인
좋은 성적	1	즐거움
경쟁	2	흥미
만족	3	만족
유용성	4	좋은 성적
좋은 인상	5	경쟁
흥미	6	좋은 인상
즐거움	7	유용성
교우관계	8	교우관계

■ 표 한국과 미국 영재학생들의 공부하는 동기 비교

　미국의 영재학생들은 공부에서 오는 즐거움, 흥미, 만족을 가장 중요한 이유로 꼽은 데 비해 우리나라 영재학생들의 경우 공부에서 오는 즐거움은 고작 마지막에서 두 번째 이유였다. 그보다는 좋은 성적을 얻기 위해, 친구들과의 경쟁에서 이기기 위해, 앞으로 유용하게 써먹을 수 있으니까, 그리고 친구나 선생에게 좋은 인상을 주기 위해서와 같은 외부적 동기 요인이 줄줄이 선두권을 형성하고 있음을 알 수 있다.

　이 표는 창의성 개발에 관한 우리의 현실을 극명하게 보여준다. 재미와 같은 내재적 동기가 창의적 성취에 가장 중요한 원동력이 된다는 사실은 누누이 강조해왔던 바인데, 우리나라 영재학생들조차 학교생활에서 재미와 즐거움을 느끼지 못하고 있다니 안타까울 뿐이다. 대안 마련이 시급하다.

기업에서 플로우는 어떻게 가능한가?

이번에는 성인들의 세계로 시선을 바꾸어보자. 기업에서는 과연 플로우를 얼마나 대면할 수 있을까?

최근 한국 기업에 창조경영에 대한 관심이 높다. 창조경영을 어떻게 정의하느냐는 길고 복잡한 주제이지만, 이 책에서 말하는 맥락에 맞추어보면 '회사 구성원 모두가 창의적으로 자신의 능력을 100% 이상 발휘하게 만드는 것'이라고 정의할 수 있을 것이다.

앞서 지금 하는 일에 몰입하게 되면 자신의 능력을 100% 플러스 알파만큼 발휘할 수 있다고 했다. 그런 의미에서 결국 창조경영은 구성원들이 자신이 하고 있는 일에 얼마나 몰입할 수 있도록 만들어주는가에 달려 있다고 해도 크게 다르지 않다.

그렇다면 앞에서 설명한 플로우의 3가지 조건을 기업 상황에 어떻게 적용해야 창조경영을 이끌 수 있는지 살펴보자.

첫 번째 조건인 '난이도와 능력의 조화'는, 회사 구성원 개개인의 전문성과 적성이 현재의 직무와 잘 맞아야 한다는 것으로 풀 수 있다.

최근에는 많이 변화되었지만, 얼마 전까지만 하더라도 특정 과(科)를 중심으로 신입사원을 선발하고, 개인의 재능과 적성에 관련 없이 직무를 배치하곤 했다. 개개인의 적성과 능력을 무시하는 이러한 관행이 창조경영에 걸림돌이 됐음은 두말할 필요도 없다. 최고의 학력과 능력을 가졌다고 자부하는 사원이 계속해서 자료정리만 하고 있다면 신바람이 나겠는가 말이다. 기업은 최고의 인재를 뽑는 것 이상으로 선발한 직원의 적성과 전문성을 살리는 데 더 큰 노력을 기울여야 한다. 그들의 능력과 적성을 더욱 철저히 분석하고, 이 분석결과에 따라 직무배치를 할 수 있도록 더 많은 지원을 해야 한다.

개인들도 마찬가지다. 취업조건으로 적성보다 연봉과 회사의 안정성을 최우선으로 꼽고 있다면, 과연 이 기준들이 장기적인 측면에서 자신에게 바람직한 것인가를 심각하게 따져보아야 한다.

최고 연봉을 받는다고 가정하자. 심리학자 매슬로(Abraham Maslow)는 삶에 필수적인 의식주 문제가 일단 해결되고 나면 인간은 순차적으로 좋은 관계, 고상한 취미, 자신만의 개성과 목표를 갖고자 하는 목마름을 예외 없이 느끼게 된다고 했다. 아무리 많은 연봉을 받는다고 할지라도 현재 하고 있는 일이 이러한 갈증해소에 도움을 주지 못하고, 그래서 다른 곳에서 그 부족함을 메워야 한다면 현재의 일에 100% 에너지를 쏟을 수 없다는 말이다.

회사의 안정성도 마찬가지다. 국세청이 분석한 결과에 따르면 2008년 전체 퇴직자 가운데 5년 미만 근속 퇴직자가 86.7%를 차지한 것으로 집계됐다. 더 놀라운 사실은 같은 직장에서 10년 이상 계속 근무하다가 퇴직한 운 좋은 경우가 채 4%에도 미치지 못한다는 것이다. 근속연수가 짧아지는 경향은 앞으로도 계속될 것이라 한다. 이제 어느 회사에서든 '평생직장'을 기대하기는 힘든 시대가 되었다. 이런 현실에서 당장 회사의 경제적 안정성만을 고려하다가는 자칫 장기적 시야를 잃어버리는 근시안으로 전락할 수 있다.

이제는 자신의 생존을 위해서라도 자신에게 흥미와 호기심을 불러일으키는 것이 무엇인지 지속적으로 탐색하고 모니터링해야 한다. 한번 해보고 싶었지만 시간 및 경제적 이유로 시도해보지 못했던 일들도 경험해봐야 한다. 그러고는 어떤 점이 나에게 즐거움을 주었거나 실망스러웠는지 기록하면서 자신의 잠재력 지도를 계속해서 완성해 나가야 한다. 그래야 어느 순간, 진정 재미있는 일을 만날 수 있다.

플로우를 경험하기 위한 두 번째 조건은 '분명한 목표'라 했다.
칙센트미하이 교수는 문제가 있는 회사의 공통점을 이렇게 정리했다. 회사나 부서의 장·단기 목표에 대해 의외로 잘 알지 못하는 사원, 중간관리자, 심지어 최고경영자가 적지 않다는 것이다.[10]
특히 상명하복식 소통법에 익숙한 우리나라의 경우, 일을 하기는 하지만 자신이 하는 일이 무엇을 위해서인지, 회사의 큰 목표와 도대체 무슨 관련이 있는지 파악하기가 쉽지 않다. 더군다나 작성한 서류를 간부회의에 가져간 직속 상사는 회의 결과 무엇이 잘되었는지 아닌지에 대해서 코멘트도 제대로 해주지 않는다. 이런 일이 반복되다 보면 자기가 일의 주체는 고사하고 회사의 부속품이 아닐까 하는 자괴감이 들고, 업무에 대한 열정도 사그라지고 만다.
2009년, 〈사이언스(Science)〉라는 세계적 학술지에 어느 심리학자의 논문이 실렸다. 어떤 일을 시작할 때 그 일이 자기 삶의 목표와 구체적으로 어떤 관련이 있는지 생각해본 사람과 그렇지 못한 사람은 성취에 차이가 나타난다는 것을 과학적으로 증명한 내용이었다.[11] 이 연구결과에서 알 수 있듯이, 목표는 성취와 직결되는 문제다. 그렇다고 해서 목표를 분명히 하라는 말을 군대에서와 같이 목표를 암기하는 강제적 정신교육을 실시하라는 뜻으로 받아들이면 곤란하다. 회사의 목표가 명확하게 전달되지 못한다면 구성원이 자기 삶의 목표와 일치시키는 것 자체가 불가능하다. 이런 맥락에서 목표가 중요하다는 것이다.

세 번째 조건은 '즉각적이고 명확한 피드백'이었다.

불량률을 최소화하기 위한 관리기법인 식스시그마를 창안했던 모토로라의 로버트 갤빈(Robert Galvin) 전 사장은 구성원과의 의사소통을 매우 중요하게 생각했다. 시카고 대학 연구진과의 인터뷰에서 그는 이메일로 소통창구를 항상 열어두어 아무리 말단사원이라도 좋은 제의를 하면 일주일 안에 회신해주는 것을 제도화했다고 말했다. 감히 범접하기도 두려운 CEO가 말단인 자신의 의견에 성의껏 피드백을 보냈다면 그것을 받는 직원의 마음은 어떨지 짐작해보는 것은 어렵지 않다.

물론 사원의 아이디어가 그리 뛰어난 것이 아닐 수도, 그리고 답변 자체가 그리 길지 않을 수도 있다. 중요한 것은 그런 의사소통의 문화가 존재하는가 그 자체다. 전혀 기대하지 않고 보냈던 고객의 메시지에 스티브 잡스가 직접 간략한 답변을 해주어 감동을 받은 사례가 보도된 적도 있지 않은가.

사람의 마음이 그렇다. 누군가 나를 인정해준다고 생각만 해도 신

바람이 난다.

아울러 문제점이나 부족함을 인정하는 솔직한 커뮤니케이션이 가지고 오는 이득은 솔직함 때문에 발생하는 손실보다 더욱 크다는 사실을 간과해서는 안 된다. 다니엘 핑크(Daniel Pink)가 그의 책 《새로운 미래가 온다(A Whole New Mind)》에서 제시한 바와 같이, 미래는 감성과 공감이 더 중요한 시기이기 때문이다.

양방향 소통의 중요성에 관심을 가지고 있는 어느 젊은 경영자의 일화는 신선하다. 경영하고 있는 백화점 개점시간 전에 발생했던 작은 화재에 대해 식당가 주방의 뜨거워진 프라이팬이 발단이었고, 안전 불감증의 문제가 있다고까지 트위터를 통해 솔직하게 표현한 것이다.

희망은 보인다

최근 들어 체육, 예술, 문화, 학계 등에서 우리나라를 빛내고 있는 10대 신동들의 인터뷰를 보면 '재미'와 '즐거움'이라는 말이 핵심을 차지하고 있음을 어렵지 않게 발견할 수 있다.[12]

'국민동생' 김연아와 박태환을 먼저 예로 들어보자. 금메달로 국민에게 기쁨을 선사했던 김연아는 동계올림픽을 준비하러 캐나다로 전지훈련을 떠나며, 훈련과정이 고되지 않느냐는 질문에 이렇게 답했다. "전에는 힘들다고 생각했는데, 이제는 연습과정 자체가 즐거운 일인 것 같아요!"

박태환은 또 어떤가? 과거 박태환의 개인홈페이지 상단에는 "태환아, 이번 경기는 즐겨라!"라는 자기 암시의 글이 있었다고 한다. 금메달을 선물해준 베이징 올림픽 이후 기록에 대한 압박으로 잠시 그 즐거움을 잊었지만, 다시 집중훈련을 통해 어떤 선수를 상대하더라도 즐길 수 있을 것 같다는 자신감을 되찾았단다.

나이는 10대이지만 전 세계에서 1등을 차지한 인물이라면 그 둘은 적어도 그 분야에서는 기술이나 기예가 영묘한 수준에 이른다는 입신(入神)의 경지에 들어갔을 것이다. 그 경지에서는 세상 돌아가는 이치를 깨닫게 되는 걸까? 두 사람 모두 '즐긴다'라는 화두를 사용했다는 것이 우연의 일치일까?

영화 〈해운대〉에서 카메오로 등장했던 이대호가 프로야구 올스타전에 앞서 "게임을 즐기고 싶다."라고 말했을 때는 문화적 수사(修辭) 자체도 변해가고 있다는 조짐을 읽을 수 있었다.

아닌 게 아니라 우리나라 골프의 양대산맥을 이끌고 있는 최경주와 박세리를 보아도 변화의 양상을 느낄 수 있다. 특히 박세리는 본인 스스로 슬럼프의 원인을 파악하고 극복한 케이스로 주목할 만하다. 소렌스탐, 캐리 웹과 함께 LPGA의 3대 주자로 손꼽히던 박세리가 어느 순간 우승권에서 멀어지게 되었다. 박세리는 이해가 되지 않았다고 한다. 시즌이 끝난 다음에도 벙커에서, 드라이빙 레인지에서 쉬지 않고 조율을 하고 샷 감각을 잃지 않기 위해 피눈물 나게 노력하는 자기는 성적이 떨어지고, 시즌만 끝나면 남자친구와 여행도 다니고 한동안 클럽에 손도 대지 않는 소렌스탐은 어떻게 저렇게 꾸준한 성적을 낼 수 있는가 말이다.

그렇게 절치부심하던 박세리는 마침내 스스로의 문제를 극복하고 다시 부활한다. 그것도 메이저대회인 LPGA 챔피언십에서 말이다. 우승 후 박세리는 말한다. "이제서야 골프를 즐긴다는 것이 무엇인지 알았다. 앞으로는 즐기면서 치고 싶다."

다시 태어나도 골프를 하겠는지 묻는 질문에 최경주도 답한다. "그럴 것이다. 난 골프에 미친 사람이니까."

2010년 월드컵에서 대단한 활약을 보여주었던 맏형 이영표 선수는 "감독님이 유쾌한 도전을 이야기하셨는데, 외국인이 아닌 한국인 지도자에게서 '월드컵을 즐기자'는 말을 들어보기는 처음."이라고 했다. 그는 감독의 말대로 선수들이 경기 기간 동안 모두 즐겁고 행복한 시간을 가졌다고 했다. 그리고 경기 자체를 즐겼던 마음가짐 덕분이었는지, 우리나라 축구팀은 월드컵 사상 최초로 원정 16강 목표를 달성할 수 있었다.

이는 몇몇 천재들만의 새로운 깨달음이 아니다. 잘 살펴보면 한국 사람들은 월드컵 응원에서 볼 수 있듯이, 표현을 안 해서 그렇지 신명나게 노는 문화적 전통을 오랫동안 가지고 있었다.[13]

21세기 우리 모두의 과제는 이미 우리의 DNA에 들어 있는 신명의 기질을 맘껏 발휘하도록 멍석을 깔아주고, 그 위에서 멋진 춤판을 벌일 수 있도록 여건을 조성하는 것뿐이다. 그리고 남의 눈치 안 보고 재미있는 것은 재미있다고 소리쳐주는 용기를 갖는 것뿐이다.

프로독자들을 위한 보너스 : 플로우인가, 몰입인가, 아니면 플로인가?

왜 '몰입'이라고 하지 않고 '플로우'라는 용어를 그대로 사용하는가에 대해 개인적으로 물어보거나, 편지를 보내시는 분들이 적지 않아서 이번 기회에 잠시 설명하고자 한다.

우선 플로우가 우리나라에서 '몰입'이라는 용어로 쓰이게 된 내력을 살펴보자.

칙센트미하이 교수는 평생 연구해왔던 '최적경험(optimal experience)의 심리학'에 대한 연구 결과물을 풀어 1990년에 《플로우(Flow)》라는 책을 출판했고 미국 내에서 베스트셀러가 되었다. 당시 유학중이던 나는 한국에서 이 책을 소개하기로 교수와 논의했고, 그때 그는 '플로우'라는 용어를 고유명사로서 계속 사용해줄 것을 부탁했다.

그렇게 약속을 하고 귀국해서 조금씩 번역을 하고 있던 어느 날, 교수에게서 이메일이 왔다. 다른 사람이 책을 번역해 한국에서 출판할 예정이라고 들었다는 것이다. 교수는 지금까지 내가 번역한 노력이 수포로 돌아갈까 염려해서 편지를 보낸 것이었다. 부랴부랴 알아보았더니 다행히 곧 출판되기로 한 책은 내가 번역하고 있는 책이 아니라, 미국 베이식북스에서 기획한 《몰입의 즐거움(Finding Flow)》이었다.

나는 그로부터 한참이 지난 2004년에야 번역을 마쳤다. 그나마 《몰입의 즐거움》이 이미 출간된 뒤였기 때문에 출판사를 찾지 못해 한동안 애를 먹었다. 《플로우》의 축약본인 《몰입의 즐거움》을 읽은 독자들이 원전을, 그것도 두꺼운 책을 사서 읽겠냐는 것이었다. 그러던 중

원고를 읽고 단박에 그 소중함을 인정해준 한 출판사에 의해 나의 번역본은 드디어 한국에서 빛을 보게 되었다.

그런데 이번에는 제목이 문제였다. 출판사에서 나의 의견을 존중해 겉표지에 'FLOW'라고 썼는데, 한국 독자들은 '몰입'이라는 이름의 책을 찾다가 그냥 발걸음을 돌렸던 것이다. 그래서 지금은 표지에 한글 '몰입'이 들어간 모양으로 바뀌었다.

분명히 플로우는 몰입의 요소와 중첩된다. 그러나 좀 더 깊은 관심을 가진 독자라면 플로우는 몰입이라는 단어가 가지는 의미 이상의 개념을 포함하고 있다는 것을 알 수 있다.

국어사전에 따르면 몰입은 '어떤 곳에 빠짐'이라는 뜻으로 정의돼 있다. 그러나 플로우는 단순히 어떤 일에 빠진 상태를 의미하는 것이 아니라 보다 적극적으로 자신의 주의를 통제하는 과정까지 포함하고 있으며, 더 나아가 이런 과정을 통해 자아가 확장되고 확장된 자아가 창조의 동인이 되는 개념까지 아우른다. 그런 의미에서 몰입보다는 '염념상속(念念相續)'이라는 개념으로 설명한 중앙일보 홍석현 회장의 해석도 의미가 있다고 본다.[14] 어쨌든 몰입이라는 단어가 플로우의 개념에 대응되는 용어인지 약간의 의문을 가진 독자라면, 이미 플로우의 개념에 관한 고수가 되었다고 여겨도 좋을 것이다.

사족을 덧붙이자면, '플로우'냐 '플로'냐에 대해서도 의견이 분분하다. 플로는 외래어 표기법에 따른 것이란다. 하지만 난 마음에 들지 않는다. 분명히 이 단어를 사용하는 사람들이 '플로우'라고 발음하는

데 왜 '플로'라고 적느냐 말이다. 그냥 원래 사용하는 사람들의 발음을 존중해주면 안 되나? 적어도 난 계속 '플로우'라고 쓸 요량이다.

어쨌든 오늘 이 시간에도 칙센트미하이 교수의 연구실에는 '플로우', '몰입', '플로'로 번역된 한국의 책들이 나란히 꽂혀 있다.

주(註)

1. Choe, I. S. (2006). "Creativity: A Rising Star in Korea." In. R. Sternberg (Ed.), *International Handbook of Creativity* (pp. 395-420). NY: Cambridge University Press, 2006. 좀 더 자세한 설명은 9장에 나온다.
2. 박지성. (2010). 《나를 버리다》. 서울: 중앙북스.
3. 조은예, 최인수. (2008). "재미에 관한 아동의 암묵적 지식과 플로우와의 관계 분석." 《한국심리학회지: 사회 및 성격》 22(1), 125-143.
4. Arendt, H. (1998). *The Human Condition* (2nd ed.). University of Chicago Press.
5. 한 번도 의심하지 않고 관례로 내려오는 것 하나만 이야기하자. 최근에 시골 초등학교를 지나갔다. 몇 사람이 모여서 만국기 다는 것을 본 순간 곧 운동회가 열린다는 것을 알 수 있었다. 나의 초등학교 운동회를 생각하면 무려 40년 넘게 반복되는 리추얼이다. 갑자기 왜 우리나라 운동회에는 꼭 만국기를 걸어야 하는지 궁금해졌다. 누가 가르쳐주면 좋겠다.
6. 한국에서 번역 출판된 3종의 책을 보면 된다. 칙센트미하이 교수가 운이 좋은 것은 3종의 번역 모두 참 잘하는 사람들에 의해서 이루어졌다는 사실이다. Csikszentmihalyi, M. (2004). 《플로우: 미치도록 행복한 나를 만난다》. (최인수 옮김). 서울: 한울림출판사. (원저 1990 출판), Csikszentmihalyi, M. (2009). 《몰입의 재발견》. (김우열 옮김). 서울: 한국경제신문. (원저 1993 출판), Csikszentmihalyi, M. (2007). 《몰입의 즐거움》. (이희재 옮김). 서울: 해냄. (원저 1998 출판).
7. 원래의 용어는 'challenge'와 'skill'이다. 도전과 기술이라고 번역하기보다는 난이도와 능력으로 사용하는 것이 이해가 쉽다. 좀 더 자세한 설명을 위해서는 《플로우》 146~147쪽을 참고하라.
8. 최인수, 김순옥, 황선진, 이수진. (2003). "경험표집법을 이용한 고등학생들의 생활경험에 관한 연구: 주된 활동과 활동공간 및 플로우를 중심으로." 《대한가

정학회지》 41(8), 213-227.

9   Choe, I. S., Choi, K. S., Lee, S. & Kim, H. C. (2003). "Academic Motivational Orientations and Achievement in Talented and Korean High School Students." *5th Biennial Conference of the Asian Association of Social Psychology*. Philippines(Manila), 41-43.

10 Csikszentmihalyi, M. (2006). 《몰입의 경영》. (심현식 옮김). 서울: 황금가지. (원저 2003 출판).

11 Hulleman, C. S. & Harackiewicz, J. M. (2009). "Promoting Interest and Performance in High School Science Classes." *Science, 326*, 1410-1412.

12 동아일보문화부. (2007). 《21세기 신 천재들》. 서울: 동아일보사.

13 한민, 한성열. (2007). "신명에 대한 문화심리학적 고찰." 《한국심리학회지 일반》 26(1), 83-103.

14 수행자가 이어지는 생각이 앞생각을 바로 이어 잡념이 들어오지 않도록 마음을 묶는 것을 의미한다. 이러한 염법을 통해 수행자의 속성변화까지 이어진다. 2009년 8월 제9회 율민강연회에서 언급되었다.

When

4

창의성에도 타이밍이 있다?

누가?

어디에?

왜?

문제를 해결할 수 있는 신경회로가 두뇌에서 가장 조밀해지는 시기는 생후 24개월, 즉 '미운 세 살'이 시작되는 순간이다. 그런가 하면 '수학의 노벨상'이라 불리는 필즈상을 수상하는 학자들의 평균연령은 35세다. 그러나 노벨 문학상 수상자들의 평균연령은 그만큼 젊지 않을 것임은 분명하다. 과연 우리 인생을 살면서 창의성이 최정점에 이르는 때는 언제일까? 이 장에서는 인간발달과 창의성의 발달단계에 대해 알아보고, 아이의 창의성을 최고로 끌어올리기 위해 어른들이 무엇을 해야 하는지 함께 고민해보자.

아래 두 가지 흥미 있는 결과를 살펴보자.

- 버클리 대학의 연구팀은 태어난 지 한 달 정도 되는 새끼 쥐들을 두 집단으로 나누었다. 한 집단은 먹을 것과 장난감이 풍부한 궁전에 집어넣고 다른 한 집단은 그와 대비되는 초가집에서 지내게 했다. 2주일 정도 지나자 풍요로운 환경에 있는 쥐들은 대뇌피질이 보통 쥐보다 6%가량 두꺼워지면서 공부도 잘하는 똘똘이로 변했는데, 빈곤한 환경에 처한 쥐들은 4일 만에 대뇌피질이 얇아지는 양상을 보였다.[1]
- 한평생 뛰어난 작품활동을 한 예술가들을 사후해부한 결과, 사진작가는 대뇌피질 중 시각을 담당하는 부분이, 바이올리니스트는 대뇌피질 중 청각을 담당하는 부분이 두꺼워져 있음이 밝혀졌다.

대뇌피질이 두꺼워졌다는 사실을 해부학적으로 표현하면 피질을 구성하는 신경세포인 뉴런의 수와 그 뉴런에서 뻗어나간 가지의 수, 그리고 뉴런과 뉴런이 접하는 접속점인 시냅스의 숫자가 늘어났다고 할 수 있다. 좀 쉽게 표현하자면 문제를 해결할 수 있는 신경회로가 탄탄하게 구축되었다는 의미다. 머리를 잘 쓸 수 있는 회로, 즉 하드웨어를 보유하게 됐으니 이는 곧 '똑똑해진' 것이라 이해해도 큰 무리가 없겠다. 또한 역으로 해석해, 자주 활용하는 재능영역을 담당하는 두뇌 부분은 두꺼워진다는 논리도 성립된다.

한글 모르는 아이에게 영어책 사주는 것은 풍요환경이 아니다

대뇌피질이 다른 종 사이에도 유사한 형태를 가지고 있다는 사실을 감안하면, 이 실험결과는 사람의 두뇌도 풍요한 환경에 놓이면 사뭇 남다른 발달양상을 보일 것이라는 사실을 시사한다. 풍요한 환경 속에 있는 인간은 본연의 창의적 역량을 더 잘 발휘할 수 있는 하드웨어를 갖게 된다고 말이다.

다만 여기서 '풍요한 환경'이라는 말에 조심해야 한다. 풍요환경이란 말은 인간의 발달단계에 맞춘 적절한 환경조건을 의미하는 것이지, 자장면으로 배가 찬 아이에게 탕수육까지 시켜주라는 의미가 아님을 인지하자. 아직 읽을 준비가 되어 있지 않은 아이에게 한글책도 부족해 영어책까지 사줘야 한다는 것으로 이해하면 안 된다. 엄마들은 아이가 그림책을 보다가 읽지 않으면 그 책을 떼었으니(?) 다른 책을 사줘야 한다고 생각한다. 천만의 말씀이다. 엄마가 재미있게 읽어주면 수백 번 반복해서 들려주어도 즐거워하는 것이 아이들이다. 다시 강조하지만, 풍요환경이란 물질적인 풍요가 아니라, 부모의 정서적 격려 그리고 발달에 적합한 교육여건이 마련된 환경을 의미한다.

그렇다면 구체적으로 어떤 환경이 우리 아이들을 창의적으로 만들어주는 풍요환경일까?

아동의 발달단계는 학자마다 주장이 다르긴 하지만 보통 태아기, 영아기, 유아기, 아동기, 청소년기로 나뉜다.

태아기의 풍요한 환경이란 풍부하고 다양한 영양소를 엄마를 통해 전달받는 것이 으뜸이다. 그러나 이에 못지않게 심리적인 영양소를 부모로부터 받는 것도 중요하다. 우리나라에서도 배 속의 아이에게 정서교육을 시키는 태교의 중요성을 예로부터 강조해왔다. 그렇지만 '과연 태교라는 것이 효과가 있기는 한가'에 대해 의문을 가지고 있는 것도 사실이다. 효과가 있을 것이라고 심증은 가는데 물증이 없으니 답답하다. 가장 좋은 것은 태어난 아기에게 "애, 너 엄마가 노래도 불러주고 책도 읽어주었는데 좋더냐?"라고 물어보는 것이겠지만, 불행히도 아기가 대답을 못한다는 아쉬움이 있다.[2]

엄마가 때맞춰 정성스럽게 읽어주는 이야기를 과연 배 속의 아기가 들을 수 있을까? 듣는 것뿐 아니라 좋아할까? 이를 어떻게 알아낼 수 있을지 고민하던 학자 드캐스퍼(Anthony De Casper)는 갓 태어난 영아에게 젖꼭지를 물려주었다.[3] 이 젖꼭지에는 장치가 되어 있어 깨무는 횟수에 따라서 다양한 소리가 나오게끔 만들었다. 한 번 깨물면 다른 사람의 책 읽는 소리, 연속으로 두 번 깨물면 엄마가 들려주었던 이야기 소리가 나오는 식이다. 그랬더니 글쎄 이 아기가 태어나자마자 두 번을 반복적으로 깨무는 것이 아닌가?

그렇다. 아기는 배 속에서 엄마의 다정한 목소리를 듣고 있었던 것이다. 엄마의 목소리와 감정을 기억하는 능력이 아기에게 있는 것을 알았으니, 출산을 앞둔 어머니들은 정해진 편한 시간에 아기와 대화를 나누는 시간을 가지는 것이 좋겠다. 이것이 태아기의 둥요환경이다. 다만, 지나친 목적의식으로 태어나기 전부터 공부만 너무 열심히 시키지는 말자!

이번에는 학령 전 아동의 발달에 적합한 풍요환경에 대해 알아보자. 이제는 초등학교부터 공부하면 늦는다고 하니 조기교육을 실시해야 할 것인가? 앞으로는 과학영재들이 중요하다고 하니 수학, 과학 교육을 집중적으로 해야 할까? 자기가 공부할 때는 안 그랬는데 아이들 교육문제만 나오면 귀가 얇아진다고 탄식하는 부모가 의외로 많다(과연 아이들 교육문제만 그런지는 스스로에게 물어볼 필요가 있다!). 학령기의 자녀를 둔 부모의 마음을 누구보다도 정확하게 아는 사교육 관계자들은 이미 맞춤형 상품을 수없이 만들어놓고 부모들을 유혹한다. 그런데 그 많은 부모들이 조기교육을 시키면서 과연 그 실효성에 대해서는 한 번이라도 진지하게 생각해봤을까?

미취학 아동들의 인지능력은 구체적인 물건을 보여주지 않으면 머릿속으로 생각해서 판단을 내리지 못하는 수준이다. 예컨대 구슬 4개와 구슬 5개 묶음을 보여주고 어느 것이 많은가 물어보면 당연히 5개 묶음을 선택하지만, 묶음을 보여주지 않고 말로만 물어보면 쉽게 답하지 못한다. 또 다른 예가 있다. 천 원짜리 3장과 만 원짜리 1장을 보여주고 어느 쪽의 돈이 더 많은가를 물어보면 당연히 장수가 많은 천 원짜리 3장을 고른다.

세상물정 모른다고 뭐라 할 것 없다. 우리도 어렸을 때 다 그랬다. 그러나 지금 커서는 안 그런다. 교육 때문이라고 생각하는가? 아니다. 시간이 해결해준 것이다. 사실 조금만 기다리면 저절로 머리가 영글어져 이런 것을 구별하는 것은 식은 죽 먹기가 된다. 그런데 부모들은 조금이라도 남보다 앞서가기를 원한다. 물론 반복적으로 제시하고 이해시키려 노력하면 불가능하지는 않다. 한 200번쯤 시도하면 만 원짜리 1장이 더 많다고 답한다. 왜냐고? 아이들이 생각할 때 그렇게 열심히 노력하는 엄마가 안쓰러운 것이다. 자기는 아직도 천 원짜리 3장이 많아 보이는데, 엄마가 저렇게 애타게 물어보니 한 번쯤은 만 원이 더 많다고 해서 엄마를 기쁘게 하자는 효심이 발동했다고 보면 된다. 정말일까? 믿기지 않으면 다음 내용을 계속 읽어보라.

발달심리학자 피아제(Jean Piaget)는 논리적 사고능력이 발달되었는지 점검하는 기발한 실험을 고안했다. 두 개의 투명한 컵에 같은 높이의 물을 따르고 아이들에게 보여준다. 같은 양인지를 물어보아 확인을 받은 후 그중 한 컵의 물을 역시 투명하지만 아까보다는 밑이 넓적한 컵에 따른다. 물론 아이들이 보는 앞에서다. 그런 후 두 컵 중 어느 쪽에 있는 물이 더 많은가를 물어보는 것이다. 이를 '보존개념 실험'이라 부른다.

아이들에게 물어보기 전에 자신이나 다른 성인에게 물어보자. 뻔한 질문을 왜 하는지 화내지는 말자. 그렇다, 뻔하다. 그런데 어째서 뻔한지를 논리적으로 설명해보라는 것이다. 어른들로부터 기대할 수 있는 대표적인 답은 첫째, 넓은 컵에 있는 물을 다시 원래 컵에 부으면 같은 높이가 되기 때문이다. 둘째, 한 컵은 바닥이 좁아서 상대적으로 높게 보이지만, 다른 컵은 높이는 낮은 대신 바닥이 넓어서 결국에는 같은 양이 아니냐는 답이다. 좀 더 전문적인 용어로 표현하면 첫 번째는 '가역성(역으로 설명할 수 있다)'이고, 두 번째는 '상보성(서로 보완되는 관계다)'의 원리라 한다. 어쨌든 이러한 원리를 머릿속에서 어렵지 않게 생각해내는 것을 피아제는 '조작(operation)'이라 했다.

어렵게만 느껴지는 피아제의 인지발달 단계의 핵심은 결국 이처럼 조작을 할 수 있는 준비가 되었느냐 아니냐에 있다. 즉 아동의 인지발달은 이러한 조작을 하지 못하는 '전 조작' 단계, 조작은 가능하나 구슬의 예에서처럼 구체적으로 직접 보여주어야 알 수 있는 '구체적 조작' 단계, 어른들처럼 구체적으로 보여주지 않아도 머릿속에서 조작이 가능한 '형식적 조작' 단계로 발전해나간다는 것이 피아제 이론의 핵심이다. 하나만 더 강조하자면 이러한 단계는 나무가 자라듯이 점진적으로 진행되는 것이 아니고, 누에가 나비가 되듯이 단계별로 점프가 이루어진다는 것이다.

왜 갑자기 피아제 이론인가?

다른 의도는 없다. 우리 어른들에게는 이렇게 뻔한 것이 학령 전 아이들에게는 너무 어렵다는 것을 말하고 싶었을 뿐이다. 보존개념은 조금만 기다리면 자연히 알게 되는 능력인데 성급히 이를 가르친다니, 자칫 빈대 잡으려다가 초가집을 태울 우려가 있다는 것이다. 실제로 겔만(Rochel Gelman)이라는 학자가 만 4~5세 이전의 아동에게 보존개념을 가르치는 데 성공하긴 했으나, 무려 192회의 시행 끝에 얻어진 결과였다. 꼭 이렇게까지 해서 알아야 할까? 설령 이렇게 해서 아동이 보존개념을 획득했다고 하더라도, 이런 방법으로 아이들이 공부에 관심을 갖게 되리라고 기대하는 것은 과한 욕심이 아닐까.

유아기에는 논리력, 분석력보다는 상상력이 집중적으로 발달한다는 사실을 잊지 말자. 오히려 눈에 보이지 않는 사물이나 행동을 머릿속에 떠올리기 위해 혼잣말과 상상놀이를 시작하는 유아들에게 호기심과 흥미를 계속 유지하도록 도와주는 것이 아이들의 창의성 발달에 더욱 중요하다.

상상력이 집중적으로 발달하는 학령 전 아이들에게는 장난감도 너무 구체적인 것을 제공해줄 필요가 없다. 상자, 나뭇잎 등 주변에서 보이는 모든 것이 다 상상놀이의 도구가 되기 때문이다. 아이들에게 빗자루는 하늘을 나는 도구이지, 청소와는 관련이 없다.

또한 아이들의 상상이 엉뚱하고 다소 말이 안 된다 하더라도 비난하지 말고 마음대로 하도록 내버려두고, 나아가 격려해주는 태도를 견지해야 한다. 아직 다듬어지지 않았을 뿐, 아이들의 창의적 상상력의 폭과 넓이는 우리보다 나을 수도 있다고 생각하면 별로 도와줄 일이 없을 것이다.

아이들의 창의성은 자신이 상상력으로 문제를 해결했을 때 스스로의 능력에 감탄하면서 커가는 것이다. 자기 눈에는 그렇게 보이지 않는데도 부모의 반복에 못 이겨 자신의 생각과 다른 대답을 하게 만들어서는 안 된다. 아이들로 하여금 부모님과 선생님을 기쁘게 해드리고 끝내자고 마음먹게 하는 것은 인성교육(?)일 수는 있어도 창의성으로 향하는 길과는 거리가 멀다는 것을 알아야 한다.

'미운 세 살'의 뇌는 창의성 보물창고

만 두 돌이 가까워지면 아이는 '지킬박사와 하이드'가 된다. 한편으로는 치명적일 만큼 귀여우면서도 다른 한편으로는 어느 별에서 왔는지 모를 정도로 엄청나게 고집을 부리고 산만한 모습을 보인다. 드디어 또 한 명의 '미운 세 살'이 탄생한 것이다. 어른들은 부모가 아이의 응석을 다 받아주니 버릇이 나빠졌다고 혀를 차지만, 아동의 뇌 발달을 연구하는 학자들의 생각은 다르다.

아기의 머릿속에서는 수정 후 5~20주(약 5개월) 동안 초당 5~10만 개의 뉴런(뇌신경세포)이 생겨난다. 엄청난 속도가 아닐 수 없다. 이렇게 빠른 속도로 생겨난 뉴런들은 시냅스라는 접촉점을 통해 서로 연결되는데, 이 시냅스의 밀도를 조사해보았더니 바로 미운 세 살 때가 최고로 조밀한 상태로 무려 성인보다 50%나 높았다(아래 그림 참조). 잘 만들어진 신경회로는 경부고속도로와 같이 목적지가 분명하여 정보를 서울에서 부산까지 신속하게 배달해준다. 그런 데 비해 24개월 짜리의 얽힌 실타래 같은 신경회로는 서울에서 부산까지 가기 위해 강릉을 거쳐 인천에 갔다가 삼천포로 빠져 여수를 찍고 가는 셈이니 얼마나 복잡하고 힘들겠는가. 아이도 빨리 가고 싶은 마음이야 굴뚝같지만 자신도 어쩔 수 없는 일.

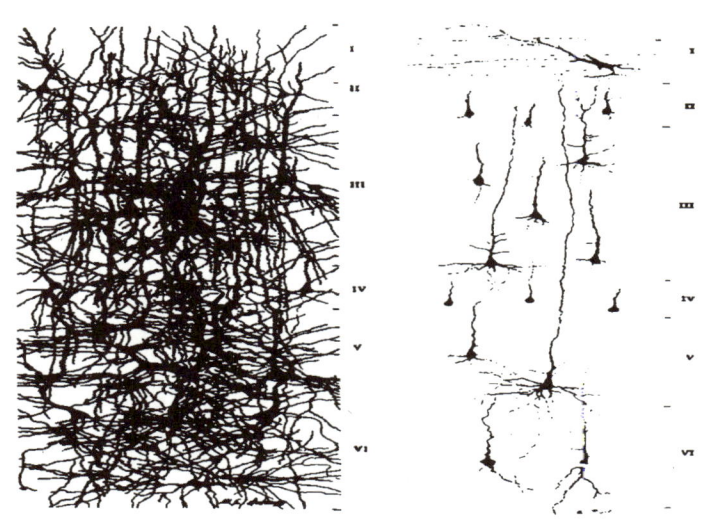

■ 그림 생후 24개월 된 아기(좌)와 신생아(우)의 대뇌피질[4]

목적지까지 가기는 하지만 이처럼 비효율적이고 연료의 낭비가 심한 복잡한 신경망이 도대체 왜 필요한지 궁금증이 이는 건 당연하다. 필요한 만큼만 만들면 되지 그 이상으로 만들어져 만원전철 안의 사람들처럼 뒤엉켜 있는 신경세포는 생명체가 최소한의 에너지를 소모하도록 진화한다는 기본원리에도 위배되는 것으로 보인다.

그러나 여기에 또 하나의 생명의 신비가 숨어 있을 줄이야. 이 아이가 앞으로 어떤 인물이 될지 모르는 상황에서 조물주가 여분의 보험을 들어준 것이라고 생각하면 될 것이다. 모자라게 주는 것보다 넉넉하게 신경세포를 만들어 앞으로 꽃피우게 될 어떤 창의적 재능에도 부족함이 없이 쓰라는 선물인 것이다.

우리 애가 말을 안 듣는 이유? 에디슨이 될지도, 박지성이 될지도 몰라서 하늘이 발명능력을 위해, 축구능력을 위해 그리고 다른 재능까지 염두에 두고 충분히 마련해둔 신경회로들이 잠시 엉켜 있기 때문이다. 아, 갑자기 미운 세 살 아이가 보물단지로 보이고 사랑스러워지는 이유는 무엇일까.

그러나 밥상을 차려주는 것은 하늘의 몫이라도, 숟가락을 드는 것은 아이가 할 일이다. 실제로 풍요로운 환경에서 다양한 경험을 통해 반복적으로 사용하는 뇌신경들은 서로 합쳐서 길을 만들어가지만, 그렇지 못한 신경들은 청소차에 의해 솎아지기 시작한다. 신경 접속들의 솎아내기 작업은 10~16세에 일어난다고 하니, 그 전에 후회 없이 사용할 수 있도록 아이와 부모가 노력해야 한다.

다만 노파심에서 이야기하자면, 신경접속이 사라진다고 더 이상 재능개발을 할 수 없다거나 바보가 되는 것은 아니니 너무 불안해할 필요는 없다. 물론 어렸을 때만큼 자연스럽고 빠르게 이루어지지는 못하지만, 그 시기 이후라도 노력하는 사람에게는 뇌신경 가지의 수가 줄기차게 뻗어나가 없어진 부분을 보완해주기 때문이다.

예술적 창의성은 아이에게서

지금까지 진행된 창의성 연구 가운데 많이 다루어지지 못했다가 최근 들어 중요한 주제로 각광받는 것이 있다. 영역에 따라 차별화된 특성에 대한 연구가 그것이다. 쉽게 설명하면 과연 과학분야에서 창의적인 사람이 예술분야에서도 창의적인지, 아니라면 과학에서 필요로 하는 특성과 예술에서 필요로 하는 특성은 각각 무엇인지 등이다. 이 주제는 최근 창의성 연구과제에서 가장 중요하게 부각되는 것으로서 앞으로 심도 깊게 다루어져야 할 필요가 있다.

이번 장이 인간의 발달을 다루는 만큼, 여기에서는 예술과 과학과 관련된 창의성이 인간의 생애와 어떤 관련성을 가지고 있는지를 살펴볼 것이다. 이 주제와 관련되어 등장할 학자는 피아제와 비고츠키(Lev Semenovich Vygotsky) 그리고 가드너다. 이들의 이론을 중심으로 하여 예술적·과학적 창의성의 발달에 관해 이야기해보도록 하자.

피아제는 자신이 구분한 인지발달 단계를 설명할 때 각각의 특징을 정확히 기술하는 데 초점을 맞출 뿐, 그 단계의 좋고 나쁨을 말하지는 않았다. 그러나 자연과학 분야에서 박사학위를 받았던 피아제는 자연스럽게 예술적 능력의 발달보다는 논리·사고의 발달에 관심을 가지고 있었을 것으로 짐작된다. 실제로 피아제는 한 인터뷰에서 화가나 소설가들이 보여주는 예술적 창의성에 대해서는 잘 모른다고까지 말한 바 있다.[5] 따라서 논리적이지 못하고 오류투성이인 것처럼 보이는 유아의 발달단계는 논리적 발달에 주된 관심을 가지고 있었던 그에게 상대적으로 그 가치가 덜 중요했을지도 모른다.[6] 피아제에게 유아기의 사고 특성은 프로이트와 마찬가지로 비현실적이고 논리적이지 못한 자폐적 또는 자아중심적 사고로 기술되기 때문이다.

　그러나 러시아의 심리학자 비고츠키는 비논리적이고 억제되지 않은 상징적 사고로 대표되는 유아의 사고 특성은 그 자체가 예술적 창의성의 발현에 중요한 의미를 갖는다고 생각했다. 그는 유아의 상상력 발달을 드러내주는 행위인 상상놀이와 혼잣말에 주목했다. 비고츠키는 아이들이 그림을 그리거나 혼잣말을 하며 극화(劇化)하는 경우를 예로 들면서, 이러한 행위에 예술적 창의성이 통합된 형태로 녹아 있으며 훗날 예술적 창의성으로 발전하는 토대가 된다고 했다.[7]

　다중지능이론으로 유명한 가드너도 5~7세에 이르는 유아들은 그 이전 연령의 아이들이 갖지 못하고, 그 이후의 아동들은 잃어버리고 마는 풍부한 상상력과 창의력, 예술적 민감성을 갖고 있다고 하면서, 이 시기가 예술적 성향의 발달에 중요하다고 주장한다.[8]

피카소는 일찍이 "라파엘처럼 그리기까지는 얼마 걸리지 않았지만, 아이들처럼 그림을 그리는 데에는 평생이 걸렸다."고 했다. 아이들이 보이는 상징적 자유스러움이 예술적 창의성의 근원이 된다는 사실을 이보다 절묘하게 표현한 말은 없을 것이다.

인생에서 창의성이 정점에 이를 때

우리 인생을 살면서 창의성이 최정점에 이르는 때는 언제일까?

맷 데이먼이 주연으로 나오는 〈굿 윌 헌팅〉이라는 영화가 있다. MIT에서 청소하는 청년이 칠판에 적혀 있던 수학문제를 장난삼아 풀어보았다. 그 해법을 바라보던 교수는 경악을 금치 못했다. 누구도 풀지 못했던 문제를 수려하게 풀어나간 것이 아닌가. 그 청년의 재능을 발견한 교수는 이미 엄청난 상을 받은 사람이었는데 말이다.

바로 그 상이 '수학의 노벨상'이라 불리는 필즈상이다. 노벨상에 수학부문이 없음을 아쉬워한 수학자 필즈의 유산을 기금으로 해서 만들어진 상으로, 수학에서 가장 뛰어난 업적을 이룬 사람에게 준다는 것에 대해서는 이론의 여지가 없다. 혹시나 해서 직접 확인해보니 수상 당시의 평균 나이가 35세였다. 필즈의 유언에 따라 40대 이하의 학자에게 수여한다는 조항이 달려 있기는 하지만, 그걸 감안해도 매우 젊지 않은가? 반면 노벨 문학상 수상자들의 평균 나이는 직접 계산하지 않더라도 필즈상만큼 젊지는 않을 것이라는 것을 안다.[9]

지능을 두 가지로 분류한 학자가 있다. 첫 번째가 '유동지능'이요, 두 번째가 '결정지능'이다. 유동지능은 수학, 물리학처럼 분석력, 논리력을 필요로 하는 지능으로, 운동으로 치면 순발력에 비유할 수 있겠다. 나이가 들면 순발력이 떨어지듯, 기민한 능력인 유동지능도 나이가 들면서 쇠퇴한다. 반면 결정지능은 나이가 들면서 늘어나는데, 짐작한 것처럼 현명함, 지혜로움과 같이 경험과 지식을 기반으로 하는 능력이다. 수학은 유동지능, 문학은 결정지능을 상대적으로 더 필요로 하는 분야이기 때문에 연령대의 차이가 있다고 해석할 수 있다.

그렇다면 문학은, 체육은, 음악은 어떠할까? 비즈니스에서도 부서마다 최적의 활동을 보이는 연령이 다를 수 있다. 오랜 숙련과 경험을 필요로 하는 분야와 도전정신을 바탕으로 추진해야 하는 분야가 있을 터인즉, 이를 고려해 인사배치를 하는 것도 생각해봄직하다.

이번에는 한 개인 안에서의 발달을 생각해보자.

예를 들자면, 스스로에게 '내가 일생을 사는 동안 가장 창의적일 때가 과연 언제일까' 물어보자는 것이다. 유치원 때? 초등학교 때? 그렇다면 왠지 우울하다. 이미 지나갔다기보다는 아직 오지 않았다고 생각하는 편이 정신건강에 좋을 것 같기도 하다.

어쨌든 인간의 보편적인 창의성 발달에 대해 많은 학자들이 의견을 내놓았지만, 비고츠키의 말이 나에게는 가장 그럴 듯하게 들린다.

설명에 필요하니 먼저 질문 하나를 해보자. 과연 경험한 내용을 포함하지 않는 순수한 상상이란 가능할 것인가?

'Yes'라면 아동기의 상상력이 성인보다 못하다고 말할 수 없다. 경험이 부족해도 상상은 얼마든지 할 수 있으니까. 반면 'No'라면, 즉 상상이 경험의 진공상태에서는 발휘될 수 없고 오히려 경험의 빈도와 종류가 누적되어야 발달한다면, 당연히 유아기나 아동기가 아닌 성인기에 창의적 표현력이 정점에 이른다고 할 수 있을 것이다.

비고츠키는 후자의 입장이다. 그는 상상력은 현실세계와 괴리된 것이 아니라 밀접하게 관련되어 있다고 생각한다. 즉 상상력은 진공상태에서 발휘되는 것이 아니라 현실경험으로 그 내용이 채워지고, 그러한 상상력이 근간이 되어 비로소 창의적 활동이 이루어진다고 주장한다. 그의 견해에 따라 창의성 발달곡선을 그려보면 아래 그림과 같다.[10]

곡선 a-g는 상상력의 발달곡선을 표시하고, 곡선 d-f는 지능이나 합리적 사고가 바탕이 되는 논리적 사고의 발달곡선을 표시한다.

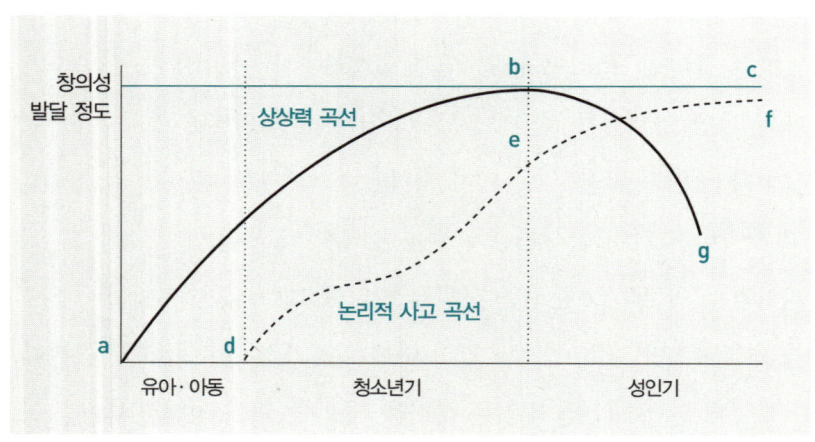

■ 그림 창의성 발달곡선[11]

먼저 상상력은 어렸을 때부터 시작해서 급격하게 발달해 청소년기나 성인초기에 정점인 b수준까지 이른다. b시점에서 상상력은 두 개의 다른 방향으로 발달해나간다. 대부분의 사람들은 단조로운 일상생활에 적응해가면서 b-g의 방향으로 상상력이 감퇴되기 시작하는 반면, 창의적인 사람들은 b-c의 수준을 유지할 수 있다는 것이다.

논리적 사고는 인지적 발달이 뒷받침돼야 하므로 상상력보다 출발이 늦고 발달속도도 상대적으로 더디다. 그러다가 청소년기에 이르러 논리적·분석적 사고가 가능해지면서 드디어 상상력과 협응이 이루어지게 된다. 기다리던 음과 양이 만났으니 이 둘의 완벽한 조화가 바야흐로 시작되는 것이다.

단, 절실한 사람에게만 말이다.

창의성 곡선이여, 위로, 더 위로!

나이 들어서도 상상력을 유지하는 방법

창의성 곡선에서 나이가 들면 상상력이 급격히 감퇴한다고 했다. 그리고 창의적인 사람은 젊은 시절의 수준을 유지하기 위해 노력한다고 했다. 상상력의 감소, 기실 놀라운 일도 아니다. 떨어지는 낙엽 하나에도 깔깔대고 한나절을 친구와 이야기하던 나였건만, 최근 옷자락에 달라붙은 젖은 낙엽에 짜증을 낸 적은 없던가?

어쨌든 상상력의 감퇴가 나이에 따른 현상이라면 이를 방지하기 위해서는 강제로라도 무엇인가 시도해야 한다. 창의성을 연구하는 학자들이 추천하는 가장 좋은 방법은 평상시에 한 번도 해보지 않은 일을 경험하는 것이다. 멜로물만 좋아했던 사람은 액션영화도 봄 직하다. 된장찌개만 있으면 된다고 주장하는 사람은 이태원에 가서 아랍이나 인도음식을 맛보는 것도 한 방법이다. 스포츠와 담 쌓았던 사람이라면 남들은 뭐가 그리 즐거워 '갈매기' 노래를 그렇게 열창하는지 야구장에 직접 가볼 일이다. 익숙한 환경 속에서는 그 나물에 그 밥이 될 일도, 새로운 환경에 들어가면 전혀 색다른 묘한 느낌을 준다고 문화심리학자 김정운 교수는 본인의 경험을 바탕으로 목놓아 외친다.

새로운 일을 경험한다는 것은 창의적 상상력뿐 아니라 잠재되었던 창의성을 개발하는 데 큰 도움이 된다.

우리는 '다중지능'이라는 개념을 통해서 다양한 종류의 능력이 있을 수 있다는 것을 알고 있다. 문제는 이처럼 다양한 잠재능력도 경험해보지 못하면 활용할 수 없다는 사실이다. 입시, 취업, 가족부양 등에 치여 자신 안에 어떤 능력이 있는지 정확히 알지 못한 채 생을 살아가는 사람이 얼마나 많은가. 그럴수록 새로운 경험을 해보고 어떤 점이 좋았는지, 싫었는지를 분석해보아 자신의 소질과 능력을 검증하는 기회를 마련해야 한다. 결국 창의성은 본인이 재미있어하는 주제를 선택하고 이를 열심히 할 때 나오는 결과물이다. 따라서 한 번도 경험하지 못한 것을 해보는 것은 자신의 창의성을 밖으로 끄집어내는 가장 확실한 활동이라 할 수 있다.

유아의 창의성 개발, 중점은 어디?

영재교육이니 조기교육이니 해서 부모들의 걱정이 학령 전 유아에게까지 미치고 있다. 초등학교에 들어가면 학교방침에 따라가면 되고 정보도 많지만, 유아 때는 어떻게 해야 하는지 항간에 떠도는 이야기 중 어느 것이 맞는 말인지 참 알기가 어렵다. 그런 불안감을 반영하듯 고액의 영어유치원도 성업 중에 있다고 한다.

지금까지 살펴본 유아기의 창의성 특성을 들여다보면 창의성 개발에 중요한 힌트를 얻을 수 있다. 그 특성을 요약하면 다음과 같다.

첫째, 유아기의 창의성은 상상력이 논리력에 비해 상대적으로 우세하다.

둘째, 상상력에 근거한 유아의 경험들은 훗날 창의적 문제해결 과정에서 통찰과 전망을 준다.

셋째, 유아기의 상징적 활동인 혼잣말이나 상상놀이 등은 예술가들이 보이는 창의적 특성의 근원이 된다.

이러한 특성을 염두에 두면서, 어떤 것이 우리 아이를 위한 일인지 생각해보자.

먼저, 유아기의 경우 상상력이나 창의성이 집중적으로 발달하는 데 비해 논리적 사고는 아직 미숙하므로, 논리분석력을 강조하는 수학이나 과학과 관련된 교육보다는 창의성이나 예술성, 상상력을 위주로 하는 교육이 적합하다. 아울러 도덕성, 사회성 등과 관련된 교육을 제공하는 것이 좋다. 신경생물학자인 다이아몬드(Marian Diamond)

교수에 따르면 뇌에서 정서를 담당하는 부분은 대개 만 3세쯤이면 완전히 성숙한다고 한다. '세 살 버릇 여든까지 간다'는 말은 다 근거가 있는 것이었다.

유아기 때 상상력의 발달이 집중된다는 근거가 뇌과학 연구에 의해서도 뒷받침되고 있다. 만 4세가 되면 시각피질에 있는 신경들의 접촉점(시냅스) 밀도도 높아지고, 전두엽도 집중적으로 발달한다. 상상력은 시각적 영상을 필요로 하며, 전두엽은 도덕성, 종교성, 종합사고 기능 등 최고의 기능을 담당하는 부위다. 우리의 논리전개와 일맥상통하지 않은가?

물론 그렇다고 논리 교육을 하지 말라는 것은 아니다. 다만 집중적으로 가르치지 말고 짧게 끊어서 지도하는 요령이 필요하다. 이런 점을 염두에 두고 찾아보면 유아발달에 적합한 책들이 보일 것이다.

자녀가 혼자 중얼중얼 놀거나 책상 밑에서 인형하고만 대화한다고 염려하는 부모들이 꽤 많다. 아는 것이 병이라고, 요사이 유행하는 온갖 종류의 장애 이름을 대면서 찾아온다. 그런 부모님들이여, 너무 걱정하실 필요 없다. 아이의 머릿속에 상상력이 생긴다는 증거이기 때문이다. 상상 친구를 가진 아이들이 오히려 더 독립적이고, 친구들 간의 관계에 더 협조적이고, 어휘력도 높다는 연구도 있다. 혼잣말에 대한 부모들의 관심이 큰 것 같아서 주석에 약간은 자세하고 구체적인 설명을 달아놓았으니 읽어보시면 되겠다. 몬테소리(Maria Montessori)와 베텔하임(Bruno Bettelheim) 같은 학자들이 혼잣말에 대해, 그리고 창의성과의 관련성에 대해 무슨 말을 했는지 알 수 있다.[12]

심지어 창의적인 사람 중에는 커서도 혼잣말놀이에 빠진 이들이 있다. 심리치료법 중 하나인 포커싱 기법을 창안한 젠들린(Eugene Gendlin)이라는 심리학자가 있다. 칙센트미하이 교수가 학생시절 그를 만나러 시간약속을 하고 찾아가면 항상 손님과 대화를 나누는 소리가 들려 몇 번이고 기다리다가 돌아가곤 했다. 또다시 약속하고 찾아갔는데도 불구하고 계속 이야기 소리가 들려 참다못해 노크를 하고 들어갔더니, 혼자서 타이프라이터에 말을 걸고 있더란다. 창의적인 교수는 노인기까지 상상 친구와 대화를 즐기고 있었던 것이다.

한편 어느 날 갑자기 아이들이 무섭다거나 미안하다고 표현한다면, 이 또한 기뻐할 일이다. 상상력이 자라기 시작했다는 증거이므로. 상상력이 없으면 무섭지도 않고, 미안하지도 않다. 미안하다는 표현이 상상력과 무슨 관련이 있느냐고 생각하겠지만, 미안한 마음이나 죄의식은 내 안에 스스로 선악을 판단하는 상상 속의 심판자를 만들어 놓지 않으면 느낄 수 없다. 나를 정죄하는 내 안의 판관을 프로이트는 '초자아(superego)'라 부른다. 초자아도, 어머니를 좋아하는 것이 죄라고 생각하는 오이디푸스 콤플렉스도 다 유아기 때 만들어지기 시작하는 상상의 결과물이다.

지금까지 살펴본 대로 유아기는 예술적 창의성과, 그리고 논리분석력이 생기는 아동·청소년기는 과학적 창의성과 밀접한 관련이 있다. 창의성 발달곡선은 상상력의 집중 발달로 특징되는 유아기의 창의성이 그다음 단계에서 본격적으로 발달하는 논리적 분석력과 힘을 합칠 때 창의성을 위한 최적의 조합이 이루어진다는 것을 시사한다.

그러나 여기서 주의해야 할 점이 있다. 이 설명이 자칫 예술적 창의성과 과학적 창의성은 동떨어져서 발달하며 서로 관련이 없다는 식으로 이해되어서는 곤란하다는 것이다. 독자에게 극적인 감동을 주기 위해 상상력을 총동원해 치밀한 플롯을 짜는 소설가나, 아름다울 정도로 정치한 공식을 만들려는 수학자들의 예처럼, 상상력과 논리력은 동시에 필요한 음과 양인 것이다.

그래서 비고츠키도 유아의 구속받지 않는 상상력의 형태가 청소년기에 발달하기 시작하는 사고력과 조화를 이룰 때 바야흐로 창의적인 사고를 할 수 있다고 주장한다.

창의적인 인간이란 최적의 논리·분석력(형식적 조작능력)을 갖고 있을 뿐 아니라, 거칠고도 아름다운 상상력(전 조작적인 경험양식)을 최대한으로 수용하는 사람이다. 그런 의미에서, 이 책에서 주장하는 또 하나의 태극의 조화를 가지고 있는 사람이라 할 수 있겠다.

창의적인 아이로 키우는 부모는 따로 있다

교육학자 블룸(Benjamin Bloom)은 "창의적인 영재는 없다. 그러나 그 부모는 있다."라고 말했다. 걸출한 인물을 한 명 만든다는 것이 부모의 희생 없이는 곤란하다는 것을 반어법으로 표현한 것이다.

그렇다면 부모가 어떻게 해야 창의적인 아이가 탄생할 수 있을까? 유타 대학의 라순디(Kevin Rathunde) 교수는 창의적 인물을 키울 수 있는 가족형태에 대해 오랫동안 연구해왔다. 그 결과 '복합가족(complex family)'이라 명명한 가족유형이 영재 및 창의적 아이를 키우는 데 가장 적합하다는 사실을 밝혀냈다.[13] 이는 두 가지 기준을 동시에 만족시키는 복합성을 가지고 있다는 뜻으로, 첫 번째 기준은 그 가족이 얼마나 통합되었느냐(integrated)이고, 두 번째 기준은 반대로 얼마나 분화(differentiated)되었느냐다.

말이 좀 어려운데, 한마디로 '통합되었다'는 것은 온 가족이 조화를 이루고 협력하는 가운데 가족 구성원 모두가 소속감과 편안함을 느끼는 상태를 의미한다. 예를 들어 가훈과 같이 가족이 중요시하는 가치가 있고, 구성원들이 이를 존중하고 따르는 가족을 말한다.

한편 '분화되었다'는 것은 식구 한 명 한 명이 스스로의 정체성과 목표를 찾을 수 있도록 가족들로부터 격려와 지원을 받는 것을 말한다. 자신의 능력을 찾아갈 수 있도록 기회를 부여받는 것이다.

이처럼 복합가족이란 통합과 분화의 조화를 이룬 가족이니, 이는 또 하나의 태극임을 알 수 있다. 우리 주변의 창의적인 인물들의 가족, 아니 멀리 찾을 것 없이 우리 집에 적용해보자. 과연 복합가족의 특성을 가졌는지.

참고가 될까 하여 내가 생각하는 복합가족의 사례를 소개해보고자 한다.

창훈이는 어렸을 때부터 몸이 약했다. 그래서인지 친구들과 잘 어울리지 못하고 학교 갔다 돌아오면 집에만 박혀 TV만 쳐다보고 있었다. 그것도 다른 프로그램이 아닌 미국의 프로레슬링 WWF(지금은 WWE로 바뀜) 시합만 보고 있는 것이 아닌가. 적어도 이때만큼은 창훈이의 얼굴에 생기가 돌 뿐 아니라 열심히 흉내 내며 몰입하는 모습을 보였다. 창훈이의 부모는 허약한 건강과 사회성 부족을 늘 염려하고 있었지만 뒤켠에서 바라볼 뿐 억지로 무엇을 요구하지는 않았다. 시켜서 하는 것은 얼마 가지 못한다는 것을 엄마와 아빠는 잘 알고 그렇게 하지 않기로 약속했기 때문이다.

그러던 어느 날, 어머니는 며칠간 아버지와 상의한 뒤 창훈이에게 방학을 맞아 가족여행을 가자고 제안했다. 창훈이는 여느 때와 같이 무표정했다. 그들이 도착한 곳은 인천국제공항. 그제야 외국에 가는 거냐고 물어보았지만, 엄마는 웃기만 할 뿐 묵묵부답이었다.

LA행 비행기를 타고 미국에 내린 창훈이네는 곧장 라스베이거스로 향했다. 생전 처음 보는 휘황찬란한 네온사인에 잠시 넋을 잃고 있던 창훈이는 대문짝만 한 플래카드를 발견한다. WWF 시합을 알리는 현수막이었다. 그것도 그가 좋아하던 선수 오스틴의 시합이 아닌가! 창훈이의 부모는 그때처럼 환한 아들의 모습을 본 적이 없었다.

한국으로 돌아오는 길에 아버지는 아들의 손에 영문판 레슬링 잡지 정기구독권을 쥐어주었다. 그러자 창훈이는 머리띠를 질끈 매고 평소에는 쳐다보지도 않던 영어사전을 뒤적이며 잡지 기사를 읽기 시작했다. 그러기를 반복했더니 어느새 영어 교과서도 만만해졌다. 그

즈음 받은 성적표의 영어 과목 점수 또한 역대 최고. 할 수 있다는 자신감 바이러스가 다른 과목의 점수도 들썩이게 만들었다. 학교에서는 레슬러의 프로필을 줄줄 외는 창훈이를 따르는 친구들이 생겨났다. 내친 김에 그는 인터넷에 프로레슬링을 좋아하는 사람들을 위한 카페를 개설하고, 카페지기에 걸맞은 몸을 만들어야겠다는 생각으로 웨이트 트레이닝도 시작했다.

이미 네티즌들 사이에서 당대 최고의 고수로 인정받고 있는 창훈이는 대학을 졸업하고 지금은 레슬링과 이종격투기 해설을 준비 중에 있다. 첫 월급이 나오면 이제는 부모님이 원하시는 곳으로 여행을 시켜드릴 계획이다.

조금 낮게, 조금 천천히

최근의 아동교육에서 중요한 개념은 '발달에 적합한 교육'이다. 즉 적기에 적절한 교육내용을 가르치자는 것이다. 창의성 교육에서도 이 점은 더 말할 나위가 없다. 앞에서도 밝혔듯이 인지적으로 준비가 안 되어 있는 아이들에게 물건을 분류하는 과제나 보존개념 과제 등은 소화하기 어려울 뿐 아니라 공부에 대한 재미를 싹 앗아간다는 점을 생각해야 한다.

우리 모두는 안다. 인생을 살면서 가장 호기심이 넘치는 때가 언제인지를. 그것은 바로 아동기 때다. 누가 뭐라 하지 않아도 세상 만물에 관심이 쏠리고 100번 같은 것을 보아도 101번째에 또다시 새롭게 보이는 때가 바로 그때다. 창의성의 핵심은 누가 뭐래도 불타는 호기심에서 그 기원을 찾을 수 있는데, 누구나 가지고 태어난 이 재능이 왜 어른이 되면서 사라지는지에 대해 한번쯤 진지하게 생각해봐야 한다. 어릴 적 보였던 강렬한 호기심이나 몰입, 그리고 예술적 상상력을 잃지 않고 유지했다면 오늘날 얼마나 다른 삶을 살 수 있었을지 말이다.

비단 우리나라뿐 아니라 다른 나라에서도 제도권 교육이 창의성을 키우는 데 긍정적인 역할을 하지 못한다는 지적이 많다. 그렇다고 제도권 교육이 전혀 필요하지 않다고는 하지 않는다. 다만 적당한 수준까지라는데, 대략 대학교 1~2학년 정도면 되지 않겠느냐는 것이다. 실제로 보니 스티브 잡스나 빌 게이츠도 딱 거기까지만 배웠다.

그렇다고 제도권 교육만 탓할 일은 아니다. 우리 어른들이 아이들의 호기심의 불을 끄고 있는 것은 아닌지 고민해야 한다. 루소(Jean-Jacques Rousseau)는 그의 책 《에밀(Emile)》에서, 어른들이 아이들을 돕는다는 미명 아래 한창 즐거워야 할 나이에 고통스러운 속박을 받으며 공부에 시달리게 하는 것은 아닌가라고 일갈한다.

스스로를 돌이켜보자. 우리 모두 어렸을 때 피아노에도, 태권도에도, 컴퓨터에도 관심이 있었을 것이다. 아무 생각 없이 건반을 두드리기도 했고, 이소룡이 입었던 노란색 도복도, 쌍절곤도 구해보았다. 그리고 'copy a : *.* c :'라는 도스 명령어를 통해 파일이 복사되는 순간을 신기한 눈으로 바라보기도 했다. 그런데 지금은 왜 이렇게 되었단 말인가? 그때의 그 순간이 영원히 이어졌다면 지금과 사뭇 다른 모습이 되었을 텐데 말이다.[14]

어떤 것을 많이 좋아하게 될 때까지는 시간이 걸린다. 아마추어라 할지라도 운동이든 예술이든, 좀 즐기는 수준에 이르려면 시간과 정성을 투자해야 한다. 그러나 어떤가? 싫어지는 것은 한순간이다. 어느 날 문득 갑자기 재미없어질 때가 있다. 이런 변화는 아동에게 더욱 심하게 나타난다. 아이들에게 부모들이 원하는 일을 하게 만들려면 온갖 '당근'이 다 동원된다. 맛난 것부터 장난감까지 꽤 오랫동안 공을 들여야 한다. 그러면 조금 좋아하는 듯도 보인다. 그러나 이 아이들이 재미를 잃는 것은 순식간이다. 지나친 강요였든, 아니면 학원 친구와의 싸움이었든 간에 "나 안 해!"라는 소리는 찰나에 나오게 마련이고, 한번 싫어진 것은 웬만해서는 다시 하려 하지 않는다.

그렇다면 어떻게 하라는 말인가?

몇 가지 제안을 할 수 있다.

첫째, 무엇을 하든 재미있어야 한다. 이 이야기는 이미 3장에서 실컷 나누었다. 가장 이상적인 경우는 스스로 배우고 싶을 때 하도록 하는 것이다. 흥미를 느끼지 않을 경우 잠시 중단하는 것도 이보전진을 위한 일보후퇴의 현명한 전략이 될 수 있다. 아울러 왜 그만두고 싶은가에 대한 대화를 나누어보는 것도 좋은 방법이다. 예를 들어 피아노 배우기를 싫어하는 경우 음악 자체에 싫증이 났다면 할 수 없지만, 배우는 환경의 문제일 경우는 선생님이나 학원을 바꿔주는 것만으로도 효과를 볼 수 있다.

그리고 음악 자체를 싫어하는 게 아니라면 부모가 원하는 스케줄

대로 진도가 나가지 않더라도 옆에서 격려해주고 지켜보아주는 것도 중요하다. 세계적인 작곡가 찰스 아이브스를 보자. 어머니는 차근히 앉아서 정해진 진도를 밟지 않고 시장에 나가서 듣는 모든 소리를 피아노로 흉내 내는 아들이 몹시 못마땅했지만, 그의 아버지는 그것도 음악을 하는 것이라며 격려해주었다고 한다.

둘째, 부모가 모델이 되는 것이 중요하다. 미국에서는 '카우치 포테이토(couch potato)'라는 말이 있다. 문자 그대로 소파에 누워서 감자 칩을 먹으며 TV 보는 사람을 가리킨다. 자신은 이렇게 빈둥대면서 자녀에게 공부하라고 하면 과연 그 말이 효과가 있을까?

세계적인 역사학자 프랭클린(John Franklin)의 어릴 적 소원은 빨리 어른이 되는 것이었다고 한다. 다른 이유에서가 아니다. 즐겁게 책을 읽는 부모님 옆에서 계속 책을 더 보고 싶은데, 아이라 그럴 수 없었기 때문이었다. 어른이 하는 일은 책을 읽는 것이라는 생각을 심어준 아버지의 훌륭한 유산이었다.

부모는 아이들의 가장 중요한 역할모델이다. 자녀를 둔 부모는 '아이 앞에서는 냉수도 함부로 못 마신다'는 말이 무슨 뜻인지 잘 안다. 어쩌면 그렇게 부모 흉내를 잘 내는지! 그런데 최근 뇌과학자들은 '거울 뉴런(mirror neurons)'을 제기해 이 속담의 신빙성을 한층 높여주었다. 사람들에게는 상대방의 행동을 거울에 반사하듯이 그대로 따라 하는 뉴런이 있어 학습을 수월하게 한다는 것인데, 진위 여부에 관계없이 아이가 자라는 모습을 보면 그것의 존재를 믿지 않을 수 없다. 그러니 부모들이여, 입으로만 가르치려 들지 말자. 솔선수범만큼 좋은 교육기제는 없다.

셋째, 아이들에게 다양한 자극을 제공해야 한다. 가장 좋은 것은 박물관이나 수족관, 미술관, 동물원과 같이 아이들의 눈높이에서 바라볼 수 있는 대상이 많이 진열되어 있는 곳이다. 시카고 대학 연구팀의 조사 결과, 창의적인 인물의 상당수가 어렸을 때 정기적으로 박물관에 다녔던 것으로 나타났다. 일례로 독일에서 가장 영향력 있는 여성언론인으로 뽑힌 노이만은 친척들이 돌아가면서 한 달에 두 번씩 아이들을 박물관에 데리고 다녔다고 한다.

여기까지만 읽고 '그렇다면 내일 당장 애들을 박물관에?'라고 생각했다면 너무 성급한 판단이다. 유념할 점을 마저 듣고 가자. 인터뷰를 했던 창의적 인물들의 부모들은 박물관에서 과외를 시킨 것이 아니었다. 박물관이나 미술관은 아이들의 놀이터요, 소풍장소였다. 그곳에서 아이들은 아이스크림만 먹고 올 수도 있고, 친구들과 흙 묻혀가며 뒹굴 수도 있다. 사랑하는 부모님과 함께 놀러가는 곳, 그래서 그곳에 있는 것들이 친숙한 곳이 되면 그만이다. 공부는 박물관에서 하는 것이 아니다. 계속 찾아가면서 자연스럽게 관심과 흥미를 쌓고, 스스로 그 호기심에 대한 답을 찾는 마중물이 되는 것이다. 여기에 부모와의 정서적 유대감은 소중한 보너스다.

그러나 우리나라 박물관의 풍경은 대개 두 가지다. 첫 번째는 학교에서 시행하는 특별활동으로, 입장권을 사고 인증샷(?)을 찍으면 숙제 종료다. 이런 학생들이 나중에 커서 외국여행을 가면 박물관이든 유적지든 도착하자마자 가장 유명한 유물 앞에서 사진을 찍고 빨리 다음 장소로 출발하자고 여행 가이드를 닦달하는 어른이 된다.

두 번째는 부모와 함께 가는 상황이다. 가족들의 바쁜 시간을 쪼개서 어렵게 찾아온 것이니만큼 이번 기회에 무진장 배워가야 한다고 결의가 대단하다. 1층부터 꼭대기층까지 전시물에 붙어 있는 깨알 같은 설명을 다 읽어야 직성이 풀린다. 아이들이 지치면 이번에는 엄마가 대신 읽어준다(요즘은 오디오 가이드가 나와서 엄마의 일이 조금 줄었지만). 어떻게든 서양미술사 100년을 오후에 다 끝내서 본전을 뽑아야 한다.

더도 말고 한 가지만 생각하자.

내가 어렸을 때 우리 부모가 이렇게 했으면 내가 좋아했을까?

아이들은 내가 이루지 못한 꿈을 대리 만족시켜주기 위해 태어난 존재가 아니다. 아이가 원하는 것을 아이에게 맞게 제공하는 것, 그것이 어른들의 역할이다. 콩나물 키우는 법을 모르지 않을 것이다. 조급한 마음에 콩을 물에 담가두면 썩고 만다. 흘러내리는 물을 아깝다 생각하지 말고 그저 아침저녁으로 물을 끼얹어주면 그만이다. 그 순간의 물을 먹고 콩나물은 자란다. 창의성도 마찬가지 아닐까. 조급함을 내려놓고 일상에 스미듯이 다가가야 한다.

아이들의 눈높이에 맞추어 조금 낮게, 아이들의 발걸음에 맞추어 조금 천천히 가자. 그렇게 가는 것이 빨리 가는 길이다.

주(註)

1. Diamond, M. (2002). 《매직트리》. (최인수 옮김). 서울: 한울림. (원저 1999년 출판). 이 장에서 다루는 내용의 많은 부분이 이 책에 근거하고 있다. 뇌 발달 단계별로 자세한 설명이 필요한 사람은 이 책을 참고하기 바란다.

2. 아이들이 얼마나 많은 능력을 가지고 태어나는지 전에는 잘 알려지지 않았다. 아이들이 어른들과 비슷한 능력을 가지고 태어났어도 우리 어른들이 그들이 하는 이야기를 잘 알아듣지 못했기 때문이다. 아이들의 눈높이에 맞추어 의사소통할 수 있는 능력을 어른들이 갖지 못했던 것이다. 사실 우리가 아동의 권리와 인격에 대해 많이 생각했던 것 같지만, 아이를 인격의 주체로서 인정하고 존중하기 시작한 역사는 일천하기 짝이 없다. 발달심리학자들은 지금까지 아이들의 천부적인 능력을 과소평가한 것은 그들이 끊임없이 보내는 메시지를 이해할 수 없었기 때문이라는 사실을 깨닫고, 소통의 방법을 찾아 매우 창의적인 노력을 시도하기 시작했다. 태교의 가능성을 알아보는 실험도 그중 하나다.

3. DeCasper, A. J. & Spence, M. J. (1986). "Prenatal Material Speech Influences Newborns' Perception of Speech Sounds." *Infant Behavior and Development, 9*, 133-150. 실험에 관한 동영상은 다음을 참조하기 바란다. Raulespert, (Producer), (2008, Sep 16), Memoria Aprendizaje y lenguaje en el bebe.
http://www.dailymotion.com/video/x6rszc_memoria-aprendizaje-y-lenguaje-en-e_school.
Smolucha, F. (1992). "A Reconstruction of Vygotsky's Theory of Creativity." *Creativity Research Journal, 5*, 49-67.

4. Diamond, M. (2002). 전게서. p. 64.

5. Bringuier, J. C. (1980). *Conversations with Jean Piaget.* Chicago: The University of Chicago Press.

6. Flavell, J. H. (1963). *The Developmental Psychology of Jean Piaget.* NY: Van

Nostrand Reinhold.

7   Smolucha, F.(1992). "A Reconstruction of Vygotsky's Theory of Creativity." *Creativity Research Journal*, 5, 49-67.

8   Gardner, H. (1982). *Developmental Psychology*. Boston : Little, Brown and Company. 그는 지금까지의 연구결과들을 개괄하여 다음과 같은 특징을 보이는 아동들이 커서도 예술적 창의성을 발휘할 가능성이 높을 수 있다고 기술한다. 첫째, 음이나 색 등 예술적 상징에 대한 강한 흥미를 가지고 있고, 둘째, 부모가 예술과 관련된 풍요로운 환경과 자극을 마련해주고, 셋째, 형제들에게 방해를 받는다거나 다른 이유로 자기 시간을 많이 갖지 못하는 아동들에 비해 혼자만의 시간을 가질 기회가 많고, 마지막으로 정서와 관련된 상징물(매일 음악을 듣는다거나 반려동물을 기르는 등)을 접촉할 기회가 많은 아동들이다.

9   필즈상 수상자의 나이만 가지고 수학을 위한 최적의 나이가 30대 초반이라고 결론내리는 것은 위험하다는 주장도 있다. 최근 들어 새로 만들어진 또 하나의 권위 있는 수학상이 아벨상인데, 아벨상 수상자들의 연령은 70대 후반이 훨씬 넘는다. 그러나 아벨상은 현재 왕성한 활동을 보이고 있다기보다는 '공로상'의 성격이 짙다. 물리학자 디락(Paul Dirac)이나 아인슈타인처럼 30대가 결정적인 시기라고까지 주장하지는 않아도 노벨상 수상자인 살람(Abdus Salam)이나 오펜하이머처럼 수학, 과학에서 젊음이 가지는 프리미엄을 인정하는 학자들이 많다.

10 비고츠키의 이러한 견해는 프랑스의 심리학자 리보(Theodule Ribot)의 영향을 많이 받았다고 할 수 있다.

11 이 그림과 관련된 리보의 원전을 구하기가 어려워 Smolucha(1992)의 논문에서 그대로 인용했다.

12 아이들의 혼잣말 그리고 상상놀이는 아동의 창의성 발달에 어떠한 영향을 줄까? 아동교육에 많은 기여를 한 몬테소리는 아동이 스스로 환상이나 상상의 세계를 즐긴다는 것을 잘 알고 있었지만, 환상동화나 다른 교구를 이용해서 이를 도와주는 것에 대해서는 탐탁하게 생각하지 않았다. 그녀는 아동들은 판단력이 충분하지 않아서 현실과 괴리가 있는 환상동화를 액면 그대로 믿게 된다고 지적했다. 그녀는 정신적으로 온전하지 못한 사람들만이 내면의 세계에 집착한다고 생각했기 때문에, 오히려 아동의 이러한 성향을 극복하고 현실세계를

날카롭고 명확하게 지각하도록 도와주어야 한다고 했다. 창의적인 예술가는 현실에 바탕을 둔 민감성을 그 기본으로 갖고 있어야 한다는 것이다. 아동교육의 대가마저 보통 어머니처럼 상상놀이를 즐기는 아이들을 걱정했던 것이다. 그러나 자폐아동 연구로 유명한 베텔하임은 아동이 동화를 들을 때 몬테소리가 주장하는 것만큼 수동적이지 않다고 지적한다. 흔히 아동에게 동화나 그림책을 읽어줄 때 아동이 특정 부분을 계속 반복하여 읽어달라고 주문할 때가 있다. 그의 관찰결과로는 그 대목이 바로 아동이 평상시에 궁금해하거나 문제라고 생각하고 있던 부분일 가능성이 높다는 것이다. 아동의 이런 태도는 단지 수동적인 청자의 입장만은 아니라는 것을 보여주는 사례라고 말한다. 논란의 여지는 있지만 베텔하임은 아동들은 직관적으로 '옛날 옛적에'로 시작되는 동화 도입부분을 통해 이 이야기가 현실세계의 이야기가 아니라는 것을 알 수 있다고까지 주장한다. 어쨌든 최근에 이르러 아동학자들은 환상놀이는 아동들이 발달적으로 당연히 거쳐야 하는 것으로, 환상을 즐기는 가상놀이가 환경에 대한 적응력을 높일 수 있다고도 본다. 가상놀이를 즐기는 아동들은 그렇지 않은 아동들보다 정서적으로 즐겁고, 새로운 상황에 직면했을 때 더 많은 융통성을 보인다는 것을 보여주는 연구결과들이 지속적으로 나오는 만큼, 부모님들은 너무 걱정을 하지 않으셔도 되겠다.

13 Rathunde, K. (2001). "Family Context and the Development of Undivided Interest : A Longitudinal Study of Family Support and Challenge and Adolescents, Quality of Experience." *Applied Developmental Science*, 5(3), 158-171.

14 나도 피아노 선생님만 아니었다면 지금도 음악을 계속하고 있었을 것 같다. 초등학교 졸업앨범을 꺼내보니 장래희망이 베토벤 같은 작곡가란다. 피아노도 하고 바이올린도 했던 꼬마 음악가였는데, 피아노 선생이 그 집에서 일을 도와주던 사람을 막 대하는 장면을 보고는 그날로 그만두었다. 왜 그랬는지는 모르지만 다 싫어졌다. 아마 열정이 그리 깊지는 못했던 모양이다.

What

 무엇?  어떻게?  누가?

5

당신의 창의성은 몇 점?

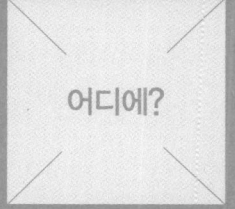

최근에는 '영재'를 IQ만으로 판단하지 않는다. 지능지수에 더해 많은 요소들을 고려하고 있으며, 그중에서도 '창의성'을 중시한다. 그러나 창의성이 중요하다고 인식하는 것에 비해 우리가 얼마나 창의적인지를 제대로 측정하는 수단은 많지 않은 실정이다. 지금까지 활용되고 있는 창의성 측정검사는 크게 3가지 종류로 나뉜다. 인지·지각검사, 창의적 성향 검사, 창의적 산물 검사가 그것이다. 5장에서는 이들 측정방법에 대해 살펴보고, 아울러 창의성을 판단할 수 있는 다른 방안에 대해 모색해보고자 한다.

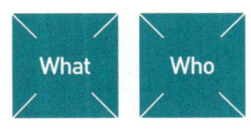

IQ로 창의성을 알 수 있을까?

대한민국 부모님들의 생각에 자신의 자녀는 다 영재다. 아니, 영재이어야만 한다. 그래서 영재교육을 받아야 하고, 나중에 에디슨, 빌 게이츠가 되어야 한다. 우리 주변의 모든 학원이 다 'OO 영재학원' 또는 '영재교육'이라는 이름을 달고 있다는 것이 생생한 증거다.

그러나 어쩌랴, 이러한 희망에는 논리적 오류가 있는 것을.

영재의 정의는 통계적으로 상대적인 개념이다. 누구나 다 영재가 될 수는 없다는 뜻이다. 지금까지 영재란 일정 집단에 속해 있는 아이들 중 상위 몇 퍼센트의 지능을 가지고 있는 아동을 지칭하는 말이었다. 따라서 그 집단에 있는 아이들의 IQ가 부모님의 열성적인 뒷바라지로 모두 50씩 업그레이드되었다 해도 모두 동반 상승했기 때문에 상대적 우열은 그대로 남게 된다.

그래도 대한민국 학생의 지능지수가 다 50씩 높아져 IQ 200이 되면 천재의 절대 수가 늘어나니 이 또한 좋은 것 아니냐고 항변하시는 부모님도 계실 듯하다. 그러나 여기에도 또 모순이 있다.

왜냐하면 지능지수 등식을 쉽게 표현하면 다음과 같기 대문이다.

$$IQ = \frac{그\ 아이의\ 정신연령}{또래의\ 정신연령} \times 100$$

즉 또래에 비해 그 아이의 정신연령이 상대적으로 높은가 아닌가가 바로 IQ라는 것이다. 열 살짜리 아이가 이미 20세의 정신연령을 가지고 있다면, '$\frac{20}{10} \times 100 = 200$'이라는 지능지수가 나오는 것이다. 그런데 또래 아이의 지능이 200이 되었고 자녀의 지능도 200이라면 분자와 분모가 같아져 다시 IQ 100이 되어버린다.

뭐가 뭔지 알쏭달쏭하다.

그냥 단순히 IQ만으로는 영재인지 아닌지를 판단하기 애매하다고 생각하면 되겠다.

물론 과거에는 지능지수가 높은 아이들을 영재라고 생각했다. 여기에는 높은 IQ는 성공의 보증수표라는 생각이 있었기 때문이다.

그러나 실제로 높은 IQ를 가지고 있는 아이들을 대규모로 표집하고 이들이 사망할 때까지 종단적으로 연구한 터먼(Lewis Terman)의 결과는 결코 그렇지 않다는 것을 보여준다. 창의적 성취를 이룬 사람은 IQ가 높다기보다는 정서조절 능력, 리더십, 창의성, 내적 동기 등이 높은 사람이었다. 단순히 IQ로 아이들의 성공을 예측하는 것은 그리 타당하지 않다는 소중한 자료를 제공해준 것이다.

이제 더 이상 자녀의 IQ 점수 하나에 일희일비할 일이 아니라는 점을 분명히 밝혀두고 싶다.

영재와 인재, 이들의 선결조건

그렇다면 최근에는 영재를 어떻게 정의하고 있는가? 지능지수만으로는 부족하다고 하니 다른 것들이 포함되기 시작한다. 대표적인 것이 바로 영재학자 렌줄리(Joseph Renzulli)가 말한 창의성과 동기, 이 두 가지다.[1]

우리나라는 1999년에 뒤늦게 창의적 영재의 양성을 목표로 '영재교육진흥법'을 통과시켰는데, 이 법에 따르면 다음 요소 중 어느 하나에 뛰어난 능력을 이미 발휘하거나 또는 발휘할 잠재력을 가지고 있으면 영재라 규정한다. 그 요소들은 지능, 창의성, 특수 학문 적성, 예술적 재능, 신체적 재능, 기타 특별한 재능이다.

눈여겨볼 것은 외국과 우리나라 모두 영재의 정의에 '창의성'을 포함한다는 것이다. 즉 영재를 선발하기 위해서는 그 아이가 창의성이 있는지 아닌지를 파악하는 것이 선결과제로 인식되고 있다. 다만 문제는 타당하고 신뢰할 만한 창의성 측정도구가 많지 않다는 것. 우리나라뿐 아니라 만국 공통의 고민거리다. 오늘도 영재교육에 관심을 가지는 모든 나라에서는 제대로 창의성을 측정하고자 노력을 경주하고 있다.

나아가 창의성의 측정은 교육분야만의 과제가 아니다. 글로벌시대의 무한경쟁에서 살아남기 위해 기업에서도 창의적인 인재를 선발하는 데 혈안이 된 지 오래다. 인적자원의 중요성은 이미 많은 경제학자들에 의해 주장되었지만, 지금처럼 치열했던 적은 일찍이 없었던 것 같다.

자, 지금부터 교육 및 산업에 이르기까지 초미의 관심사가 되어 있는 창의성 측정이 현재 어느 수준까지 왔는지 알아보기로 하자. 관심을 가지고 읽다 보면 나만의 창의성을 어떻게 더 잘 드러낼 수 있는가를 덤으로 얻을 수도 있으리라.

어떤 창의성 검사들이 있나?

현재까지 창의성을 측정하는 검사는 3가지 종류로 나뉜다.

첫 번째, 머리에서 창의적 사고가 잘 이루어지고 있는가, 주어진 시간 안에 문제해결을 잘하는가를 살펴보기 위한 검사가 있다. 흔히 창의적인 인지능력이나 지각능력을 측정한다고 해서 '인지·지각검사'

라 칭하기도 한다. 대표적인 검사는 한번쯤 들어보았을 법한 토렌스 창의성 검사(TTCT)다.[2] 세계에서 가장 많이 사용되는 10대 검사에 들어가니 얼마나 많은 사람들이 사용하는지 알 만하다. 비교적 최근에 독일에서 개발된 창의적 사고 그림검사(TCT-DP)도 있다.[3]

두 번째, 창의적인 특성을 얼마나 가지고 있는지를 물어보는 성향검사다. 여기서 창의적 특성이란 지적인 특성이라기보다는 정의적 특성, 즉 태도, 동기, 성격특성 등을 가리킨다고 생각하면 된다. 제한된 시간에 푸는 것이 아니라 평상시에 이런 특성을 얼마나 가지고 있는가를 물어보는 것이 특징이다. 누구나 한번쯤 받아보았을 성격 테스트나 적성검사 같은 것이라고 생각하면 이해가 쉬울 것이다. '새로운 활동이나 경험에 대해 관심이 많다', '잘 모르는 방법보다 확실한 방법을 좋아한다'와 같은 문항에 답하는 형식이다.

세 번째, 사고능력이나 성격을 묻는 대신 그냥 관련 분야의 물건 또는 작품을 창의적으로 만들어보라고 한 후 평가하는 방법이다. 무언가 만든다고 해서 '산물검사'라고도 하며, 그 결과물을 직접 보고 정해진 준거에 따라 평가한다.[4] 시간과 비용이 든다는 단점이 있다.

지금부터 이 3가지 검사에 대해서 좀 자세하게 알아보자.

인지·지각검사

어딘가에서 오른쪽과 유사한 그림을 본 적 있을 것이다. 인지·지각검사의 한 형태로, 이 그림은 창의성 측정을 전공한 성균관대학교 아동학과 대학원 학생들이 기존의 검사를 토대로 해서 만들어본 모

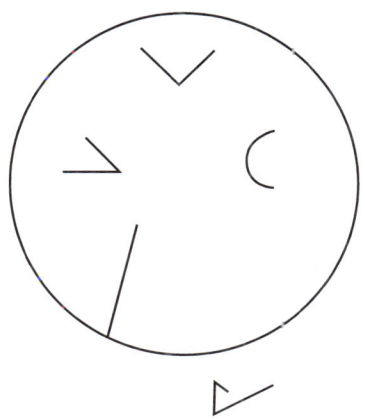

■ 그림 인지·지각검사의 예

형이다.[5]

  이러한 그림검사가 주로 측정하고자 하는 것은 '확산적(발산적) 사고'다. 확산적 사고는 길포드(Joy Paul Guilford)라는 심리학자가 창의성과 매우 관련이 있을 것이라고 여긴 사고유형으로, 정해진 답을 맞히는 것이 아니라 열린 사고, 즉 한 가지 문제에 대해 여러 가지 다양한 가능성을 생각해보는 사고를 말한다. 생각이 꼬리에 꼬리를 물고 점점 확산된다고 생각하면 될까. 한때 한국에서 이 확산적 사고가 창의성과 동의어처럼 받아들여졌으나, 창의성을 이루는 여러 가지 요소 중 하나로 이해하는 것이 맞다. 물론 그렇다고 해서 중요하지 않다는 뜻은 아니다.

  확산적 사고가 창의성과 관련이 있으려면 다음 조건을 만족시켜야 한다. 한번 살펴보자.

첫째, 짧은 시간 동안에 많은 아이디어가 나온 것이 적게 나온 것보다 좋다.

둘째, 같은 양의 아이디어라도 다양한 관점에서 생각한 것이 좋다. 예를 들어 다 먹은 우유팩으로 무엇을 만들 수 있는지 물었을 때 장난감 블록, 화분, 제기차기라고 대답한 경우와 축구공, 야구공, 테니스공이라고 말한 경우, 어떤 것이 더 다양한 관점인가라는 것이다.

셋째, 달랑 아이디어만 있는 것이 아니라 상당히 구체적인 실행계획까지 포함하는 경우, 또는 같은 그림을 그려도 막대기 하나를 그리고 나무라고 하는 것보다는 나무의 옹이도 정교하게 표현하는 편이 더 좋다.

넷째, 다른 사람이 생각하지 않은 아이디어를 내는 것이 좋다.

이 4가지 조건에 맞으면 창의적 결과를 낳을 가능성이 높다는 것에 수긍이 가는가?

학자들은 이것을 각각 유창성, 융통성, 정교성, 독창성이라 부른다. 길포드의 이론을 계승한 토렌스는 이 조건들을 재는 검사를 만들었으니, 그것이 앞서 소개한 TTCT다. 물론 이 검사는 확산적 사고 외에도 연합능력, 규범으로부터의 이탈, 상상력, 정서표현력 등도 함께 측정한다.

머리가 복잡해진다고 생각하고 졸기 시작하는 몇 분을 위해 사례를 들어보겠다.

▪ **그림** 엄친아(왼쪽)와 우리 집 아이(오른쪽)가 그린 검사의 예

왼쪽은 내가 좋아하는 꼬마 가민이의 그림이다. 이 검사를 받을 당시 만 5세였던 가민이는 4분 50초 동안 위와 같은 그림을 그렸다.

당연히 가민이의 그림은 높은 창의성 점수를 얻었다. 대다수 유아들의 그림은 오른쪽 그림과 같이 부분 도형을 메우거나 단순한 덧칠을 하는 수준에 불과한데, 가민이의 것은 확실히 달랐다.

가민이는 과감하게 동그라미 바깥의 여백을 활용했을 뿐 아니라, 머리핀 위에 있는 P자 모양의 자극을 대칭으로 받쳐주는 닮은 꼴 모양도 만들어 넣는 등 그림을 정교화했다. 아울러 여러 가지 부분 도형들이 서로서로 연결되어 있는 것을 알 수 있다.

여기서 채점방식을 세세히 설명하는 것은 번거로울뿐더러 또 전문가들만의 기밀(?)이므로 생략하겠지만, 그렇더라도 '엄친아'와 우리 집 아이가 그린 그림을 비교해보면 어떤 점에서 점수를 더 받았는지 찾기란 그리 어렵지 않을 듯하다. 두 그림의 차이점을 가려내는 숨은 그림 찾기를 한다고 생각하라. 찾아낸 숨은 그림들은 나중에 본인이 검사를 받을 때 활용하면 된다. 채용되기를 원하는가? 그렇다면 입사시험에서는 가급적 오른쪽 그림은 흉내 내지 않는 편이 좋겠다. 실제로 대학생을 대상으로 검사해보면 오른쪽과 같은 그림이 심심치 않게 발견되어 놀라곤 한다.

간혹 이런 불만도 나온다.

"이 검사는 그림을 그려야 하니까 그림솜씨가 없는 우리 아이는 점수가 나쁠 수밖에 없잖아요!"

그도 그럴 듯하다. 그러나 검사개발로 먹고사는 사람들이 이 점을 간과했을 리 만무하다.

아래의 상혁이 작품은 그림으로는 별로 신통치 않다. 아마 상혁이는 미술 실력은 썩 뛰어나지 않은 듯하다. 그러나 무엇을 그렸는지 써달라고 했더니, 이 친구가 검사지에 남긴 설명이 걸작이다.

■ 그림 상혁이의 검사 예

"제목 : 뱀이랑 사과.

뱀이 사과를 먹으려그 했는데 나무에 못 올라가자 화가 나서 땅속으로 들어가서 독을 뿜었어요."

와~ 이 놀라움이란! 설경을 읽는 순간 탄성이 저절로 흘러나왔다. 당시 상혁이는 만 5세에 불과했다. 당신이라면 상혁이에게 몇 점을 줄 것인가? 그림 실력이 떨어진다고 감점을 하겠는가?

이 책에서는 어린이의 사례만 들었지만, 이 검사는 유아부터 노인에 이르기까지 두루 해볼 수 있다. 이와 유사한 검사가 현재 영재교육기관부터 신입사원 선발에 이르기까지 폭넓게 활용되고 있는데, 원리는 앞서 설명한 것과 동일하다고 생각하면 된다.

다음 그림은 동일한 검사를 대학생들을 대상으로 실시한 예다. 유아들의 것과 어떤 점이 다른가? 당신이 보기에 어떤 작품이 점수가 높은가?

a. 물 준 후의 꽃의 모습   b. 병아리   c. 유혹의 윙크   d. 그기

그림 대학생들의 검사 예

다른 인지검사 유형

인지능력을 측정하는 다음과 같은 검사도 있다.

창의성을 소개하는 책에는 무조건 나오는 '9개의 점 잇기' 문제다.[6] 연필을 종이에서 떼지 않은 채 연속적으로 4개의 직선을 그어 9개의 모든 점을 통과할 수 있도록 해야 한다. 자, 구경만 할 것이 아니라 펜을 들고 직접 해보시라.[7]

이런 유형의 검사는 얼마나 통찰력이 있는지 그리고 자극을 어떻게 재구성하는지와 같은 인지능력을 측정한다.

아마 쉽게 정답을 만들어내기는 어려울 것이다. 그 이유를 되새겨 보면 과거 경험과 지식에 스스로가 얼마나 고착되어 있는지를 새삼 느끼게 된다. 나는 어떤 고착에 사로잡혀 있는지, 한번 각자 답을 찾아보는 것도 이 검사의 중요한 의의 중 하나다.

알쏭달쏭 퀴즈나 퍼즐 같은 문제들도 있다. 다음 퀴즈와 같은 것들이다.

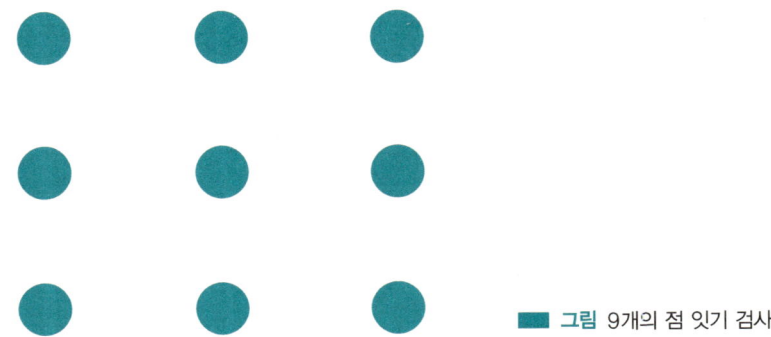

■ 그림 9개의 점 잇기 검사

'3명의 선교사와 3명의 식인종이 보트를 타고 강을 건너야 한다. 보트는 두 명까지 탈 수 있다. 그리고 각 강가에 선교사보다 식인종이 많으면 선교사는 잡아먹히게 된다. 어떻게 하면 모두 무사히 강을 건널 수 있을까?'[8]

이러한 퀴즈나 퍼즐을 맞닥뜨린다면 '아, 이것은 창의성과 관련된 인지능력 중 문제해결력을 물어보는 것이구나'라고 생각하고 풀면 된다.

9개 점 잇기나 이런 퍼즐들은 창의성을 측정할 때뿐 아니라 지능검사에서도 종종 나온다. 지능과 창의성의 교집합에 해당하는 능력을 재는 문제이기 때문이다. 두 문제에 대한 정답은 이 장 마지막의 주(註)에 나와 있다.

확산적 사고검사라고도 불리는 인지·지각검사는 대규고 검사가 가능할 뿐 아니라 해석기준이 나름 명확하고, 객관적인 수치화가 잘되어 있다는 장점이 있다. 그러나 검사받는 사람이 채점요령을 미리 알게 될 경우 점수가 부풀려지는 단점이 있다. 무엇보다도 이 검사의 높은 점수가 실제 상황에서의 창의적 성취를 의미한다고 예단해서는 곤란하다.

창의적 성향 검사

지금까지 설명한 그림 검사는 주로 머릿속에서 이루어지는 창의적 사고과정을 측정하는 데 주안점을 둔다. 그러나 창의성에는 이러한 인지적 요소 이외에 인성이나 태도, 흥미 등의 성격 관련 요소들도 당연히 포함돼 있다. 이를 측정하는 것이 성향검사다. 쉽게 설명하자면 창의적인 사람들의 공통적인 성격적 특성을 추출한 다음, 이러한 특성들을 검사받는 사람이 얼마나 가지고 있는지 알아보는 것이다.

그렇다면 과연 '공통적인' 창의적 특성은 어떻게 알 수 있을까? 가장 좋은 방법은 창의적인 사람에게 직접 물어보는 것이다. '성취를 이루는 데 도움이 된 당신의 성격특성은 무엇이라고 생각하는지', '당신의 분야를 시작하고자 하는 젊은이들에게 필요한 성향은 무엇인가' 등의 질문을 생각할 수 있다.

짐작하겠지만, 이 방법은 쉽지 않다. 인터뷰 허락을 받아내는 과정부터 고난의 연속이다. 실제로 한 노벨상 수상자는 인터뷰 요청에 대해 다음과 같이 공손한 거절의 편지를 보내오기도 했다. "내가 그나마 이만큼의 창의적인 결과라도 낼 수 있었던 것은 이번과 같은 인터뷰들을 거절하고 연구에 매진했기 때문이었으니 양해 부탁드립니다." 머쓱했다.

더구나 그 대상이 다 빈치처럼 이미 오래전에 사망한 경우는 아예 불가능하다. 그래서 학자들은 인터뷰 외에 창의적 위인의 전기나 자서전 그리고 신변잡기에 관한 자료들을 집중적으로 조사해 특성을 찾아낸다. 하버드 대학의 하워드 가드너 교수도 간디, 스트라빈스키, 엘리엇, 아인슈타인, 프로이트 등의 성격특성을 찾기 위해 박물관, 생가, 전기자료 등을 오랜 시간 발품을 팔아가며 조사했다.

아쉽게도 지금까지 우리나라에서 활용하고 있는 성향검사는 주로 외국에서 발굴한 성격목록을 들여오는 수준이다. 물론 독창성, 개방성과 같은 성향은 지구뿐 아니라 우주에서도 창의적인 생명체의 특성으로 통용되기에 무리가 없다. 그러나 외국의 성향검사를 번역해서 사용하려고 하면 어쩔 수 없이 미묘한 문화적 차이를 발견할 수밖에 없어 난감할 때가 한두 번이 아니다.

예를 들면 이렇다. 창의성 발달을 촉진하는 가정환경을 물어보는 미국 설문지에는 '아버지가 포옹(신체적 접촉)을 많이 해주신다', '초등학교 시절 연극활동에 적극적으로 참여했다'와 같은 문항들이 있다. 최근 들어 아버지의 양육참여가 많이 늘어나기는 했지만, 신체적 접촉은 아직까지 어머니에 비해 낯선 것이 우리네 현실이다. 또 미국은 재량활동으로 연극이나 음악활동 시간을 많이 배정하지만, 우리나라의 경우에는 미국에 비해서 흔하지 않다. 외국의 문항들을 번역해 우리나라에 그대로 사용하게 될 때는 항상 이런 문제점을 유념해야 한다.

가장 좋은 것은 역시 '신토불이'다. 우리나라의 창의적 위인들을 대상으로 우리나라에서 필요한 특성들을 지속적으로 추출해 측정도구를 개발하는 것이다. 그렇게 된다면 외국에서 오랫동안 축적되어온 결과와 비교분석해 어떤 것이 문화보편적이고, 어떤 것이 문화특수적인지 파악하는 데도 매우 유용할 것이다.

그러나 아쉽게도 아직은 이런 연구들이 많지 않다.

총점보다 하위요소별 결과가 더 중요하다

IQ가 두 자리네, 세 자리네 하며 친구들끼리 농담했던 기억이 있을 것이다. 다행히 고등학교 때 생활기록부를 살펴보니 세 자리였다.

그 시절 우리는 지능지수가 '하나의 숫자'로 표시된다고 알고 있었다. 그러나 최근 들어 지능은 하나가 아니라 여러 개일 수 있다는 이론들이 등장한다. 그중 하나가 다중지능이론으로, 우리의 두뇌가 담당하는 부위에 따라 해당되는 지능이 여러 가지가 있다는 것이 주요 골자다. 이를테면 김연아는 운동지능, 이세돌은 공간 및 논리지능, 법정스님은 자기성찰 지능 등이 뛰어나다고 할 수 있다는 것이다.

다중지능이론을 주장한 가드너 교수는 최근까지 모두 8개의 지능이 있다고 밝혔다. 처음부터 8개였던 것은 아니었으나 계속 숫자가 늘어나 8개(최근에는 '실존지능'이라는 실험적인 지능도 언급되고 있기는 하지만)가 되어버렸다. 가드너 교수와 차를 마시면서 농담조로 몇 개까지 늘어날 예정이냐고 물은 적이 있었는데, 그가 손사래를 치며 더 이상 늘어나지 않을 테니 걱정하지 않아도 된다고 하여 서로 웃은 적이 있다.[9] 어쨌든 다중지능이론이 주장하는 핵심은 한 사람이 8개의 지능 중 하나만을 가지고 있는 것이 아니라는 사실이다. 다 빈치처럼 모든 면에서 다 뛰어난 팔방미인이 되기는 어려울 터이니, 일반인은 각각의 지능마다 평균보다 높기도 하고 낮기도 한 꺾은선 그래프 모양의 프로파일이 나올 것이다. 이렇게 제시하는 것이 90이니 150이니 하는 숫자 하나만 통보하는 것보다 그 사람의 능력에 대해 더 유용한 정보를 제공해줄 수 있다는 것이다.

창의성 성향 검사도 마찬가지다. 창의성을 합산점수로 말하는 것보다는 창의성을 구성하는 각각의 특성들이 또래와 비교해서 어떤가를 꺾은선 그래프의 형태로 제시하는 것이 낫지 않을까.

아래의 그림은 내가 초등학생의 창의성을 측정하기 위해 대구대학교 이종구 선생과 함께 개발한 성향검사 결과다.[10] '철저함, 개방성, 독립성'과 같은 하위요소가 또래 평균과 비교해서 각각 얼마나 높거나 낮은지를 보여준다.

100명의 창의성을 조사해서 높은 점수 순으로 줄을 세웠을 때 앞에서 다섯 번째에 위치해 있으면 상위 5% 안에 들었다고 말한다. 일일이 계산하기 어려우므로 세로축의 50점 부근이 50%, 즉 평균이 되도록 미리 만들어놓았다. 따라서 이 띠를 기준으로 또래 친구들보다 얼마나 독립적인지, 개방적인지를 알 수 있다. 이 아이는 개방성, 독

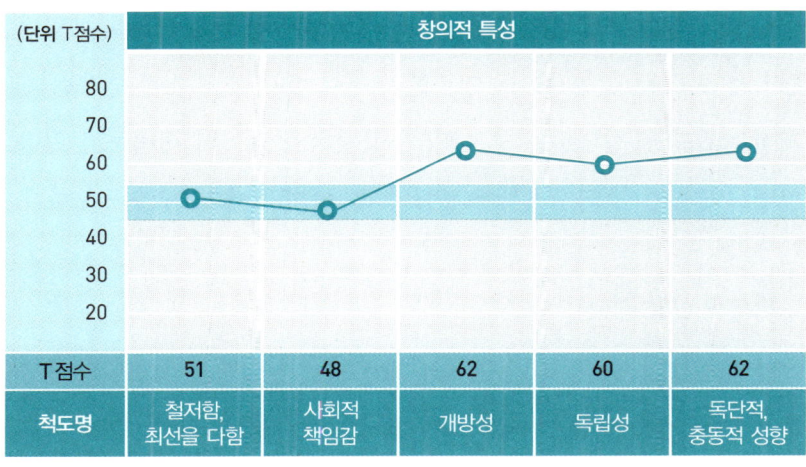

■ 그림 창의적 성향 검사의 예

립성, 독단적 성향이 또래보다 높지만, 철저함과 사회적 책임감은 다른 또래와 비슷하다는 것을 알 수 있다.

종합적으로 볼 때, 창의적 성향 검사는 집단검사가 가능하며 채점 및 결과분석도 컴퓨터를 통해 단시간에 얻을 수 있다는 것이 가장 큰 장점이다.

그러나 검사를 받는 사람이 자신의 실제 모습보다 더 이상적으로 가장하는지 여부를 파악하기 어렵다는 점이 아쉽다. 아예 대놓고 '잘 보이고 싶은 경향성(social desirability)'이란 학술적 용어가 있을 정도니 말이다. 예를 들어 모 그룹의 신입사원 채용시험에 창의성을 물어보는 성향검사를 할 때 용준이가 '당신은 얼마나 독립적입니까, 1점(전혀 아니다)에서 5점(매우 그렇다) 사이에 표시해주세요'라는 질문에 사심 없이 얼마나 '독립적'으로 답할 수 있을까?

반복적으로 훈련하면 거짓말탐지기도 속일 수 있다고 한다. 성격검사도 내용을 숙지하면 거짓으로 자신의 모습을 변형시킬 수 있다. 검사를 만드는 전문가들도 이러한 사실을 인지하고 거짓 반응을 탐지하는 문항을 삽입하는 등 다양한 장치를 만들어서 대비하고 있다. 그렇지만 이는 쥐와 고양이의 싸움처럼 쉽게 끝나지는 않을 듯하다.

창의적 산물 검사

앞에 설명한 두 가지 검사는 개인이 지닌 창의성을 그림이나 설문지를 통해 진단한다. 그러나 최근 들어 답답하게 돌아가지 말고 직접적으로 창의적 산물을 만들라고 한 다음 평가하면 되지 않느냐고 목소리를 높이는 분들이 있다. 작곡능력을 보고 싶으면 작곡을 해보라고 하고, 재즈 연주실력을 알고 싶으면 즉흥연주를 해보라고 하며, 그림실력을 알고 싶으면 그려보라면 된다. 그 이상 무엇이 필요하느냐는 말이다. 논리는 시원하다.

아래의 그림은 S전자가 후원했던 창의성올림피아드 팀 과제의 실제 결과물이다. 팀 과제는 '한국, 일본, 중국 3개국이 공동으로 기상위성을 만들어 발사하려 한다. 이 위성에 붙일 로고를 디자인하라'는 것이었다. 상상력 그리고 이를 구현하는 디자인 능력 등 창의성과 관련된 능력을 직접 보자는 것이다.

이 팀은 예선을 통과했을까? 당신이 심사위원이 되어 평가해보자. 어떤가, 판단하기 쉬운가?

韓 · 中 · 日
3국 공동 기상위성 심볼마크

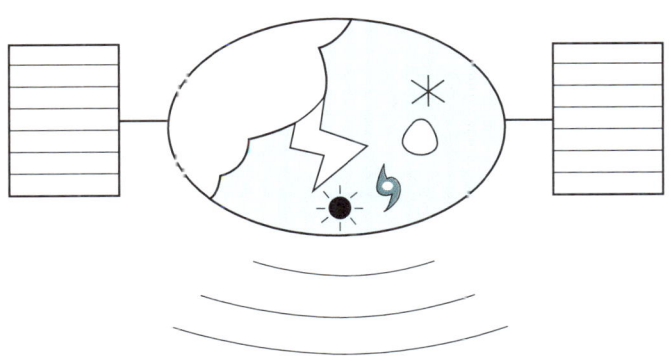

■ 그림 창의적 산물 검사의 예

이 검사의 평가는 누가 할 수 있을까? 가장 좋은 방법이야 각 분야의 전문가들을 초빙해서 물어보는 것이겠다. 그러나 일일이 전문가에게 물어보기도 쉽지 않은 일. 그래서 연구자들은 비교를 해보았다

산물검사의 평가자 문제와 관련되어 최근에 가장 연구를 많이 한 사람은 캘리포니아 대학의 카우프만(James Kaufman) 교수일 것이다. 그의 연구결과는 두 가지로 요약된다. 첫째, 산물평가를 위해서는 그 분야에 대해 어느 정도 전문성을 가지고 있어야 한다. 문학작품의 경우 그가 인정했던 전문가 집단은 전문작가, 창의성을 연구하는 학자, 중학교 글쓰기 지도교사, 문학분야에서 영재성을 보이는 고등학생 등이었고, 일반 대학생들은 평가의 일관성이 상당히 떨어진다는 것을 발견했다.

둘째, 평가받는 산물이 무엇이냐에 따라서 전문성이 필요한 것도 있고 아닌 것도 있다는 것이다. 예를 들어 같은 문학작품이라도 시와 소설에 대한 평가자들의 심사결과는 사뭇 다르다는 것을 발견했다. 시의 경우는 전문성을 가지고 있는 집단끼리도 평가결과가 서로 달랐으나, 소설의 경우에는 전문가 집단끼리는 물론 아마추어 평가자와도 어느 정도 비슷한 평가를 내렸다는 것이다.

이 분야에서 가장 많이 사용하고 있는 평가기준은 창의적 산물 평가척도(CPSS)[11], 합의적 사정기법(CAT)[12]인데 두 기준이 크게 다르지는 않다. 간략히 말해 얼마나 독창적인가, 유효적절한가, 정교한가 등 3가지 기준으로 구성되며, 이 기준에 따라 산물을 평가한 다음 합산해서 결과를 산출하는 방식이다.

그런데 말로는 간단하지만, 실제로는 각 범주에 많은 하위문항들이 들어가서 시간도 걸리고 여간 골치 아픈 게 아니다. 그래서 이 척도를 개발한 베세머(Susan Besemer) 교수에게 개인적으로 물어보았다. 좀 간단하게 할 수 없느냐고 말이다. 베세머 교수는 연구 목적으로 쓸 것이 아니면 3가지의 큰 기준으로만 평가해도 무방하며, 심지어 척 봐서 창의적이라고 필(?)이 올 때는 그 평가가 모든 하위점수를 합쳐서 평가한 실제 결과와 크게 다르지 않으니 참고하라고 말해주었다.[13] 내 경험을 떠올려보아도, 이는 정말 맞는 말이다.

창의적 산물 검사는 마치 신입사원의 성격이 궁금하면 문항을 이용해 검사하지 말고 직접 겪어보고 느껴보라는 말과 크게 다르지 않다. 이 말은 곧 시간과 비용에 대한 부담이 크다는 뜻이기도 하다. 따라서 산물검사는 인지검사나 성향검사를 통해 집단검사를 실시한 후, 정밀검사가 요구되는 특정인들에게 적용하면 좋다.

테스트 말고 다른 방법은 없을까?

지금까지 살펴본 측정도구들은 개인의 창의적 능력을 한 번에 측정하는 것으로, 영재판별이나 채용 그리고 창의성 프로그램이 과연 효과가 있었는지 검증하는 목적으로 많이 활용되고 있다.

그러나 이러한 양적인 방법 외에 질적인 방법을 선호하는 학자들도 있다. 이를테면 어렸을 때 소질을 보였던 재능영역이나, 유독 흥미를 느꼈던 것들, 부모의 양육방식과 같은 정보가 담긴 그 사람의 전기적 자료를 분석하는 것이 있다. 이는 부모나 교사를 통해서 도움을 받을 수 있다.

아예 렌줄리 박사는 창의적 잠재력을 평가할 수 있는 어렸을 때의 특성목록을 만들었다.[14] 예를 들면 특정 주제나 공부에 얼마나 빠져 들었는지, 끈기 있게 문제를 탐구했는지, 또래에게 '수학천재', '컴퓨터 박사'와 같은 호칭을 들었는지, 특별활동을 즐겼는지, 동아리나 프로젝트를 주도했는지 등의 항목들이다.

전기적 자료를 분석할 때 결정적 지표가 되는 것은 다름 아닌 '부모'다. 영재교육의 대가 블룸이 지적했듯이, 아이의 영재성과 창의성이 꽃피기 위해서는 부모의 헌신적인 노력이 뒷받침되어야 한다. 멀리서 찾을 것도 없다. 첼로 교육을 위해 눈 딱 감고 온 가족이 미국으로 이사한 장한나 가족, 모든 에너지를 김연아에게 쏟아 부은 엄마, 뒷바라지가 전업이 된 송유근의 부모 등 사례는 얼마든지 있다. 부모의 양육태도에 따라 자녀의 창의성이 달라진다고 하니, 부모의 역할이 새삼 크고 무겁게 다가온다.

입학사정관제도로
창의적 인재를 선발하려면

몇 년 전 대학입시에 큰 변화가 생겼다. 입학사정관제도가 그것이다. 2008년에 시범 시행한 이후, 이를 점진적으로 확대하고자 하는 정부의 의지는 확실하다.

　가능성과 잠재력을 보고 학생을 선발하겠다는 입학사정관제도의 취지와 목적 자체에 반대하는 사람은 없다. 그러나 어떤 기준을 가지고 어떻게 뽑아야 하는가에 대해서는 아직도 많은 논의와 합의가 필요하다. 이에 대한 논의를 풍부히 하기 위해 입학사정관제를 시행하는 다른 나라의 사례를 살펴보는 것도 유익할 듯하다. 여기에서는 100여 년의 시행착오 끝에 입학사정관제도가 정착된 미국에서 어떤 기준으로 학생을 뽑는가를 살펴보자.

　MIT 입학사정관제의 선발기준은 창의성, 열정, 독립성, 의사소통력, 적응유연성, 인성, 리더십이다.[15] '이것 어디서 본 말들 같은데?'라는 생각이 드는 독자라면 이 책을 매우 꼼꼼하게 읽은 것이다. MIT의 기준은 이 장의 맨 앞에서 인용했던 터먼의 영재아동 장기연구에서 얻어진 자료와 일치한다. 창의적 성취를 설명하는 데 단순한 지능보다 더 유용하다는 요인들 말이다.

　이 말은 무슨 뜻일까? 미국의 입학사정관제도는 학력, 지력에 의한 줄 세우기가 학생의 창의적 잠재력을 나타내주지 못한다는 사실을 간파하고 있다는 의미다. 그래서 그들은 재능과 영재성 발달에 관한 연구결과 및 축적된 자기들만의 데이터베이스를 총동원해 학생을 선발한다. 심지어 지원자 본인뿐 아니라 가족과 관련된 전기적 자료도 상세하게 살피는데, 이것도 앞서 설명한 질적 자료의 중요성을 인정하는 증거라 할 수 있다.

현재 카이스트 영재교육센터에서 진행하고 있는 과학고 및 영재고 입학사정관 전문연수교육에서는 전국에서 모인 신임 입학사정관들이 열심히 전문지식을 축적하고 있다. 강사들도 영재교육, 창의성, 심리측정, 학습동기, 교육평가에 관한 최고 전문가들로 포진되어 입학사정관제에 대한 관심이 단순한 일회성이 아님을 보여주고 있다.

이들 교사들이 고민하는 것은 매우 현실적인 문제들이다. 즉 다면평가가 필요하다고는 하나 구체적으로 어떤 요소를 어떻게 측정해야 하는지에 대한 가이드라인이 미흡하다는 것이다. 예컨대 '창의적 능력, 정의, 동기를 중점적으로 평가하라'와 같은 막연한 지침이 아니라, 각각에 대한 객관적이고 구체적인 평가기준과 측정방법이 제시되어야 현장에서 활용할 수 있다는 것이다.

한편 이러한 평가기준을 어디까지 일반에게 공개해야 할 것인가의 문제도 있다. 우리나라 입시전형이 워낙 민감한 사안이기에 누구나 납득할 만한 합리적이고도 전문성이 담보된 기준이 있어야 하고, 지원자들에게 투명하게 공개되어야 한다. 선발기준에 대한 타당성, 객관성이 뒷받침되어야 학부모와 수험생도 그 결과에 수긍할 수 있기 때문이다.

아울러 입학사정관의 지위, 권한을 제도적으로 보장하는 방안도 필요하다. 아무리 소신을 가지고 선발했다 할지라도 학부모의 과도한 자식사랑에 시달릴 것은 불을 보듯 뻔하다. 이런 부작용을 막아줄 장치가 없다면, 사정관이라는 중책을 누가 맡으려 하겠는가.

창의성을 측정하는
궁극의 질문

몇 해 전 코엑스에서 창의성 교육 사업을 설명하는 행사가 열려 수많은 어머니들이 모였다. 창의성을 길러주는 교육설명회라고 대문짝만 하게 광고했지만 실상 어머니들의 관심사는 단 하나, 마지막에 깨알 같은 글씨로 써놓은 "자녀들의 창의성을 측정해드립니다."에 있었다. 소비자가 모른 채 슬쩍 넘어가주기 바랐던 한 줄이 그냥 들켜버린 것이다. 행사가 끝난 후 주최측은 몇 날 몇 밤을 창의성 검사결과를 통보하는 데 쏟아야 했다는 후문이다. 영재교육, 창의성 교육, 입학사정관제도 등이 줄줄이 이어지는 상황에서 어느 부모가 자녀의 창의성, 영재성에 관심을 가지지 않겠는가.

그러나….

어떤 사람의 창의성을 측정한다는 것은 결코 쉬운 일이 아니다.

별로 어려울 것 같지 않은 몸무게 측정은 쉬운가? 다이어트하는 여성들은 하루에도 몇 번씩 체중계에 올라간다. 제대로 측정이 가능하다면 한 번만 올라가면 되지, 몇 시간 지났다고 체중계에 또다시 몸을 실을 필요가 있을까. 그러나 그들은 믿는다, 체중은 하루에도 몇 번씩 변한다고, 한 끼 굶었으니 분명 체중이 줄었을 거라고.

눈에 보이는 체중이 이렇게 변덕스럽다면, 하물며 눈에 보이지 않는 창의성이야 어떻겠는가 말이다.

그러나 어렵다고 포기할 수는 없는 법. 어떻게든 머리를 짜내어 측정은 해야 하지 않겠는가? 이러한 도전과제에 대한 응답이 앞에서 설명한 측정방법들이다. 보기에 별것 아닌 것 같다고 실망할 수도 있겠지만, 콜럼버스의 달걀처럼 불가능해 보이는 과제에 맞서 개발과정과 평가기준을 마련하기 위해 애쓴 노력은 인정해주어야 한다.

그렇다면 도대체 창의성 검사는 한 개인의 창의성을 몇 퍼센트나 예측할 수 있을까? A그룹이 창의성 검사점수만을 가지고 신입사원을 뽑았다고 가정하자. 선발한 직원들이 10년 동안 얼마나 창의적 성취를 이루었는가를 조사한 다음, 그 성취결과를 검사점수와 비교해 보았다. 그 결과 검사점수가 실제 창의적 성취의 36%를 설명했다는 사실을 발견했다. 여기서 두 가지 질문을 해보자.

첫째, 36%나 예측한 것인가, 아니면 36%밖에 못한 것인가?

둘째, 그렇다면 이 검사도구를 계속 사용하는 것이 좋을까?

쉽게 답하기 어려운 질문이다. 그렇다면 질문을 조금 바꾸어 생각해보자.

당신이 반드시 찾아야 하는 사람이 있다고 하자. 아무 정보도 없이 그냥 헤매며 찾는 것과, 그 사람이 자주 가는 곳 100군데 중 36곳을 알고 있다는 사람에게 돈을 내더라도 물어보고 찾는 것 중 어느 쪽이 합리적인가?

전문적으로 표현하면, 36%를 알고 있다는 것은 창의성 검사도구의 예언타당도가 0.6이라는 말이다. 실제 업무현장에서 이 정도면 괜

찮은 정도가 아니라 꽤 양호한 점괘라 인정받을 수 있다.

A그룹이 검사개발과 실시에 들인 비용은 보상받고도 남은 셈이다.

그렇다면 창의성 및 영재성을 측정하기 위한 검사들이 앞으로 어떻게 발전해야 할까? 학자로서 나의 소견을 적어보면 다음과 같다.

첫째, 재미있는 검사가 되어야 한다.

창의성 검사가 수능검사처럼 되어서는 곤란하다. 실제로 대학생들을 대상으로 창의성 검사를 실시해보면 마치 수능시험의 분위기가 그대로 재현되는 느낌이다. 심지어 그림검사에서 옆 사람을 슬쩍슬쩍 곁눈질하는 학생들도 있다. 성적에 반영되는 것도 아닌데 왜 그러냐고 물어보면 '습관이 돼서'라며 겸연쩍게 웃는다. 창의성이야말로 자유분방한 분위기에서 꽃피는 것인데, 창의성을 측정하는 검사가 수능 같은 분위기라면 제대로 그 능력이 평가되기 어렵다.

'놀면서 하는 검사'도 생각해볼 만하다. 지금의 기술수준을 고려할 때 컴퓨터와 멀티미디어를 활용하면 이러한 검사가 가능할 것 같다. 개발되면 대박이다.

둘째, 문화적 요인을 고려해야 한다.

창의성에는 사회 및 문화의 영향이 들어간다. 외국 사람들을 대상으로 한 검사에서 얻어진 통계수치를 참조하되, 우리나라 사람들을 대상으로 반드시 다시 점검하고 계산하는 과정을 거쳐야 한다. 설혹

도형을 이용한 검사처럼 문화적인 영향을 덜 받는 것이라고 해도 그 래야 한다.

셋째, 복합적 성격을 묻는 검사가 필요하다.

창의적인 사람들은 복합적인 성향을 지니고 있고, 그래서 우리는 '태극창의성'이라는 이름까지 붙여보았다. 그러나 지금까지 복합성을 측정하는 검사는 없었다. 복합성이 지니는 의미가 새롭게 부각되고 있는 만큼, 이를 측정할 수 있는 도구를 개발해야 한다.

창의성과 영재교육에 지대한 공헌을 한 데이비스(Gary Davis)는 수많은 창의성 검사가 존재하지만, 다음 질문 하나가 더 정확할 수 있다고 주장한다.

그것은 바로 "당신은 스스로 얼마나 창의적이라고 생각하십니까?" 라는 질문이다.

자신이 창의적인 사람인지 자문한 결과가 어떤 창의성 검사보다 더 확실한 답을, 그리고 그 사람의 미래를 만들어간다는 사실은 한번쯤 곱씹어볼 만하다. 결국 자신의 인생은 자기 예언대로 만들어진다는 사실을 말해주는 것 아닌가?[16]

주(註)

1. Renzulli, J. S. (1986). "The Three-ring Conception of Giftedness: A Developmental Model for Creative Productivity.' In R. J. Sternberg and J. E. Davidson(Eds.), *Conceptions of Giftedness* (pp. 246-279). Cambridge, MA : Cambridge University Press.

2. Torrance, E. P. (1966). *Tests of Creative Thinking*. Lexington, MA : Personnel Press. Torrance, E. P., Ball, O. E. & Safter, H. T (1998). *Torrance Tests of Creative Thinking Streamlined Scoring Guide Figural A and B*. Bensonville, IL : STS.

3. Jellen, H. & Urban, K. (1986). "The TCP-DP : An Instrument that can be Applied to Most Age and Ability Groups." *Creative Child and Adult Quarterly, 3*, 138-155.

4. Besemer, S. P. (1998). "Creative Product Analysis Matrix : Testing the Model Structure and a Comparison Among Products-Three Novel Chairs." *Creativity Research Journal, 11*(4), 333-346.
   Hennessey, B. A. & Amabile, T. M. (1999). "Consensual Assessment." In M. A. Runco. & S R. Pritzker (Eds.), *Encyclopedia of Creativity* (pp. 347-360). Oval Road, London : Academic Press.
   Amabile, T. M. (1982). "Children's Artistic Creativity : Detrimental Effects of Competition in a Field Setting." *Personality and Social Psychology Bulletin, 8*, 573-378.

5. 이 모형은 아직 표준화되지 못해서 상용화나 학술적 목적으로 사용하지는 않고, 교육 목적으로만 활용하고 있다. 표준화가 되어야 상대적인 비교가 가능하다. 예를 들어 100점 만점의 시험을 보아 70점을 얻었다 하더라도, 학생들의 평균이 50이고 대다수의 학생들이 평균점수 근처에 몰려 있다는 정보가 있으면 상위권이라고 판단할 수 있는 것과 같다.

6   20세기 초 게스탈트학파 심리학자들은 창의적 문제해결에서 통찰력을 강조했고, 이런 9개의 점과 같이 통찰력이 요구되는 문제들을 가지고 어떻게 아이디어가 떠오르는가에 대한 과정을 실험했다.
7   정답의 예들

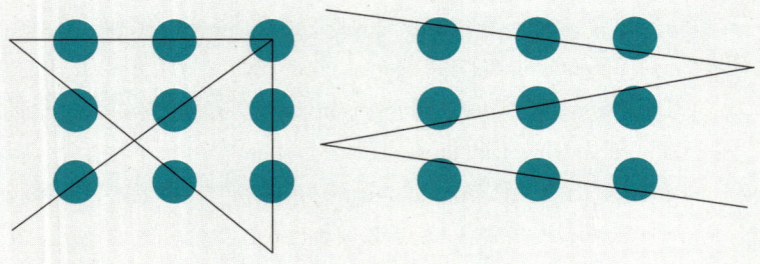

8   정답: 출처 http://www.aiai.ed.ac.uk/~gwickler/missionaries.html에서 수정함.

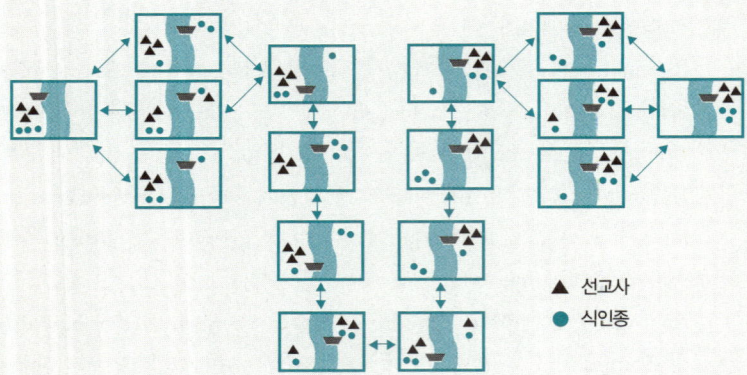

▲ 선고사
● 식인종

9   칙센트미하이 교수와 하워드 가드너 교수 그리고 스탠퍼드 대학의 빌 데이먼 교수 세 사람은 오랫동안 친분을 유지하고 상호방문을 하면서 연구를 해왔다. 덕분에 가드너 교수를 만날 기회를 얻었고, 아울러 칙센트미하이 교수의 책 《플로우》한국어판의 서문도 받을 수 있었다.
10   최인수, 이종구. (2004). 《창의성 검사 : 창의성 계발을 위한 창의성 검사의 이해

와 활용). 한국가이던스.

11 Besemer, S. P. (1998). "Creative Product Analysis Matrix : Testing the Model Structure and a Comparison Among Products-Three Novel Chairs." *Creativity Research Journal, 11*(4), 333-346.

12 Hennessey, B. A. & Amabile, T. M. (1999). "Consensual Assessment." In M. A. Runco. & S. R. Pritzker(Eds.), *Encyclopedia of Creativity* (pp. 347-360). Oval Road, London : Academic Press.

13 S. P. Besemer. (personal communication, February 5 2000). 단, 30개를 물어보는 경우에 비해 3개를 물어보는 경우 경제성은 높아질 수 있으나, 당연히 신뢰도는 떨어진다는 것은 염두에 두어야 한다. 선본 사람과 30번 만나고 결혼하는 것과 3번 보고 결정하는 것과의 차이라고나 할까.

14 Renzulli, J. S. & Reis, S. M. (1991). "The Schoolwide Enrichment Model : A Comprehensive Plan for the Development of Creative Productivity." In N. Colangelo & G. A. Davis(Eds.), *Handbook of Gifted Education* (2nd ed., pp. 136-154). Boston : MA : Allyn & Bacon.

15 주간조선 인터넷 기사에서 재인용. 요소명의 번역은 문맥에 맞추어 수정했다. 최혜원. (2010). "100년 실험 미국에서 배운다." 〈주간조선〉. http://weekly.chosun.com/site/data/html_dir/2010/06/01/2010060101704.html?Dep.

16 심리학에서는 이를 '자기 충족적 예언(self-fulfilling prophecy)'이라 한다. 최근에 카우프만 교수는 스스로 판단한 창의성 점수가 생각보다 예측력이 높지는 않다고 말했다. 그러나 내가 여기에서 말하고 싶은 것은, 스스로 창의적이지 못하다고 생각하는 한 절대 창의성을 발휘할 수 없다는 사실이다.

How

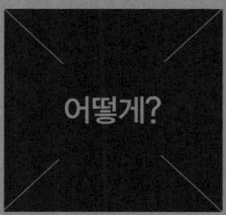

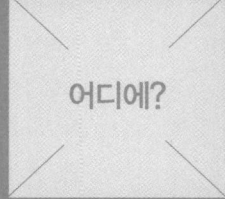

6

창의적 문제해결, '유레카!'는 잊어라

목욕중에 부력의 원리를 깨우친 아르키메데스, 떨어지는 사과를 보고 단유인력의 법칙을 발견한 뉴턴, 뱀꿈을 꾸고 벤젠의 분자구조를 해석한 케쿨레… 이들의 신화에서처럼, 과연 창의적 문제해결은 어느 순간 머릿속을 강타하며 찾아오는 것일까? 그렇지 않다. 창의적 문제해결은 지난한 고민과 관찰, 실행을 반복했을 때에만 찾아온다. 그렇다면 창의적인 문제해결을 위해 우리가 갖춰야 할 것은 무엇인가?

창의적 문제해결은 중요한 주제이니만큼 이번 장과 다음 장에서 연이어 다루게 될 것이다. 먼저 이 장에서는 창의적 문제해결의 큰 틀에 대해 살펴보자. 창의적 문제해결의 정의는 무엇인지, 우리가 무엇을 오해하고 있는지, 논란이 되고 있는 이슈는 무엇인지 등 전체 숲의 모양을 알아볼 것이다. 그 후 다음 장에서는 창의적 문제해결을 위한 다양한 기법과 적용사례들을 구체적으로 살펴보기로 하겠다.

멋있는 순간?

그 옛날, 뉴턴은 만유인력의 법칙이라는 획기적인 발견을 인류에게 선사했다. 그러나 그가 건넨 사과에는 독이 있었으니, '떨어지는 사과를 보고 착안했다'는 드라마가 그것이다. 어디 뉴턴뿐인가. 그보다 무려 2,000년 앞서 부력의 원리를 발견한 아르키메데스의 '유레카' 일화는 더욱 극적이다. 이 밖에 뱀이 자기 꼬리를 무는 꿈을 해몽해 벤젠의 분자구조를 해석한 케쿨레 등, 발명과 발견의 역사에 담긴 수많은 에피소드들은 순간적인 통찰로 많은 난제가 해결되었음을 시사한다.

그런데 이들이 외친 "유레카!"가 왜 독사과인가? 창의적 문제해결과 관련해 우리의 머릿속에 심각한 오해를 심어버리기 때문이다. 실제로 창의적 문제해결을 이룬 사람들을 만나서 이야기해보라. 이들은 결단코 순간적 통찰이 문제해결의 열쇠라고 말하지 않는다. 타임머신을 타고 뉴턴이나 케쿨레를 만나 직접 물어봐도 대답은 다르지 않으리라 확신한다.

그들은 아마 이렇게 말할 것이다. "창의적 문제해결은 수많은 준비와 관찰 그리고 추리라는 지난한 과정의 결과이지, 순간적인 통찰에 의해 우연히 이루어지는 것은 결코 아니다."

실제로 내가 직접 만나본바, 창의적 성취를 이룬 동서양의 많은 인물들은 이와 같이 말했다. 당신 주위에 있는 창의적 인물에게 직접 물어보면 곧바로 확인할 수 있을 것이다.

기업에서 특히 관심을 드이는 '집단창의성'도 이런 오해에서 자유롭지 못하다. 흔히 자유로운 분위기에서 불현듯 아이디어가 떠오르는 것처럼 묘사되곤 하는데, 집단창의성을 연구하는 키스 소여(Keith Sawyer)는 집단창의성도 통찰이 있기까지는 반드시 전문지식과 경험이 필요하며, 이러한 전문성을 얻기 위해서는 비슷한 유형의 문제를 가지고 훈련하는 것이 도움이 된다고 분명히 밝히고 있다.[1] 즉흥적 창조에 많은 관심을 가지고 있는 그는 관찰결과를 바탕으로 《그룹 지니어스(Group Genius)》라는 책을 썼는데, 이 책은 행간을 어떻게 읽느냐에 따라 해석이 달라질 수 있으므로 주의해야 한다. 흔히 사람들은 이 책이 창의성에서 즉흥적인 아이디어의 중요성을 말한다고 생각하는데, 사실 그 안에 숨겨진 메시지는 즉흥적 창조에도 많은 준비와 훈련이 필요하다는 것이다.

최근 들어 컬럼비아 경영대학 교수 윌리엄 더건(William Duggan)은 제7의 감각, 즉 '전략적 직관'이 창의성의 발현에 큰 역할을 한다고 주장한다. 그런데 그의 책을 읽어보면 전략적 직관이란 말은 우리가 흔히 생각하는 반사적인 직관이나 통찰, 또는 오랜 경험을 통해 순식간에 패턴을 파악하는 전문가적인 직관이 아니라, 때로는 상당한 시간을 요구하는 그리고 오랜 시간 숙성된 머릿속의 자료들을 필요로 하는 심리적 산물임을 알 수 있다.

그렇다면 왜 이렇게 순간적이고 우연적인 발견이 강조되었는가?
사견을 피력하자면, 그래야 멋있어 보이기 때문이다.
창의적 문제해결을 묘사한 다음의 두 문장을 비교해보자. 첫 번째, '매일 똑같이 연구실에 출근하던 행우는 동료들과 수많은 시행착오를 거치며 가설을 수정해가고 있었다. 끝내 마지막 오류로 추정되던 변인을 제거하는 순간 원하던 결과를 얻게 되었다.' 두 번째, '문제를 풀기 위해 불면의 밤을 보내던 행우가 담배를 입에 무는 순간, 하늘의 별똥별이 이상한 궤적을 그리며 떨어지는 것이 아닌가! 그 순간 행우의 머릿속에도 수많은 아이디어가 마치 유성우처럼 떨어지기 시작했다. 그리고 지금까지 괴롭히던 마지막 오류의 원인도 그림처럼 눈에 떠올랐다.'

　한 과학자의 동일한 발견의 순간을 묘사한 두 가지 글이다. 공급자인 출판사와 소비자인 독자는 어떤 스타일을 선호하겠는가? 물론 평생을 바쳐 발견을 한 과학자의 노력과 희생은 두 번째 스타일보다 더 멋있게 장식되어도 충분히 눈감아줄 의사는 있다. 그러나 이런 수사(修辭)가 창의적 문제해결의 본질을 왜곡한다면 곤란하지 않겠는가 하는 말이다.

　최근 거의 보통명사처럼 쓰이는 단어 중에 '세렌디피티(serendipity)'가 있다. 다른 사람들은 우연이라 생각하고 넘기는 일상에서의 소소한 발견을 역사적인 창의적 산물로 만드는 예리한 통찰력을 의미한다. 그러나 이러한 세렌디피티조차 오랫동안 그 문제에 골똘히 천착하지 않으면 결코 찾아오지 않는 법이다. 그래서 파스퇴르는 "우연한 기회는 오직 준비된 사람에게만 온다."고 했다.

　창의적 문제해결에서 통찰력이 중요하지 않다고 폄하할 생각은 추호도 없다. 그러나 너무 과장되어 있는 현재의 모습은 수정해야 한다는 생각이다.

창의적 문제해결의 4단계

개인수준이든 조직수준이든, 문제해결 과정을 연구하는 학자들은 이 프로세스가 일정한 단계로 구성되어 있다고 한다. 그러나 몇 단계인지, 그리고 단계를 이야기한 사람이 수학자 푸앵카레라든지, 월러스라든지, 하다마드라든지[2] 하는 것은 그리 중요하지 않다. 개인적으로 창의성에 대한 교재 집필을 저어하는 편인데, 왜냐하면 행여나 다음과 같은 시험문제가 나올까 봐 걱정돼서다.

"창의적 문제해결 단계는 몇 단계로 구성되어 있는가?"
"문제해결 단계를 제시한 학자의 이름은 누구인가?"
제발 이런 일은 없어야 하겠다.[3]

어쨌든, 곰곰이 앉아서 내가 문제를 풀 때는 어떤 과정을 따르는지 조금만 생각해보자. 다소 차이가 있으나 대략적으로 사람들은 다음과 같이 4단계를 거친다.

먼저 문제가 있으면 이것저것 물어보고 찾아본 후(1단계), 곰곰이 생각해보다가(2단계), '옳지, 이렇게 하면 되겠구나!' 하는 아이디어가 떠오르면(3단계), 실행에 옮기고 잘 해결되었는지 따져보는 것이다(4단계). 관련 책을 찾아보면 무지 복잡하지만, 사실은 이렇게 단순하다. 왜 열심히 고민해도 해결이 안 되냐고 신세한탄을 하고 있었다면 혹시 마지막 단계 중 실행부분을 과감히 생략하고 있었던 것은 아닌지 점검해볼 필요가 있다.

학자들은 각 단계에 이름을 붙였다. 첫 번째 단계는 문제해결을 위해 관련 자료나 이론을 수집하는 '준비단계'다. 반드시 책을 찾아 읽지 않아도 된다. 선배나 동료에게 물어볼 수도 있고 발품을 팔아 이곳저곳 들러서 관찰할 수도 있다. 본디 '문제'란 현재 자신의 능력으로는 풀기가 만만치 않은 도전과제 아니던가. 그것이 인생의 문제든, 직장에서의 문제든, 종교적인 문제든, 우리가 문제라고 생각하면 풀기 위해 이것저것 알아보려고 노력하지 않는가? 창의적 문제해결이라고 특별히 다른 게 아니다. 상식적인 수순이라고 생각되겠지만, 창의성에서 '준비철저'는 생각보다 중요하다. 그러므로 나머지 단계에 대해 간단히 언급한 후 구체적인 사례를 들어 좀 더 설명하고자 한다.

두 번째 단계는 이렇게 열심히 준비한 자료를 근거로 해서 해결책이 떠오를 때까지 이런저런 생각을 해보는 '부화단계'다. 해결책이 나오는 순간을 알을 깨는 상황에 빗대어 표현한 것이다. 여기저기서 들은 이야기나 자료를 근거로 무엇이 문제인지, 왜 그랬는지, 어떻게 해결할지 고민하는 순간이라고 할 수 있다. 또한 우리의 머릿속에 있는 많은 지식조각들이 서로 맞추어졌다가 분리되기도 하면서 퍼즐을 완성해가는 과정이라고도 생각할 수 있다.

세 번째 단계는 흔히 '아하!'라는 감탄사로 묘사되곤 하는, 해결책이 머릿속에 떠오르는 '조망단계'다. 이 단계에서는 앞서 말한 통찰력의 역할이 중요하다. 세 번째 단계가 어떻게 이루어지는가에 대해서는 많이 알려지지 않았다. 프로이트 식으로 무의식 또는 전의식 수준에서 아이디어를 찾는 일이 지속된다고 보는 조금 추상적인 이론을 주장하는 학자들부터, 컴퓨터 시뮬레이션을 통해 실험적으로 그 과정을 탐색해보려는 학자들도 있지만 아직까지 궁금한 것이 많이 있는 단계다.

네 번째 단계는 머릿속에 떠오른 해결책이 실제 상황에서 제대로 작동하는지 검토해보는 '검증단계'다. 아무리 좋은 아이디어가 떠올랐다 하더라도 현실에 적용하기가 어렵다거나, 다른 사람이 인정해주지 않는다면 해결책이라 할 수가 없다.

다섯 손가락 모두 소중하지 않은 것이 없는 것처럼, 창의적 문제해결은 이 모든 단계 하나하나가 매우 중요하다는 것을 다시 한 번 강조하고 싶다. 그동안 홀대받았던 단계들이 있었다면 그에 해당하는 예우를 해주어야 할 터다.

예컨대 '준비철저'에 대해 다시 생각해보자.

창의성을 연마한다면서 '준비철저'라는 구호를 외치면 촌스러운가? 아니다. 오히려 '유레카'의 멋있는 순간에 사로잡혀 준비 없이 겉멋만 부리는 사람들이 훨씬 더 촌스럽다. 실제로 많은 학자들이 '준비철저'의 구호에 동참하고 있다.

교사를 대상으로 특강을 하다 보면 학교에서 창의성을 강조하느라 각 교과의 배정시간이나 비중이 줄어들까 봐 걱정하는 선생님들을 많이 만나게 된다. 결코 그렇지 않다고, 그렇게 해서는 안 된다고 단언하고 싶다.

창의적 성취와 관련해서 '10년 법칙'이라는 것이 있다.[4] 음악, 과학 등 어느 분야에서든지 창의적 성취를 이루기 위해서는 최소 10년의 준비가 필요하다는 것으로, 하버드 대학교의 가드너 교수도 프로이트, 아인슈타인, 스트라빈스키 등 세계적인 창의적 인물을 연구하여 그 증거를 제시한 바 있다. 물론 그 이전에도 체이스(W. G. Chase)와 사이먼(Herbert Simon)과 같은 인지심리학자들이 체스전문가들을 연구하여 특정 분야에서 고수가 되기까지는 최소 10년의 기간이 필요하다는 결론을 내렸다.[5]

미국 템플 대학교 심리학과의 와이스버그(Robert Weisberg)도 다윈의 진화론과 피카소의 〈게르니카〉 등의 사례를 제시하며 이들 결과물이 나올 때까지의 과정은 결코 도깨비방망이의 뚝딱술이 아니라 수많은 사전지식과 경험의 산물이라고 주장했다. 칙센트미하이의 창의성 프로젝트에서도 대다수의 참여자가 다양한 분야의 지식과 기술을 철저히 습득한 것이 성취의 밑거름이 되었다고 기술하고 있다.[6] 이 외에도 다윈과 피아제의 평생 사고과정을 연구한 그루버(Howard Gruber), 피카소의 창작과정을 연구한 아른하임(Rudolf Arnheim)도 창의적 과정이 통찰에 의한 순간적인 지식의 재구성이 아니라, 오랜 시간에 걸쳐 이루어지는 의식적이고, 점진적인 과정이라고 보고 있다.[7]

과학뿐 아니라 문학, 예술분야에서도 지금까지 축적된 지식을 충분히 습득하고 이를 잘 활용할 수 있도록 준비하는 것은 이론의 여지 없이 강조되고 있다. 시나 소설과 같은 문학분야에서, 음악과 같은 예술분야에서도 기존의 작품에 대한 숙지가 강조되었다는 것은 특기할 만하다. 다른 사람의 시를 접하면 본인의 독창성이 떨어질까 봐 우려하는 젊은이들에게, 퓰리처상 수상 시인 앤서니 헥트는 오히려 모든 종류의 시들을 암기해서 자신의 피와 살로 삼으라고 충고할 정도다.[8] 고전을 줄줄 외울 정도로 거듭 읽은 경험이 창작의 열정이라는 촉매를 만날 때 자신만의 단단한 역량으로 다시 태어난다고 믿기 때문일 것이다.

일상생활에서도 치열한 준비를 통해 달인의 경지에 이른 사례는 얼마든지 찾을 수 있다. 단적으로 내가 좋아하는 TV 프로그램 〈생활의 달인〉에서는 지금의 경지에 이르기까지 손이 닳도록 연습하고 준비해오며 창의적인 해결책을 찾기 위해 숱한 시행착오를 마다하지 않았던 열정의 화신들을 만나게 된다.

기존의 것으로
창의적 결과를 만드는 방법

어떤 사람들은 전혀 연관될 것 같지 않은 두 대상을 강제로 연결하는 능력을 발휘해 문제를 해결하기도 한다. 남들의 예상을 깨는 발상이기에, 이렇게 나온 해법은 창의적일 수밖에 없다.

이러한 연합을 하는 데 핵심적인 역할을 하는 것이 바로 유추능력이다. 유추란 것은 어떤 상황에서 얻어진 아이디어 또는 관련성을 다른 상황에 적용하는 것을 의미한다. '아이디어 빌려서 적용하기'라고나 할까.

유추를 통해 나온 창의적 산물의 예를 들면 쉽게 이해가 될 것이다. 다들 '찍찍이'라고 불리는 벨크로를 알 것이다. 유추에 대한 설명에 단골메뉴로 나오는 사례다.

스위스의 메스트랄(George de Mestral)이라는 사람이 하루는 애완견과 산책을 하는 동안 강아지의 몸에 가시열매가 다닥다닥 달라붙은 것을 발견했다. 이에 착안한 메스트랄은 지퍼나 단추를 대신할 방도를 생각하게 되었고, 수많은 시행착오 끝에 마침내 개발에 성공했다. 프랑스어 '천(velour)'과 '고리(crochet)'를 합성한 이름, 벨크로의 탄생이다.

가시나무 열매가 개의 털에 달라붙었다는 설명을 듣고 그 열매가 어떻게 생겼을까 상상해보곤 했는데, 이번 기회에 한번 그림을 찾아보자는 생각이 들었다. 함께 보자. 당신의 상상과 크게 다르지 않을 것이다.

■ 그림 벨크로의 영감을 준 가시나무 열매

우리가 익히 아는 위대한 창의적 산물에서도 유추의 예를 발견하는 것은 어렵지 않다.

다윈의 진화론은 맬서스의 인구론과 애완동물의 교배에서 아이디어를 빌려왔다. 인구증가가 자원의 한계치를 넘어서면 기근이 발생한다는 맬서스의 인구론을 빌려, 생명체가 유한한 자원을 놓고 경쟁을 벌이면 그중에서 적자(適者)만 살아남으리라는 아이디어를 유추한 것이다. 선택적 교배를 통해 애완동물의 속성이 변화되는 것을 보고, 그러한 변화가 자연 상태에서도 가능하리라는 아이디어를 빌렸다.

피카소는 어떤가? 그의 작품 〈게르니카〉는 고야의 〈전쟁의 참화〉와 과거 본인이 작업한 〈미노타우로마키〉에서 아이디어를 가져왔다.

셰익스피어의 작품도 마찬가지다. 〈로미오와 줄리엣〉은 아서 브룩의 시에서, 〈베니스의 상인〉은 이탈리아 소설집 《일 페코로네》와 말로의 비극 〈몰타의 유대인〉에서 각각 아이디어를 빌렸다는 것이다.

결국 과학, 예술 할 것 없이 이 세상의 창의적 산물은 유추의 영향을 받지 않은 것이 없다고 할 정도다. 루트번스타인이 《생각의 탄생》에서 유추를 '기존 지식의 세계에서 새로운 이해의 세계로 도약하도록 도와주는 생각도구'라고 말한 것도 이런 맥락에서다.

서로 다른 것을 연결하는 능력

유추는 단순히 아이디어를 다른 상황에 적용하는 것에 그치지 않고, 두 대상 간의 '관련성' 자체를 새로운 대상들에 적용하기도 한다. 설명을 위해 어렸을 때 풀었던 지능검사 문제를 보자.

아버지 : 아들 = 어머니 : (   )

이 문제가 바로 유추능력을 측정하는 문제였다. 즉 아버지와 아들 사이의 관련성을 파악한 다음 이것을 다른 상황, 즉 어머니에 적용하는 것이 유추인 것이다. 괄호 속에 들어가야 하는 단어가 어렵다고 느낀 사람은 없을 것이다.

그런데 문제를 이렇게 바꿔놓으면 이야기가 달라진다.

인연의 원인 : 결과 = 소쩍새의 울음 : (   )

원인은 결과를 낳는다는 관계성을 소쩍새에 적용하면 무엇이 나올까? 이것이야말로 난데없는 질문이다. 당황하는 분을 위해 힌트를 하나 드리겠다. 서정주의 〈국화 옆에서〉다.

"한 송이의 국화꽃을 피우기 위해 봄부터 소쩍새는 그렇게 울었나 보다."

소쩍새 울음의 결과가 '국화꽃'이라는 것은 쉽게 나올 수 없는, 시인의 경지에 올라야 가능한 유추다. 그렇기에 우리는 이를 '창의적'이라 하지 않을 수 없다.

그러나 주의할 점이 있다. 서로 다른 아이디어들이 결합한다고 해서 모두 다 창의적인 결과를 낳는 것은 아니다. 아이디어의 결합이 창의적이기 위해서는 어떤 조건을 가져야 할까?

가장 창의적인 아이디어의 결합은 아래 그림과 같이 두 가지 조건을 만족할 때 이루어진다.[9]

잠시 우리의 뇌를 문제를 해결하는 공간이라 하고, 이 공간에 수많은 하위공간들이 존재한다고 비유하자. 첫째, 그림과 같이 문제해결 공간(가장자리의 사각형) 안에 있는 하위공간들(두 개의 타원형)에 같은 대응을 갖는 대상들이 존재하고(a:b=d:e), 둘째, 그 하위공간들의 거리(c로 표시된 화살표)가 멀수록 생성되는 아이디어의 결합이 더욱 창의적이라는 것이다.

공간의 거리가 멀다는 것은 무엇을 뜻하는가? 두 대상이 연관된 정도가 강하지 않다는 것을 의미한다. '아버지'라는 단어를 보고 '어머니'를 생각해내는 것은 어렵지 않다. 따라서 이 둘의 거리는 가깝다.[10] 그러나 '아버지'에서 '사과'를 연상하는 것은 자연스러운 일이 아니기 때문에 이 둘 사이의 거리는 멀다.

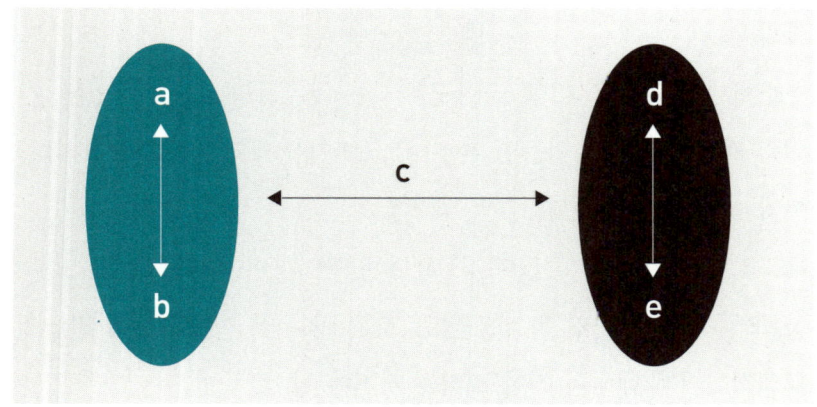

■ 그림 창의적 아이디어의 결합

아이디어가 창의적이려면 a와 b 그리고 d와 e 대응이 유사성을 지니는 동시에, c로 표현되는 두 쌍의 거리가 멀어야 한다는 것이다.

다시 서정주 시인의 시로 돌아와보자. "한 송이의 국화꽃을 피우기 위해 봄부터 소쩍새는 그렇게 울었나 보다"라는 구절은 앞에서 말한 두 가지 조건을 만족한다고 할 수 있다. '국화꽃'과 '소쩍새'로 표현된 자연세계라는 표상공간과 인연을 표현하는 추상적 표상공간이 문제해결 표상공간 안에 인접해 있다고 보기는 어렵다. 이와 함께 '인연의 원인 : 결과 = 소쩍새의 울음 : 국화꽃'이라는 창의적 관계성도 존재한다. 이런 맥락에서 훌륭한 시인이란 다른 말로 창의적 유추에 탁월한 사람이라 할 수도 있겠다.

지식과 창의적 문제해결의 상관관계는?

'경험과 지식은 새로움을 만들어내는 재료가 되므로, 지식이 많으면 창의성 발현에 도움이 될 것이다.'

우리의 일반적 생각은 이렇다. 그러나 막연한 추측만으로는 성에 차지 않는다. 내친 김에 이번에는 지식과 창의성, 또는 지식과 창의적 문제해결 과정의 상관관계에 대해 생각해보자.

아래 그래프는 지식과 창의성의 관계에 대한 다양한 입장을 알기 쉽게 나타낸 것이다.

①번 1차 함수는 지식과 비례하여 창의성이 늘어난다는 입장이다. 어느 영역이든 성공하기 위해서는 최소 10년 동안 전문성을 키워야 한다는 학자들의 입장을 대변하는 함수라 할 수 있다. 이 입장은 지식이 창의성의 토대가 된다고 본다.

그러나 때로는 많은 지식이 자유로운 상상과 변화를 저해하는 요소가 될 수도 있다. 꼭 지식이 아니라도 좋다. 오랫동안 익숙해져온 것으로부터 변화를 생각해보면 된다. 집에서 하릴없이 TV를 보는 경우라도 정해진 의자, 자세, 리모컨의 위치 등이 있지 않은가? 조금만

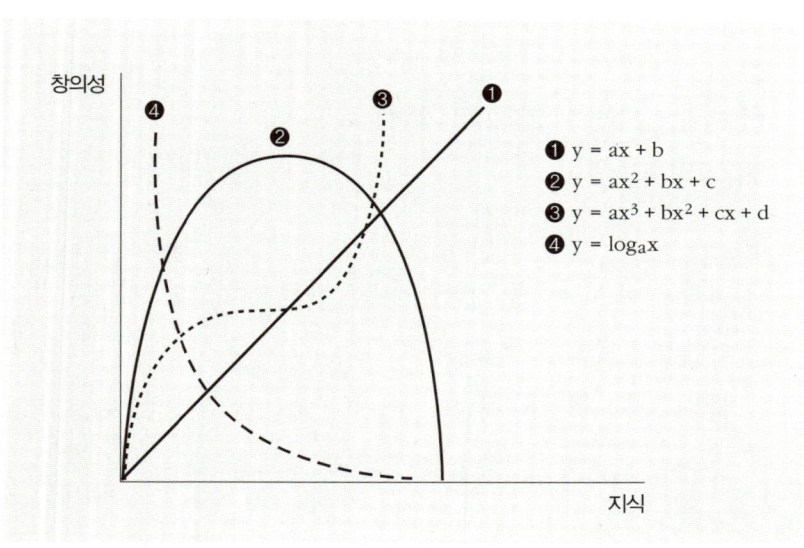

그림 지식과 창의성의 다양한 관계

❶ $y = ax + b$
❷ $y = ax^2 + bx + c$
❸ $y = ax^3 + bx^2 + cx + d$
❹ $y = \log_a x$

위치를 바꾸면 왠지 불편하다. 별일 아닌 것도 이럴진대, 하물며 축적된 지식과 전문성을 필요로 하는 것은 어떻겠는가. 이 상태를 설명하는 곡선이 ②번이다. 지식이 창의성의 토대가 된다는 앞의 입장과 달리, 이 입장은 지식과 창의성이 서로 '긴장관계'에 있다.[11]

이 곡선은 지식이 없을 때와 너무 많을 때는 창의성이 발휘되기 어렵다고 주장하는데, 지식을 공기라 하고 창의성을 새라고 비유하면 쉽게 이해된다. 새가 하늘을 날 수 있는 이유는 날개로 공기를 힘차게 밀며 부양력을 얻기 때문인데, 원하는 만큼 빠르게 날지 못하는 이유가 바로 그 고마운 공기의 방해(마찰력) 때문이니 말이다. 체스 고수들에게 규칙을 바꾼 후 게임을 하게 했더니 초보자보다도 게임을 못 풀어간다는 과학적 연구결과도 있다. 지금껏 다져온 체스 노하우가 새로운 규칙 앞에 오히려 장애물이 된 것이다.

③번 3차 함수는 어렸을 때 창의성이 갑자기 발달했다가 어느 시점이 되면 정체기가 오고, 지식과 경험이 쌓이면 단년에 다시 증가한다는 입장이다. 한 개인이라 할지라도 생애발달에 따라 최고의 성취를 이루는 때가 다르다는 사실을 떠올리면 쉽게 납득이 될 것이다.

연령에 따라 즐길 수 있는 운동이 조금씩 달라지는 것으로 이해하면 어떨까? 피겨스케이팅과 같이 유연성과 민첩성을 요구하는 종목에서는 20대 초반에 기량이 최정점에 도달할 것으로 보인다. 그러나 김연아가 현역에서 은퇴해 아이스쇼에 뛰어든다면 순발력이나 생동감은 떨어지겠지만 예술적 아름다움은 한층 깊어질 것이다.

④번 로그함수는 급격한 기울기만큼이나 과격한(?) 입장이다. 이에 해당하는 설명은 독자의 몫으로 양보하기로 하겠다.[12]

IQ는 창의성과 관련이 있을까?

또 하나의 핫 이슈는 'IQ가 높을수록 창의적 성취를 이룰 가능성이 커지는가'다.

앞에서 언급한 바 있지만 1921년 터먼은 미국 샌프란시스코 인근에 거주하는 IQ가 높은 아이들을 대상으로, 여러 가지 심리적 특성을 지속적으로 추적하는 종단연구를 시작했다. 이 연구는 터먼이 죽은 이후에도 동료들에게 넘겨져 현재까지 지속되고 있다. 이미 90여 년에 이른 이 연구는 지능과 창의성의 관련성에 대한 중요한 정보를 제공해준다. 그 정보란 이것이다.

'지능은 탁월한 성취의 필요조건이나 충분조건은 아니다.'

이 연구는 나이가 들수록 창의성, 성취동기, 정서통제력, 리더십과 같은 변인들이 탁월한 성취를 결정한다는 사실을 보여준다.[13] 게첼스(Jacob Getzels)는 IQ 120 정도까지는 창의적 성취에 도움이 되지만 그 이상은 영향력이 상대적으로 떨어진다는 연구결과를 보고했으며, 최근의 연구결과들도 이를 지지하고 있다.[14]

두 변인이 얼마나 밀접하게 연관되어 있는가를 보여주는 통계지표를 '상관계수'라 하는데 관련이 전혀 없으면 0의 값을, 완벽하게 관련이 있으면 1의 값을 갖게 된다. 창의성과 지능이라는 두 변인의 상관계수를 조사한 일련의 연구를 종합한 결과, 그 크기는 0.2 정도에

불과한 것으로 나타났다.[15]

그 이유는 무엇일까? 다양한 가설이 가능하지만, 이는 지적 능력의 문제가 아닌 동기의 부족으로 설명할 수 있다.

생각해보자. 다른 친구들이 일주일이나 쩔쩔대며 겨우 풀었던 문제를 몇 시간 만에 척척 풀어내는 아이가 있다고 하자. 그 똑똑한 아이가 끈기를 가지고 문제에 매달릴 필요가 있겠는가 말이다. 지능지수가 높은 사람은 기존 지식을 배우고 활용하는 것이 또래에 비해 수월하기 때문에 꾸준함이 떨어지고, 결국 창의성의 종착역에 도달하기 전에 하차한다는 것이다.[16]

이러한 연구결과는 무엇을 시사하는가?

지능에 대한 고정관념을 바꾸자는 것이다.

지능이라는 것은 사람이 환경과 사회에 얼마나 잘 적응하는가를 나타내는 지수라 할 수 있다. 환경과 사회에 잘 적응했다는 것을 짧게 표현하면 '성공했다'가 될 것이다(여기서는 일반적인 의미로서의 성공만을 이야기하자). 따라서 지능이 높으면 성공할 가능성이 높아야 한다. 그런데 터먼의 연구처럼 현재 사용하는 지능지수보다 다른 요소들이 성공을 더 잘 예측해준다면, 그 요소를 지능이라고 해야 하지 않을까.

미국의 심리학자 스턴버그는 이러한 요소들을 포함시킨 '지능의 삼위일체론'을 주장했다. 그에 따르면 지능개념은 전통적인 지능(이를 '분석적 지능'이라 부름) 외에 얼마나 창의적 능력을 가지고 있는가를 말해주는 '창의적 지능', 학교가 아닌 현실생활의 문제를 이해하고 해결하는 능력으로 구성된 '실제적 지능', 이 3가지로 구성된다는 것이다. 이 요소들이 조화를 이루어야 성공을 거둘 수 있다는 점에서 그의 이론을 '성공지능 이론'이라 부르기도 한다.[17]

지금까지 살펴보았듯이 IQ 점수는 창의적 성취의 보증수표도, 성공의 바로미터도 아니다. 그러니 지금까지 갖고 있던 IQ 개념과 점수에 대한 미련은 버리자. 아인슈타인이나 에디슨도 지능검사에서 높은 점수를 받지 못했음을 기억하자.

경험 :
창의성의 밑천이자 장애물

오른쪽 그림을 보자.

이 그림들은 내가 모 방송국의 창의성 다큐멘터리를 준비하며 실시했던 실험의 결과다. 외계에 있을 것으로 생각되는 생명체를 상상해서 그려보라고 한 것으로, 워드(Thomas Ward)라는 외국 학자의 실험방법을 빌린 것이다.[18]

다양한 연령을 대상으로 한 실험이었는데, 편의상 여기에서는 유아(a), 청소년(b), 성인(c)의 대표적 그림 3개만을 제시했다.

이 그림을 분석하면 다음과 같은 사실을 알 수 있다.

a. 유아가 그린 외계인 b. 청소년이 그린 외계인 c. 성인이 그린 '외계인(이름 LMN)'

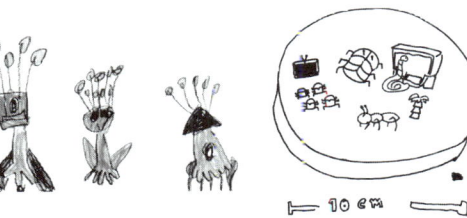

■ 그림 연령에 따른 외계인 상상도

첫째, 한 번도 보지 못한 외계의 생명체를 상상해서 그려보라고 했지만, 세 연령대 모두 어디에서 본 듯한 모습을 그렸다는 것이다. 좌우 대칭인 모습, 눈이 붙어 있는 얼굴이 몸통 위에 위치한 모습은 지구 생물체와 별반 다르지 않다. 우리나라 실험에서만 그런 것이 아니다. 워드의 실험에 참가한 미국 대학생들의 그림도 그러했다.

결국 우리의 상상력은 각자 우리가 경험했던 사물에 대한 지각과 인식으로부터 쉽게 벗어날 수 없다는 것이다. 참고로 말하자면, 이번에 참여한 사람들의 그림에서는 영화〈아바타〉와 유사한 모습의 외계인이 많이 등장했다.〈E. T.〉영화가 흥행일 때는 E. T.의 모습이,〈스타워즈〉영화가 나올 때는 스타워즈에 등장하는 외계인이 그림에 많이 등장한다는 것은, 우리의 상상력이 경험에 얼마나 빚지고 있는지 뒷받침해주는 튼튼한 증거라 할 수 있다. 이 실험결과를 믿기 힘들면 당장 아는 사람들에게 그림을 그려보라고 하자.

둘째, 연령대에 따른 차이다. 그림이 얼마나 독창적인가라는 관점에서 볼 때 유아기가 가장 독창적이고, 나이가 들어가면서 하강곡선을 그리는 것처럼 보인다.

문제는 왜 이런 결과가 나타나는가다. 지금까지의 가설은 지식과 경험이 쌓이면서 자유로운 상상을 제한하는 역할을 한다는 것이다. 상상력의 발달이 가장 왕성할 때는 유아기와 아동기 초기다.

컴퓨터는 창의성을 가질 수 있을까?

인지과학자들, 특히 인공지능 연구자들은 컴퓨터를 이용해 창의적 해답을 만들어내는 과정을 연구하고 있다. 실제로 이들이 개발한 '베이컨'이라는 컴퓨터 프로그램은 기체의 압력과 부피의 비율을 산출하는 보일의 법칙을 스스로 도출해냈다.

그러나 과연 컴퓨터에 의한 문제해결 과정이 창의적이라고 할 수 있을까? 아니, 컴퓨터가 창의적일 수 있을까? 만약 그렇다면 우리 마음의 작동기제는 컴퓨터 모의실험을 통해 모조리 설명될 수 있을까? 이런 연쇄적 질문에 대한 답은 아직은 확실하지 않다.[19]

인간의 창의성과 컴퓨터의 그것은 질적으로 다르다고 주장하는 학자들은, 무엇보다 컴퓨터 혼자서는 창의적 문제발견도 할 수 없다는 점을 지적하고 있다. 사람은 문제발견뿐 아니라 자료의 수집 및 적절한 분석방법까지 스스로 선택할 수 있는 데 반해, 컴퓨터는 문제와

연산 알고리즘을 인간에게 의존하지 않느냐는 것이다.[20]

반면 컴퓨터와 인간의 창의성은 정도의 차이가 있을 뿐이라는 입장도 있다. 인지과학자 섕크(Roger Shank)는 사람도 학력, 지능 등 개인차 변인에 따라 이해도가 다르듯이, 비록 현재 컴퓨터 프로그램은 초보 수준이지만 기술의 진전에 따라 창의적 활동이 가능해지리라 주장한다. 스스로 문제해결을 가능하게 하는 '에이전트'라는 소프트웨어의 발전속도를 보면 이들의 주장에 고개가 끄덕여지기도 한다.

문제해결 마지막 단계에서
사회문화를 생각하는 이유

문제해결의 4단계 이론에 따르면 아이디어가 생겼다고 하더라도 마지막에 검증과정을 거쳐야 창의적 산물이 탄생한다.

검증을 하려면 기준이 있어야 할 것이다. 현재까지 많은 학자들이 동의하는 창의성의 최소 기준은 새롭다는 의미의 '독창성'과, 유용하다는 의미의 '적절성'이다. 이 두 기준을 충족하면 창의적이라 이름붙일 수 있다는 말이다. 그런데 어떤 것이 새롭고 독창적이며, 어떤 관점에서 유용함을 따져야 하는지는 판단하기가 결코 쉽지 않다.

먼저 새롭다는 것을 생각해보자.

새로운 것도 과거의 생각이나 산물을 조금 변형한 것에서부터 발상 자체가 혁명적인 것에 이르기까지, 그 스펙트럼은 천차만별이다. 또한 어떤 사람이 새로운 것을 만들었다 하더라도 알고 보니 이미 다른 사람에 의해 개발돼 있다거나, 다른 사회나 문화에 존재하고 있는 것이라면 그것들을 과연 새롭다고 할 수 있는지도 의문이다.[21]

그렇다면 유용성 또는 적절성은 명확한 기준인가?

그렇지 않다. 적절하다는 말의 사전적 정의는 '꼭 알맞다'는 뜻인데, 알맞다는 말 자체가 '일정한 기준, 조건, 정도 따위에 넘치거나 모자라지 아니하다'이니 이 또한 애매하다.[22] 피자 한 판을 먹어치운 사람에게 주어진 햄버거와 며칠 굶은 사람에게 주어진 그것은 절대로 같은 가치를 지니지 아니한다. 운동 후의 맥주 한잔과 원치 않는 회식에서 돌아오는 폭탄주 속의 맥주는 전혀 다른 음식이다.

쓸모 있다, 적절하다는 것은 결국 상대적인 비교와 평가과정이 수반된다는 것을 의미한다. 그리고 그 과정에서 평가자가 속한 시대, 사회문화적 맥락이 어쩔 수 없이 영향을 미친다. 과학분야에서는 역사적 창의성의 준거가 나름대로 분명하나, 예술 및 문화로 넘어오면 문제가 그리 단순하지 않음을 쉽게 짐작할 것이다. 앞서 예로 들었던 보티첼리의 〈비너스의 탄생〉을 생각해보라.

다시 한 번 강조하지만, 창의성은 진공상태에서 나올 수 없다. 사회와 문화에 대한 요소를 고려하지 않은 창의성 논의는 무의미한 공론에 그칠 수밖에 없다. 나의 개인적 주장이 아니라, 창의성의 정의 자체가 이러한 논리적 귀결을 포함한다.

다시 창의적 문제해결을 정의한다

이 장을 마치기 전에 때늦은 질문을 하나 던지고자 한다. 우리가 지금까지 살펴보았던 '창의적 문제해결'이란 과연 어떻게 정의할 수 있을까?

가끔 창의적 문제해결이라는 용어에서 형용사 '창의적'이 '문제'를 꾸미는 것인지 '해결'을 꾸미는 것인지 물어보는 범상치 않은 분들이 있다. 그래서 생각해보았다.

창의적인 문제를 해결한다

먼저 '문제'를 수식해준다면, 이는 보통 문제가 아니고 창의적인 문제를 해결한다는 뜻이 된다. 그런데 문제면 다 문제이지, 종류가 있다는 말인가?

그렇다. 문제해결 과정을 연구하는 학자들은 문제에도 수준이 있다고 한다. 쉽게 두 가지로 나누자면 그냥 나에게 주어진 문제와, 내가 찾아야만 하는 문제가 있다는 것이다.[23]

'주어진 문제'야 이미 잘 정의되어 있으니 누구나 풀겠다고 달려드는데, 그래봐야 그 분야를 한 단계 도약시켰다는 평가를 기대하기는 어렵다.

반면 내가 '발견해야 하는 문제'는 사정이 다르다. 사막에서 오아시스를 찾아 헤매듯 어디로 가야 하는지조차 알 수 없기에, 나의 창의력을 최대한 발휘해야 한다.[24] 이에 관해 아인슈타인의 말은 의미심장하다.

"문제를 만드는 것이 해결하는 것보다 더욱 중요하다. 문제를 만들려면 상상력을 토대로 의문을 제기하고 예전 것들을 새로운 각도에서 바라보아야 하는데, 바로 이것이 과학의 진정한 발전을 가져올 수 있다."[25]

결국 창의적 문제해결이란 주어진 문제가 아니라 발견해야 하는 문제를 푸는 것, 다시 말해 '창의적으로 만들어낸 문제를 푸는 과정'이라 볼 수 있다.

정답이다.

문제를 창의적인 방법으로 해결한다

이와 달리, 만약 '창의적'이 '해결'을 수식한다면, 이는 보통 문제해결 과정과는 다른 창의적 해결과정이 존재한다는 것을 의미한다.

문제를 해결하려면 준비단계를 거쳐야 한다고 했다. 이 준비라는 것은 한낱 정보들을 습득하고 필요한 기술들을 익히는 것만 가리키지 않는다. 지식과 기술을 어떻게 적재적소에 활용하고 응용할지에 대한 더 큰 범주의 지식을 익히는 것 또한 그에 못지않게 매우 중요하다. 이를 심리학에서는 '메타인지'라 하는데, '자기머리 사용법'이라고 풀어볼 수도 있겠다. 메타인지를 형성하는 데는 창의적인 아이디어를 내기 위한 다양한 아이디어 생성기법을 익히는 것이 도움이 된다.

예컨대 '브레인스토밍(brain storming)'이라는 아이디어 생성기법에 대해 한번쯤 들어보았을 것이다. 강연회를 가보았더니 머릿속에 폭풍을 일으켜서 아이디어를 짜내는 기법이라고 설명한다. 약간의 과장은 있지만 어원상으로 큰 틀림은 없다.

문제를 해결하는 데 똑똑한 머리와 통찰력만 있으면 되지, 이런 잔재주까지 배울 필요가 있을까 하는 의문을 가진 분들도 있을 것이다. 그런 분들에게는 우리가 어렸을 때 무지개 색깔을 외우기 위해 사용했던 '빨주노초파남보'를 떠올려보라고 권한다. 첫 자를 따서 외우니 헷갈리던 무지개 색이 머릿속에 쏙쏙 들어온 신비한 경험을 많은 사람들이 했을 것이다.

그냥 무턱대고 외우는 것보다 '전략'을 활용하면 학습효과가 극대화되고 오랫동안 머릿속에 남는다는 사실은 이미 심리학에서 그 기제가 밝혀지고 있다. 천재라는 도올 김용옥 선생도 강의 도중 조선시대 임금의 이름이 생각나지 않으면 '태정태세문단세'를 읊조린다. 이때는 머리보다 손가락이 더 똑똑하다.

마찬가지다. 불면의 밤을 이어가며 머리를 혹사시킨다고 해서 문제의 해답이 쑥 튀어나오지는 않는다. 동서고금의 수많은 인생선배들이 활용해온 다양한 해결법을 마중물 삼아 창의적인 아이디어가 콸콸 쏟아질 수 있도록 해야 한다. 실제로 창의성을 키우는 대다수 프로그램에는 이러한 문제해결 기법이 상당 부분 포함돼 있다.

따라서 이 정의도 정답이다.

다음 장에서는 내 안의 창의성을 끄집어내기 위해 유용하게 사용할 창의성의 마중물, 즉 구체적인 해결기법들을 본격적으로 살펴보겠다.

주(註)

1 Sawyer, R. K. (2008). 《그룹 지니어스》. (이호준 옮김). 서울 : 북섬. (원저 2007 출판). 나보다 몇 년 늦게 같은 과에 입학한 키스 소여는 즉흥연주에 나타나는 창의성에 관심이 많았다. 아이러니한 사실은 이러한 즉흥연주나 즉흥극을 분석한다고 녹화한 그림을 1분 단위로 쪼개가면서 분석하는, 즉흥과는 전혀 거리가 먼 연구를 참으로 오랫동안 끈기 있게 수행했다는 사실이다.

2 Weisberg, R. W. (2007) 《창의성 : 문제해결, 과학, 발명, 예술에서의 혁신》. (김미선 옮김). 서울 : 시그마프레스. (원저 2006 출판).

3 대학교 때 발달심리학 성적이 좋지 않았던 기억이 난다. 피아제의 발달단계에서 각 단계가 몇 살부터 몇 살까지인지 정확히 적으라는 문제를 풀지 못해서다. 지금 시험을 친다고 해도 또 틀릴 것 같다. 그리고 학생들에게도 앞으로 이런 공부는 하지 말라고 당부하고 싶다.

4 Ericsson, K. A. (2002). "Attaining Excellence through Deliberate Practice : Insights from the Study of Expert Performance." In M. Ferrari(Ed.), *The Pursuit of Excellence through Education* (pp. 21–35). Mahwah NJ : Lawrence Erbaum Associates.

Hayes, J. R. (1989). "Cognitive Processes in Creativity." In J. A. Glover, R. R. Ronning, C. R. Reynolds(Eds.), *Handbook of Creativity* (pp. 135–146). NY : Plenum.

5 Chase, W. G. & Simon, H. A. (1973). "The Mind's Eye in Chess." In W. G. Chase(Ed.), *Visual Information Processing* (pp. 215–281). NY : Academic Press.

6 Csikszentmihalyi, M. (2003). 《창의성의 즐거움》. (노혜숙 옮김). 서울 : 북로드. (원저 1996 출판).

7 Arnheim, R. (1962). *Picasso's Guernica : The Genesis of a Painting*. Berkeley : University of California Press.

8   최인수. (1998). "창의적 성취와 관련된 제 요인들 : 창의적 연구의 최근 모델인 체계모델(Systems Model)을 중심으로." 《미래유아교육학회지》 5(2), 133-166.

9   이 설명은 메드닉(1962, "The Associative Basis of the Creative Process." *Psychological Review*, 69, 220-232.)과 스턴버그(1988. "A Model of Creativity." In R. J. Sternberg(Ed.), *The Nature of Creativity* (pp. 125-148). Cambridge, MA : Cambridge University Press.)의 이론을 근거로 해서 나름대로 결합해본 것이다.

10 연합이론으로 유명한 메드닉은 이를 '가파른 연합의 위계(steep associative hierarchy)'가 있다고 표현한다. 이와 대비되는 개념은 '평평한 연합 위계(flat associative hierarchy)'다.

11 최일호, 최인수. (2001). "새로운 생각은 어떻게 가능한가 : 전문분야 창의성에 대한 학습과정 모델 접근", 《한국심리학회지 : 일반》 (202), 409-428.

12 모든 가능성을 가지고 태어났으나 사회적 장치(가족, 학교)들에 의해서 점점 그 가능성이 퇴색되어간다는 과격한 입장일 수 있다.

13 Terman, L. M. (1925). *Genetic Studies of Genius*. Stanford, CA : Stanford University Press. Oden, M. H. (1968). "The Fulfillment of Promise : 40-year Follow-up of the Terman Gifted Group." *Genetic Psychology Monographs, 77*, 3-93.

14 Westby, E. L. & Dawson, V. L. (1995). "Creativity : Asset or Burden in Classroom?" *Creativity Research Journal, 8*, 1-10.

15 Lubart, T. I. (1994). "Creativity." In R. J. Sternberg(Ed.), *Thinking and Problem Solving* (pp. 289-332). San Diego, CA : Academic Press.

16 Csikszentmihalyi, M. (1996). *Creativity : Flow and the Psychology of Discovery and Invention*. NY : HarperCollins.

17 Sternberg, R. J. (1996). *Successful Intelligence: How Practical and Creative Intelligence Determine Success in Life*. NY : Simo & Schuster.

18 Ward, T. (1994). "Structured Imagination : The Role of category structure in exemplar generation." *Cognitive Psychology, 26*, 1-40.

19 이정모. (1996). "마음은 기계인가? : 튜링기계와 괴델정리." 이정모(편). 《인지심리학의 제 문제(I) : 인지과학적 연관》. (pp. 256-283). 서울 : 성원사. 인지과학에 대한 이해를 위해서는 《인지과학 : 과거, 현재, 미래》(이정모. 2010. 서울 :

학지사)를 읽으면 된다.

20 Csikszentmihalyi, M. (1988). "Society, Culture, and Person : A Systems View of Creativity." In R. J. Sternberg(Ed.), *The Nature of Creativity* (pp. 325-339). Cambridge : MA : Cambridge University Press.

21 이런 딜레마를 해결하기 위해 영국의 철학자이자 심리학자인 보덴(Magaret Boden)은 창의성을 '심리적 창의성'과 '역사적 창의성'으로 구분하고 있다. 심리적 창의성은 개인에게 독창적이고 새로운 것이면 사회적 평가나 그 아이디어가 이미 존재하는가에 관계없이 창의적이라 부를 수 있다는 것이다. 예를 들어 낙도에 살고 있는 일호라는 어린 학생이 몇 달을 고심한 끝에 독자적으로 이미 우리가 알고 있는 이차방정식의 근을 구하는 해법을 개발했다고 가정하자. 이 학생의 발견은 그 해법이 이미 밝혀졌다 하더라도, 그 학생 개인으로서는 창의적 사고의 결과이기에 개인 또는 심리적으로 창의적이라 볼 수 있다는 것이다. 우리가 창의성 교육을 논할 때 매우 중요한 의미를 갖는 것이 바로 개인의 심리적 창의성이다.

한편 역사적 창의성은 아이디어나 발견들이 사회적인 평가와 인정을 거쳐 지금까지 존재하지 않았던 창의적 산물을 낳았을 경우를 일컫는다. 따라서 일호 학생의 이차방정식 해법은 역사적 창의성의 범주에 들어가지 못한다. 역사적 창의성의 범주에 들어가기 위해서는 최초로 창안된 것기라는 사실과 함께 많은 사람들이 그 결과물을 통해 혜택을 받고 있어야 하기 때문이다. 에디슨의 전구 발명은 역사적 창의물의 대표적 예가 될 수 있다. 최근 들어 카우프만은 이를 더 세분화하여 넷으로 나누고 있기도 하나 크게는 보덴의 분류와 유사하다.

22 네이버 사전, http://dic.naver.com.

23 칙센트미하이 교수의 스승 게첼은 이를 각각 '제시된 문제'와 '발견된 문제'로 명명했다. Getzels, J. W. (1975). "Problem Finding and the Inventiveness of Solutions." *Journal of Creative Behavior, 9*, 12-18.

24 Perkins, D. (1994). "Creativity : Beyond the Darwinian Paradigm." In Boden, M.(Ed.), *Dimensions of Creativity* (pp.119-142). Cambridge, MA : MIT Press.

25 Einstein, A. & Infeld, L. (1938). *The Evolution of Physics*. NY : Simon and Schuster.

How

어떻게?

누가?

어디에?

7

내 안의
창의성 꺼내기

이번 장에서는 창의적 문제해결 기법에 대해 구체적으로 소개하겠다. 창의성 전문가들이 개발하여 오랜 세월 동안 효과를 검증받아온 각종 생각도구를 비롯해, 한국을 대표하는 창의적 리더들의 사고법, 그리고 일반 대학생들의 문제해결 방법에 대해 다양하게 살펴볼 것이다. 이 방법들을 얼마나 진지하게 익히느냐에 따라 한·두 가지 대안을 놓고 선택하는 일상적인 문제부터, 삶의 진로를 바꾸는 생애설계의 문제까지 다양한 영역에 두루 적용할 수 있다.

앞 장에서 창의적 문제해결에 대한 이론적인 틀을 요모조모 탐색해보았다. 이제부터는 본격적으로 어떻게 하면 내가, 그리고 우리가 직면한 문제들을 좀 더 창의적으로 풀 수 있는지에 대해 살펴보기로 하자.

창의적 문제해결 기법도 지금까지 알아본 창의성의 정의만큼이나 다양하다. 그러나 이에 대한 정보는 다른 경로를 통해서도 쉽게 얻을 수 있으니, 이 책에 백과사전 식으로 모든 방법을 나열할 필요는 없을 것이다.

여기서는 오랜 세월 동안 다양한 상황에서 창의적 결과를 산출했던, 즉 창의적 성취의 마중물 역할을 탁월하게 한 것들만 몇 가지 소개하기로 한다.

창의적 아이디어를 위한 첫 번째 마중물:
아이디어 생성기법들

플러스 – 마이너스 방법[1]

원래 선택은 어려운 법이다. 내 인생을 내가 결정하며 살 수 있다는 것은 축복임에 틀림없는데, 때로는 그 축복이 큰 부담으로 다가와 누군가 나 대신 결정해줬으면 하고 바랄 때가 있다. 사회심리학자 프롬(Erich Fromm)은 선택의 자유를 감당할 능력이 없는 사람들이 모여 집단을 이루면 카리스마를 지닌 인물에게 쉽게 그 자유를 넘겨준다는 것을 일찍이 간파했다. 그는 《자유로부터의 도피(Escape from Freedom)》라는 책에서 갑작스럽게 주어진 자유에 대한 부담이 결국 나치주의를 불러왔고, 끝내 2차 세계대전의 원인이 되었다고 주장했다.

사례가 너무 거창하다면 사소한 예를 들어보자. 당신이 여성이라면 이런 경험이 있을 것이다.

직장이든, 학교든, 친구모임이든 어디에 가야 했던 날을 머리에 떠올리면 된다. 아침에 일어나서 식사나 집안일을 마치고 화장을 하고 나니 출발할 시간이 다 되었다. 급하게 옷장 문을 열고 나서 했던 혼잣말을 떠올려보자. 틀림없이 그 말은…

"입을 옷이 없네!"였을 것이다.

남자들은 쉽게 이해하기 어려운 상황이다. 옷장 가득 걸려 있는 다양한 외출복은 다 뭐란 말인가. 일상에서도 선택은 이렇게 어려운 것이다.

자, 이제 본론으로 돌아가서 플러스-마이너스 방법이 무엇인지 알아보자.

몇 가지 대안에서 출발해 마지막 두 개의 대안까지 줄이는 것은 그럭저럭 가능하다. 그러나 양자택일의 순간이 오면 도대체 어떤 것이 최고의 결정일지 참으로 헷갈린다. 이때 사용할 수 있는 방법이 플러스-마이너스 방법이다.

최후의 대안 A와 B가 있다고 하고, 구체적으로 선택의 과정을 살펴보자.

1단계, 먼저 A와 B를 선택하면 어떤 점이 좋고 나쁜지 각각 적어본다. 생각나는 대로 적으면 된다. 때로는 두 개의 선택지가 아니라 하나의 대안을 놓고 이를 해야 하나 말아야 하나 고민할 수도 있다. 이때에는 이 결정을 따르면 무엇이 좋고, 무엇이 나쁜지를 생각해보면 된다.

문제 상황에 빠져 있을 때는 생각의 실타래가 얽혀서 무엇이 진짜 문제인지가 쉽게 눈에 들어오지 않는다. 이때 문제점에 대해 생각해보고 글로 적는 것만으로 당신을 괴롭히는 진정한 원인을 파악할 수도 있다.

요컨대 1단계는 문제를 발견하는 과정이다. 6장에서 기술했듯이 창의적 문제해결에서는 무엇이 문제인지를 발견하는 것이 푸는 것보다 더 중요하다.[2] 듀이도 "문제만 잘 정의되면 이미 반은 해결되었다."고 하지 않았던가. 이 기법을 활용했던 대학생들의 경우, 2단계까지

갈 것도 없이 각 대안들의 장단점을 적는 것만으로 진정 무엇이 문제였는지 알게 된 사례가 많았다.

2단계, 좋은 점과 나쁜 점에 대해 생각나는 대로 기술한 것을 지금 내게 중요한 순서대로 강제로 정렬시킨다. 좋은 점과 나쁜 점 각각에 대해서 말이다. 그런 다음 가장 중요한 것을 3~5가지로 압축한다. 5가지 다 포기할 수 없다면 어쩔 수 없겠지만, 가짓수가 많을수록 판단하기가 어렵다는 것을 고려해야 한다. 결혼할 사람을 고를 때 따지는 조건이 많을수록 노총각, 노처녀가 될 가능성이 높은 것과 같다.

2단계를 통해 우리는 자신의 우선순위가 무엇인지 알게 된다. 스티븐 코비(Stephen Covey)의 《성공하는 사람들의 7가지 습관(The 7 Habits of Highly Effective People)》에서 강조하는 제3습관이 바로 '소중한 것부터 먼저 하라'는 것이다. 항상 시간이 없다고 투덜대는 준기라는 대학원생이 있어서 무엇을 하는지 관찰해본 적이 있다. 실제로 그가 학교에 있는 시간은 매우 많았고, 밤샘을 하는 날도 적지 않았다. 그런데 이 학생은 어떤 것이 더 중요하고, 그래서 무엇을 먼저 해야 하는지에 대한 생각이 전혀 없었다. 그래서 일이 벌어지는 대로, 사람을 만나는 대로 끌려가다 보니 몸만 바쁠 뿐, 해질 무렵까지 뭐 하나 제대로 한 것이 없었다.

2단계를 통해서 중요한 순서대로 이유들을 나열하다 보면 인생에서 내가 무엇을 중요하게 생각하고 있는가에 대한 내적 성찰을 얻을 수 있으니, 이 자체가 또 하나의 중요한 수확이다. 어쨌든 수첩 하나

사서 자신에게 중요한 일을 적어가는 것만으로도 지금 이 학생은 달라지고 있다.

3단계, 몇 가지로 압축된 조건들은 결국 이것을 왜 하고 싶었는지, 또는 왜 망설이는지에 대한 내 마음의 솔직한 요약본이다. 이젠 최종적으로 필(feel) 받는 쪽을 결정하고 행동에 옮긴다.

왜 마음이 끌리는 대로 행동해야 하는가? 이미 1, 2단계를 통해서 합리적인 판단과정은 충분히 거친 셈이다. 나의 문제가 무엇인지 구체적으로 몰랐던 상황을 글로 적고, 장단점을 정렬하는 가운데 나의 논리적 좌반구는 충분히 활성화되었다. 이제 오른쪽 뇌가 나설 차례다.

우리가 어떤 결정을 행동으로 옮길 때에는 먼저 마음이 따라주어야 한다. 평양감사도 제 하기 싫으면 그만이듯, 이성적인 고민을 충분히 했다 할지라도 마음이 따라주어야 일이 성사된다. 마음 내키는 것의 중요성은 3장에서 이미 자세하게 다루었다.

4단계, 지금 상태에서 판단을 내리기가 어렵다면 일정 시간을 두고 다시 한 번 과정을 반복한다.

마지막 단계인 과정의 반복은 사실 행하기 쉽지 않은 부분이다. 문제의 회피처럼 보이기도 한다. 그러나 지금 분초를 다투는 문제가 아니라면, 치열한 고민을 했던 만큼 잠시 시간을 갖는 여유도 필요하다. 문제가 있더라도 삶은 계속되어야 하지 않겠는가? 문제가 풀리지 않았다고 마치 배고픈 아이가 먹을 것이 생길 때까지 보채는 꼴이라면 곤란하다는 것이다.

지금 내 형편에서 나름 최선을 다해서 노력했는데 풀리지 않는 문제는 잠시 판단을 보류한 후(굳이 현학적으로 표현하려면 '에포케(판단중지)'라고 부를 수도 있겠다), 보자기에 넣어서 장롱 손에 잠시 동안만 잘 보관하자. 언제까지? 다시 꺼내어 풀고 싶은 열의와 능력이 생길 때까지만 말이다. 문제해결 과정에서 부화기에 해당하는 시간을 갖는 것이라고 보아도 무방하다. 단, 문제를 보류한 상태더라도 자신이 문제를 풀어가고 있는 중임을 잊지는 않아야 할 것이다.

미국 심리학회장을 지닌 스턴버그 교수는 창의적 성향 가운데 가장 중요한 요소가 '애매모호함을 견디는 것'[3]이라고도 했다. 흥미 있는 사실은 이 애매모호함에 대한 참을성은 창의적 문제해결뿐 아니라 성숙한 인격의 바로미터이기도 하다는 것이다. 확실하지 않은 상황을 감내하는 이 특성을 칼 로저스(Carl Rogers)나 매슬로 같은 심리학자들은 성숙의 확실한 지표로 본다.[4]

플러스–마이너스 방법을 적용한 매우 간단한 실례를 들어보자. 중간고사 성적이 좋지 않아 내 수업 '창의적 사고'를 계속 들을까 말까 고민하는 학생에게 이 방법을 적용해보라고 했다. 수업을 듣고 싶은 이유를 생각해보더니 '창의성에 관한 궁금증을 해소할 수 있고', '창의적인 사람이 되고 싶다'는 것을 가장 중요하게 꼽았다. 한편 좋지 않은 점에 대해서도 정리해본 결과 '과제가 많다', '열심히 들었는데도 아직 애매모호하다'는 점이 지적되었다. 그럼 어떻게 하면 좋겠냐는 질문에 그 학생은 곰곰이 생각하더니 이렇게 답했다. "계속 듣는 것이 좋겠어요. 애매모호하다고 생각하는 것은 아직도 궁금하다는 뜻이고, 무엇보다 창의적인 사람이 되고 싶다는 마음이 가장 중요한 것 같아요."

창의적 문제해결법(CPS)

미국 뉴욕주립대학 버펄로 분교에서는 해마다 창의적 문제해결에 관한 워크숍이 열린다. 세계 각국에서 창의성에 관심 있는 사람들이 일주일가량 모여서 특강도 듣고, 주제별로 세미나도 하고 퍼포먼스도 즐기는, 일종의 세계 창의성 학술축제 같은 모임이다. 나도 대학원생들과 함께 참여한 적이 있는데, 참으로 다양한 사람들이 다양한 주제에 관해 열띤 논의를 벌였던 생각이 난다.

이 대학은 세계에서도 드물게 창의성학과를 개설하고 있는데, 이 학과의 산파 역할을 했던 트레핑거(Donald Treffinger), 아이작센(Scott Isaksen) 교수 등이 문제해결을 위한 방법으로 제시한 것이 바로 CPS다.[5] 이는 문자 그대로 창의적 문제해결법(Creative Problem Solving)을 지칭한다.

CPS는 크게 3요소 6단계로 되어 있지만, 그 구분은 그다지 중요하지 않다. 그냥 문제해결의 일반적 과정을 담고 있다고 생각하면 된다. 3요소는 간단히 문제가 무엇인가를 이해하는 요소, 해결책을 찾는 요소, 그리고 찾은 해결책을 행동으로 옮기는 요소다.

단계는 상황에 따라서 4~6단계로 변하나, 4단계만 설명해도 충분하다. 실제 적용사례를 통해 살펴보자.

창의성에 관한 수업을 영어로 진행할 일이 있었다. 예상하겠지만 영어수업은 학생들의 참여가 극히 저조하다. 게다가 영어수업을 하면서 내가 가장 염려하던 사태가 벌어졌다. 영어를 완벽하게 구사하는 외국인이, 그것도 두 명이나 들어온 것이다. 각각 경영학을 전공하는 프랑스 학생과 언어학을 전공하는 네덜란드 학생이었다. 안 그래도 영어수업에서는 발표나 참여가 미미한데, 여기에 외국인이 두 명이나 떡 버티고 앉아 있으니 수업시간은 거의 명상시간을 방불케 했다.

창의성에 관한 수업인 만큼, CPS를 적용해서 이 문제를 풀어보자고 제안했다. 수업시간에 학생들과 작업했던 실제 수업자료를 제시한 후 단계별로 설명해보겠다.

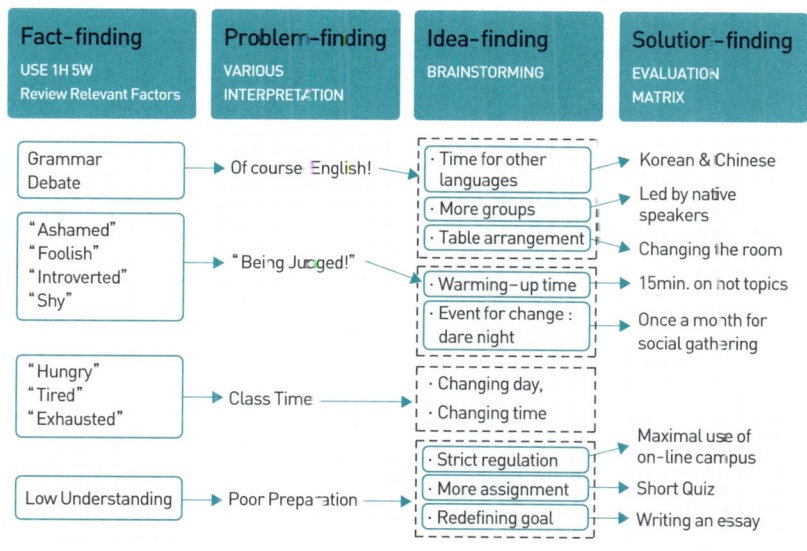

■ **그림** CPS의 실제 적용사례

1단계는 자료수집 단계(fact finding)다. 문제가 되는 이유가 무엇인지에 관해서 다양한 원인을 찾아보는 단계라 할 수 있다. 학생들에게 왜 참여가 저조한지에 대한 이유를 찾도록 했다. 그 이유들은 '영어문법', '토론능력 미숙', '창피함', '자신감 부족', '피곤함', '내용이 이해되지 않음' 등으로 다양했다.

2단계는 문제발견 및 정의 단계(problem finding)다. 1단계에서 나열된 눈물겨운 이유들을 범주화해서 무엇이 문제인지 정의해보았다. 학생들과 논의 결과 크게 다음의 4가지 문제가 도출되었다.

첫째, 문법과 토론능력 부진과 같은 '영어실력'의 문제가 있다.

둘째, 창피함, 바보같이 느껴짐, 자신감의 부족은 '다른 사람이 나를 어떻게 평가하는지에 대한 두려움'의 문제다.

셋째, 피곤함, 집중이 잘 안 되는 것은 '야간에 편성된 수업시간'과 관련된 문제로 파악되었다.

넷째, 내용이 이해되지 않는 것은 '철저한 수업준비의 부족'으로 의견이 모아졌다.

3단계는 가능한 해결책 모색 단계(idea finding)로서, 2단계에서 범주화된 문제들을 어떻게 해결할 수 있는가를 각 범주별로 브레인스토밍했다.

4단계는 해결책을 평가하고 실행에 옮기는 단계(solution finding)다. 즉 3단계에서 제시된 각각의 해결책을 평가해 가장 창의적인 것을 실행에 옮기는 것이다. 개별 문제들의 대안을 평가해 앞쪽의 그림과 같은 결론을 얻고 실행에 옮기기로 했다.

2단계 문제발견 및 정의	3단계 해결책 마련	4단계 평가 및 실행
영어와 토론	15분 한국어 마무리	O(실행)
	그룹편성, 자리배치	O
어색함	워밍업 시간	O
	데어나이트	X(실행하지 않음)
수업시간	요일, 시간 변경	X
	엄격통제	O
수업준비 부족	태도점검	O

■ 표 CPS 적용사례 요약

2단계부터 4단계까지 실제로 논의되었던 내용을 표로 요약하면 위와 같다. 자세한 설명이 궁금한 독자는 이 장 마지막의 주석을 참조하기 바란다.[6]

브레인스토밍

브레인스토밍이라는 기법을 이 책에서 처음 알게 된 사람은 없을 것이다. 1950년대에 알렉스 오스본(Alex Osborn)이라는 광고회사 사장은 다음 4가지 원칙만 지키면 아이디어를 풍부하게 얻을 수 있다고 제안했다. 그 4대 원칙이란 '남의 의견에 대한 비판금지, 아무리 황당한 아이디어라도 기꺼이 허용하기, 질보다는 양, 나온 아이디어들을 자유롭게 결합하기'로 표현할 수 있다. 원칙이라고 표현했지만 주목적은 아이디어 생성에 걸림돌이 되는 비판을 금지하자는 것이다. 세부적인 절차가 복잡하지도 않고, 적용사례에 대한 예들도 많다. 그러니 여기서는 좀 색다른 이야기를 해보겠다.

브레인스토밍은 집단적으로 아이디어를 생성하도록 고안된 방법이다. 그렇다면 여러 사람들이 함께 모여 브레인스토밍을 하는 것과, 각자가 브레인스토밍을 한 후 나중에 서로 합쳐보는 것 중 과연 어느 쪽에서 더 창의적인 결과가 나올까? 결론부터 말하자면, 후자가 더 효과적이다. 그 이유를 분석해본 결과 다음 3가지 때문이라고 여겨진다.

첫째, 소심한 마음 때문이다. 목소리가 큰 사람 옆에 있는 소심인은 발표 기회를 잡기 어렵다. 줄기차게 떠들어대는 사람의 말을 끊고 끼어들자니 미안하기도 하고, 그래서 그냥 듣고 있다가 머릿속에 갑자기 떠올랐던 아이디어를 까먹는 경우가 있다.

둘째, 남들이 내 생각을 어떻게 평가할까 신경 쓰기 때문이다. 학생들끼리 자유로운 주제로 토론하고 있는데 교수가 끼어들어 의견을 개진하면 갑자기 썰렁해진다. 주로 내가 하는 짓이다. 요새는 많이 좋아졌다고 스스로 생각하지만, 분위기로 봐서는 아직도 개선해야 할 여지가 많음에 틀림없다. 회사에서도 마찬가지다. 사장님의 한 말씀은 좌중을 얼어붙게 하는 신통력이 있다. 사회적인 위계가 존재하는 곳에서 자유로운 의견개진은 일신상의 안전을 위해 현명한 일이 아닌 것으로 여겨진다.

셋째, 덩달아 슬쩍 끼어 가겠다는 심리 때문이다. 내가 굳이 노력하지 않아도 어차피 누군가는 말할 것이고, 내 아이디어가 특별히 멋있어 보이지도 않은 판국에 가만히 눈치보고 있다가 본전만 건지자는 심산이다.

이 3가지 이유가 전혀 남의 사정이라고 생각하는 사람은 아마 많지 않을 것이다. 굳이 브레인스토밍이라는 특정 기법을 들먹일 필요도 없다. TV에 가끔 등장하는 기업총수 주재의 회의, 고위공직자 회의 등을 주의 깊게 보라. 높은 위치에 있는 사람이 한마디 하면 모두 갑자기 받아쓰기 시작한다. 나는 가끔씩 열심히 받아쓰는 분들의 종이를 몰래 훔쳐보고 싶은 충동을 느낀다. 너무도 진지한 표정으로 받아쓰는 그 종이에 과연 무엇이 적혀 있을까? 나는 아주 가끔 한자연습을 한다.

IT강국이어서일까? 한국의 국무회의를 보면 배석위원들 앞에 노트북이 하나씩 놓여 있다. 대통령이 이야기할 때 누구나 다 그 노트북을 들여다보고 있다. 대화를 한다는 것은 눈을 마주보며 상호작용하는 것일 텐데, 이제는 그동안 불편했던 시선처리를 도와주는 노트북까지 생겨났으니 차라리 잘되었다. 노트북만 열심히 쳐다보고 있으면 되니 말이다.

자, 문제는 형식이 아니다. 아무리 넥타이 풀어놓고 둥그렇게 앉아서 편하게 이야기하라고 해도 아이디어 개진을 가로막는 원초적인 걸림돌들이 쉽게 제거되지는 않는다는 것이다. 항상 무서웠던 아버지가 어느 날 갑자기 술 한잔 사주시더니 "자, 편하게 무슨 얘기든 다 해봐라." 하는 것과 같다. 차라리 편하게 대화를 나누기가 어렵다고 인정하고, 이런 불편함을 최소화하는 방안을 모색하는 편이 현명하지 않을까.

대안으로 전자 브레인스토밍을 생각해볼 수 있다. 메신저 등 IT기술을 활용해 온라인상으로 아이디어를 개진하므로 그룹 브레인스토밍의 3가지 단점을 최소화할 수 있기도 하고, 사내 전산망을 잘 갖춘 우리나라에서는 안성맞춤일 수 있다. 다른 대안으로는 브레인라이팅(brain writing) 기법이 있다. 이것은 공공연하게 자기 아이디어를 발설하는 것이 아니라 종이에 적은 후 정해진 룰에 따라 기록지를 순환시키는 방법이다.

아이디어 생성기법을 기막히게 잘 활용하는 집단은 하나의 기법만을 고집하지 않는다. 그들은 목적에 따라 여기에서 소개하는 여러 가지 기법을 섞기도 하고, 한 기법 내에서도 순서를 바꾸는 등, 그야말로 자기만의 칵테일을 만드는 데 능숙하다.

내가 본 독창적인 방법으로 한국창의성연구소 박종안 소장의 고스톱 브레인스토밍이 있다. 한국사람들에게 친숙한 게임인 고스톱을 브레인스토밍 기법에 적용한 것으로, 해결책을 칠판에 쓰거나 메모지에 적어 붙인 후 곧바로 실행에 옮길 수 있는 아이디어라면 '스톱(S)'을, 구체적인 실행방안이 나오지 않는 것은 지속적으로 '고(G)'를 하는 방법이다. 이 방법은 사용하기가 매우 간단하고 재미있을 뿐 아니라 '고(G)'에서 핵심단어를 뽑아 새로운 브레인스토밍을 시작할 수 있다는 장점이 있다. 실제로 해보면 간단하면서도 의외로 많은 아이디어를 건질 수 있다.

다음은 안전사고 예방에 대해 고스톱 브레인스토밍을 한 것이다.

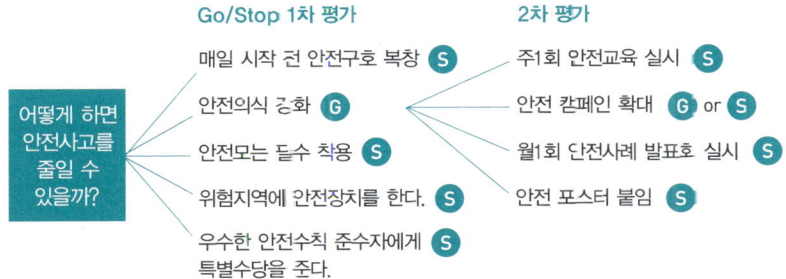

■ 그림 고스톱 브레인스토밍[7]

마인드맵

마인드맵(mind map)은 영국의 심리학자 토니 부잔(Tony Buzan)이 《양쪽 뇌 사용하기(Use Both Sides of Your Brain)》[8]라는 책에서 제안한 방법으로, 핵심주제를 중심에 두고 방사선으로 그림, 기호, 색상 등을 연결해 아이디어를 확장해나가는 방법이다. 그의 책이 출간된 1974년 즈음은 대뇌좌우반구의 기능분화에 대한 학자들의 관심이 지대했다. 특히 노벨 생리의학상을 수상한 심리학자 로저 스페리(Roger Sperry)의 연구는 왼쪽 반구는 논리 분석적 기능이, 오른쪽은 공간과 직관능력이 우세하다고 믿게 했다. 그런 시점에서 토니 부잔은 그림을 그리며 문제를 분석해나가는 것이 우뇌와 좌뇌를 같이 활용하는 효과만점의 방법이라며 마인드맵을 소개했다.

마인드맵은 생각을 정리하는 데 매우 유용해서 이미 예전부터 지식인들 사이에 활용되어왔다. 다윈도 다음 그림에서 보듯이 진화에 대한 자신의 생각을 도식화하는 방법으로 줄기에서 가지가 뻗어나가

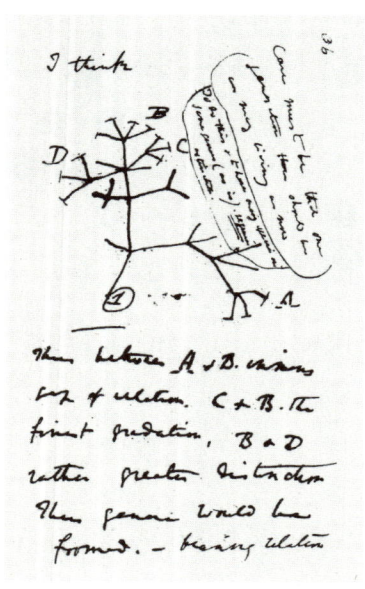

■ 그림 다윈이 그린 마인드맵[9]

는 그림을 그렸고, 훨씬 이전에 다 빈치도 자신의 생각을 정리하기 위해 마인드맵을 그렸다.

나의 개인적인 경험을 말하자면, 내가 이 방법에 관심을 갖게 된 것은 글을 쓰기 위해 생각을 정리해야 했기 때문이다. 머리에 떠오르는 생각은 여러 갈래인데, 컴퓨터로 글을 쓰다 보면 한 갈래밖에 다루지 못하게 된다. 실타래처럼 얽혀 있는 아이디어 중 어떤 것은 이미 앞부분에서 정리한 내용과 관련이 있고, 그래서 앞쪽으로 이동해 글을 덧붙이고 나면 이번에는 다른 부분에 비슷한 내용이 있음을 발견하곤 했다.

한 줄로 정렬되지 않는 아이디어들을 컴퓨터 화면에 억지로 정리하느니 차라리 종이다 그림을 그리고 아이디어끼리 선을 그어 연결해버리면 되지 않을까? 시간도 절약될뿐더러 생각들을 조합하는 데도 한결 수월해지지 않겠는가라는 데까지 생각이 미쳤다. 그래서 빈 종이에 생각을 적어서 선으로 서로 연결하고, 가깝고 건 아이디어들은 색이나 기타 나만의 문자로 표시해놓고 나니 훨씬 명료해졌다. 아이디어를 적고 이를 서로 연결해나가는 과정은 마치 내 머릿속에서 이루어지는 문제해결 과정이 바깥에서 재현되는 것 같아 흥미를 배가시켰다.

실제로 수업시간에 학생들에게 이 방법을 활용해보라고 권장한 결과, 학생들은 내면의 고민, 한 학기 동안 배운 수업내용의 정리, 전공선택에 대한 고민, 방학계획, 다이어트 등 다양한 주제에 활용해 도움을 얻었다고 했다.

마인드맵을 그리는 방법은 간단하다.

먼저 핵심주제나 문제를 종이의 가운데에 적은 후, 마치 나무에서 큰 줄기가 뻗어나가고 그 가지에서 2차, 3차 가지가 뻗어나가는 것처럼 핵심주제에서 그다음 부주제, 세부주제 순으로 일관성 있게만 연결해나가면 된다. 1차, 2차 가지의 구별은 굵기나 색깔을 달리해서 나타낼 수도 있다.

다음쪽의 그림은 흔재 자신의 고민이 진로, 학점관리, 영어, 살빼기라고 정의한 한 학생의 그림 중 '살' 줄기와 관련된 가지만 잘라서 인용한 것이다.

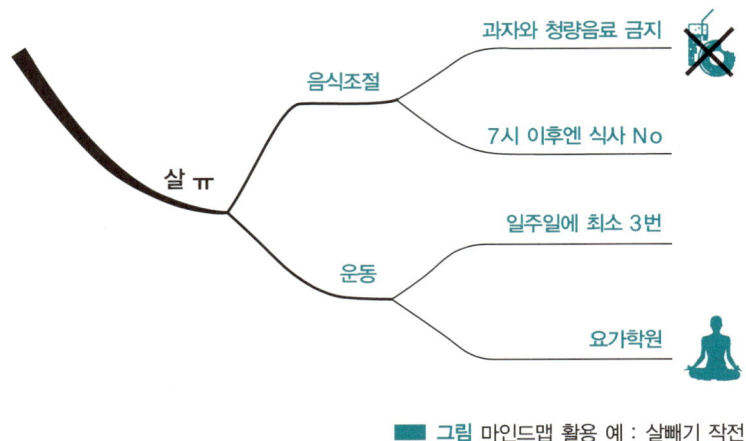

■ 그림 마인드맵 활용 예 : 살빼기 작전

시중에 프리웨어를 포함한 다양한 마인드맵 소프트웨어가 나와 있고 사용법도 그리 복잡하지 않으니 사용해볼 만하다. 그래도 손맛을 느끼고 싶다면 직접 그려보라. 놀이하는 것처럼 마음껏 그리고 난 후 스캔하거나 사진을 찍어 컴퓨터에 보관하면 저장도 문제없다.

강제연결법

충분한 지식과 경험이 쌓이면 이것들이 문제해결의 징검다리 역할을 해준다. 그러나 지식과 경험이 아직 일천하다면 인위적인 징검다리를 빌려서라도 사고의 물꼬를 터야 한다. 강제연결법은 바로 그럴 때 유용하다.

이 방법을 쓸 때는 징검다리가 문제와 별로 상관이 없을수록 오히려 효과가 크다.

예를 들어 휴대폰의 신규 모델을 개발하는 부서에 있다고 하자. 새로운 휴대폰을 만들고자 하는데 이미 시장에는 온갖 첨단제품이 다 있어서 참신한 아이디어를 얻기가 수월치 않다.

이때 누군가 '양파'를 징검다리로 활용하자고 제안했다.

먼저 양파의 속성이 어떤지 각자 생각한 후 적어본다. 예를 들어 여러 겹으로 되어 있다, 독특한 향이 난다, 눈물이 난다 등 양파의 특성을 열거하는 것이다.

그 후 휴대폰에 이러한 속성을 결합시켜 새로운 아이디어를 얻는 것이다.

여러 겹으로 구성되어 있다는 발상에서 멀티 슬라이드 휴대폰을, 독특한 향이 나는 데서는 자기만의 향기가 나는 휴대폰을, 눈물이 난다는 것에서 '공감'이라는 키워드를 유추해내고 공감하는 휴대폰을 생각해볼 수 있다. 휴대폰이 어떻게 공감할 수 있을지 고민해보면 새로운 아이디어가 떠오를 것이다. 휴대폰이 소개팅을 주선하는 것은 어떤가. 본인의 이상형에 대한 프로필을 휴대폰에 입력해놓고 있으면, 서로 조건이 맞는 사람 옆을 지나갈 때 양쪽 휴대폰이 진동하는 것이다. 대학 1학년생의 깜찍한 아이디어다.

참, 박주현 학생이 생각한 휴대폰의 이름은 'selfone'이다. 우리는 휴대폰이라 하지만 미국에서는 셀룰러폰을 줄여 '셀폰'이라 부른다. 그 발음과 같으면서도 스스로 알아서 기능하는(self) 스마트폰의 능력을 가졌다는 의미에서 붙인 것인데, 매우 크리에이티브한 이름이 아닐 수 없다. 아직 상표등록은 안 한 것으로 알고 있으니 참고하시라.

이 방법의 무시 못할 장점 하나는, 일단 사람들이 재미있어한다는 것이다. 이 밖에도 스캠퍼(SCAMPER), 시네틱스(sysnetics), 최근 들어 관심을 받고 있는 러시아의 트리즈(TRIZ)도 아이디어의 마중물로 유용하다.

창의적 아이디어를 위한 두 번째 마중물 : 창의적 한국인들의 문제해결법

이제부터는 한국에서 창의적 성취를 이룬 분들께 중요한 문제를 어떻게 풀어왔는지 물어본 결과를 정리해볼 것이다. 이 질문은 내가 《국제 창의성 핸드북》의 한국 편을 쓰기 위한 인터뷰의 일환으로 진행되었다.[10] 20여 명의 창의적인 인물들에게 인생에서 중요한 문제에 봉착할 때마다 나름대로 해결하는 방법이 있었다면 어떤 것이었는지에 대해 물었는데, 그중 인상 깊었던 것들을 이곳에서 나누겠다.

원천적인 문제를 찾아라

임시적인 미봉책은 결국 또 다른 문제를 낳게 된다. 따라서 어떤 문제에 부딪혔을 때는 무엇이 문제를 야기한 진정한 원천인지를 찾아 발본색원하는 것이 중요하다는 것이다. 이 방법은 6장에 서술한 '문제해결보다 문제발견이 더 중요하다'는 학자들의 최근의 견해와 맥을 같이한다.

머리를 쉬지 마라, 계속 상상하라

이어령 교수는 본인의 상상력이 어렸을 때부터 이어온 자기만의 독서방법에서 나왔다고 했다.

어린 시절 번역소설을 읽다 보면 번역이 시원치 않아 외국사물의 이름을 그대로 음차(音借)해서 적은 경우가 많았다고 한다. 이대마다 대충 넘어가는 대신 그는 그것이 무엇을 가리킬지 머릿속으로 상상해보았다. 이러한 연습이 88올림픽 개막식 때 융합, 통합, 소통 등의 메시지를 여백에 담아 세계에 전달한 굴렁쇠 굴리기와 같은 문화디자인의 원천이 되었다는 것이다.

심리학에서는 지식이 우리 머릿속에 얼마나 잘 저장되는가는 정보처리의 수준이 얕은지 깊은지에 따라 달라진다고 본다. 이어령 교수는 정보처리를 깊게 하는 자기만의 방법을 마련한 것이었는데, 실제로 이러한 방법은 효과적인 학습전략으로 활용되고 있다.

최근에는 많이 좋아졌지만, 아직도 번역자 자신도 이해하지 못한 채 번역을 하는 경우가 적지 않아 보인다. 전에는 불평이 나왔지만, 이제는 나의 창의성을 도와주기 위해 노력한 번역가라고 생각하고 감사해야 할지도 모르겠다.

세계적인 디자이너 김영세는 어떤 디자인을 본격적으로 시작하기 전에 머릿속에서 수많은 시뮬레이션을 거치며 상상의 나래를 펼친다. 그의 표현에 따르면 자신은 두 개의 랩(lab)을 운영한다고 한다. 현실과 상상속의 디자인랩 말이다. 루트번스타인도 《생각의 탄생》에서 시각적으로 형상화하는 연습을 하는 것이 창의성의 근간을 이루는 생각도구라고 했다.

심신의 조화를 꾀하라

창의성 얘기하다가 심신의 조화라니, 이 무슨 도 닦는 이야기인가? 그렇지만 분명히 효과가 있다고 전길남 박사는 말한다.

우리나라가 인터넷 강국이 되는 데 기틀을 다져온 전길남 박사는 문제가 풀리지 않을 때 산에 오른다. 마음은 오랜 고민 끝에 지칠 대로 지쳤지만 몸은 그렇지 않아 밸런스가 맞지 않는다고 생각하면 그 문제를 가지고 산에 간다. 마라톤하듯이 논스톱으로 정상에 올라가 답을 찾으면 그 해결책이 보인다는 것이다. 왜 그럴까? 문제가 어려워 머리가 고생했을 때는 몸도 그만큼의 고된 단련이 필요하기 때문이라고 설명한다.

창의적 인물의 문제해결 방법에 대해 많은 인터뷰를 접했지만 전길남 박사의 이야기는 선뜻 이해하기 어려웠다. 그래서 오랫동안 요가를 수련하고 가르쳐온 선배님께 자문을 구해보았다. 그분은 근육을 튼튼하게 하려면 무조건 훈련만 하지 말고 근의 긴장과 이완을 조화시켜야 하고, 상체를 신선하게 만들려면 하체를 써주면서 호흡을 통해 몸의 에너지를 골고루 분산시켜야 한다고 했다. 기를 순환시키는 것과 같은 맥락인데, 요가를 비롯한 동양의 수행법에서 그 뿌리를 찾을 수 있다고 한다. 전길남 박사의 처방은 이 원리를 몸과 마음의 연결에 적용한 셈이다.

많은 경우 문제를 맞닥뜨리면 열심히 준비하고 고민하는 과정에서 통찰이나 직관을 통해 해결책을 얻곤 한다. 그런데 재미있는 것은 이러한 통찰이 일상을 벗어나는 장소에서 평상시와는 다른 행동을 할 때 종종 일어난다는 사실이다. 실제로 통찰이 이루어지는 순간에 대한 에피소드를 들어보면 목욕탕, 산책길, 버스 안 등 다양한 장소에서 일어나는 것을 알 수 있는데, 이제는 산도 그 목록에 포함시켜야 할 것 같다.

심리적 데드라인을 앞당겨라

분석심리학자 칼 융의 이론에 바탕을 둔 인성검사 MBTI는 4가지 성격쌍 중 사람마다 두엇을 선호하는지에 따라 성격을 16가지 유형으로 나눈다. 그 네 쌍 중 하나가 '판단과 인식'이다. 판단과 인식이라는 말은 그 자체가 어려우니 괘념치 말고, 여기서는 그냥 두 부류의 사람이 있다고만 해두자. 한 부류는 '미리디리 준비철저' 스타일이다. 이런 사람들은 준비하지 않은 상태에서 데드라인이 다가오면 긴장하고 마음이 불안하여 평상시보다 일을 못한다. 이와 반대로 다른 한 부류는 오히려 데드라인이 닥쳐야 발동이 걸린다. 아무리 할 일이 없어도 다가오는 과제를 미리 준비하는 법이 없다. 데드라인은 그저 출발신호일 뿐이다. 그러나 이런 사람들도 같은 유형의 부하직원에게는 왠지 미덥지 못해 데드라인을 조금 앞당겨 말한다니, 재미있는 일이다.[11]

양쪽 부류 모두 심리적 데드라인을 조금 앞당기면 어떨까? 준비철저 스타일은 어차피 최종기한까지 노력을 멈추지 않을 테니 일찍 마무리한 다음 남은 기간 동안 마음에 들도록 수정작업을 해나가면 될 것이고, 후자는 다른 사람에게 적용하듯 본인 스스로에게도 데드라인을 당겨놓고 동기부여하자는 말이다. 이달 말이 마감일이라면 세 번째 주를 데드라인으로 정해놓고 일을 해보자. 설마 효과가 있을까 의심이 갈 수도 있겠지만, 창의적 선배들이 권하는 책략이니 속는 셈 치고 한번 시행해보기 바란다.

반대로 생각하라

많은 사람들이 당연하다고 생각하는 것들에 대해서 '만약 그 반대가 사실이라면 어떻게 되는가'를 생각해보는 것이다. 이 방법은 이미 만들어놓은 아이디어에 대해 많은 비판을 생성해내고, 그럼으로써 최적의 해결책을 찾아나가는 역브레인스토밍과 매우 유사하다. 예컨대 모토로라의 로버트 갤빈 전 CEO는 비즈니스와 관련된 최종결정을 하기 전 '만약 이 아이디어의 반대가 사실이라면 어떻게 되겠는가'를 한 번 더 생각한 후 결정했다고 한다.

이와 관련해 서정욱 전 과학기술부 장관은 지금까지의 교육이 '이렇게 해라, 저렇게 해라' 하고 시시콜콜 잔소리를 늘어놓는 것으로 학생들에게 인식되어 효과가 없었다면, 차라리 학생들을 믿고 '해서는 안 되는 최소한의 것들'만 교육하는 것이 더 좋지 않겠느냐는 제언을 했다. 교육계에 시사하는 바가 작지 않다고 생각한다.

개방적이 되어라, 열심히 들어라

개방성은 창의적인 인물의 특성 중에서도 매우 중요한 요소로 꼽힌다.

일반적으로 말할 때 개방성은 주위에서 일어나는 사소한 변화도 감지해 작품의 모티브로 삼는 감각적 민감성과, 타인의 의견과 비판을 참고해 건설적으로 수용하는 것으로 크게 나뉜다. 인터뷰를 진행하면서 인상 깊었던 사실은, 흔히 '독불장군'으로 여겨지는 한국의 창의적 리더들도 기실 타인의 의견을 경청하는 가운데 많은 아이디어를 얻었다고 고백한다는 점이다.

그만둘 때를 알아라

창의적인 사람들의 특징 중 하나는 집요할 정도로 완벽주의자가 많다는 것이다. 그러나 역설적이게도, 그들은 그만두어야 할 때 또한 잘 안다.

들어갈 때와 나갈 때를 아는 것의 중요성은 우리나라뿐 아니라 노벨상 수상자부터 세계적인 인문·사회학자에 이르기까지 두루 강조되고 있다는 점에서 동서양을 아우르는 진리처럼 생각된다. 일례로 노벨 물리학상 수상자인 찬드라세카르는 관심 있는 주제에 천착해 최선을 다한 후 다른 주제로 넘어가는 타이밍을 결정하는 것이 그에게는 매우 중요하다고 회고했다. 아울러 관심주제를 바꾸는 것은 학문적인 외도가 아니라 오히려 생각의 다양함과 깊이를 위해 필요하다고도 덧붙였다.

글쓰기에서도 마찬가지다. 노인발달학의 세계적 선구자인 버니스 뉴가튼은 글을 쓰고, 고치고, 다듬는 작업을 수없이 하되 일단 마음에 든다고 생각하면 여지없이 떠나보낸다고 했다. 캐나다 작가 로버트슨 데이비스는 "그렇게 하지 않으면(손을 털지 않으면), 당신의 작품으로부터 생명을 앗아간다."고까지 경고하고 있다. 개악(改惡)이 된다는 것이다.

열심히 일한 당신, 떠나라

사람이 일만 하고 살 수는 없다. 창의적인 사람들도 열심히 일했으면 자기만의 여가시간을 가지라고 이구동성으로 조언한다. 그런데 이 말은 잘 해석해야 한다. 여가의 진정한 의미가 무엇인지 따져봐야 한다는 말이다.[12] 창의 에너지를 충전하기 위한 여가는 '평상시에 하던 일과 전혀 다른 종류의 일을, 평상시에 하던 일과 같은 강도로 경험하는 것'이다.

평상시와 다른 종류의 일을 한다는 것은, 익숙함으로부터 벗어나 새롭고 다양한 경험을 통해 당신의 잠들어 있는 능력을 일깨우는 행위다. 한편 하던 일과 같은 강도를 유지해야 한다는 말은, 김정운 교수의 표현대로 적극적으로 자신의 에너지를 쏟아 부으며 놀아야 여가가 된다는 뜻이다. 아무 생각 없이, 무조건, 소모적으로 노는 것은 창의성에 전혀 도움이 되지 않음을 명심하자.

창의적 아이디어를 위한 세 번째 마중물: 일반인들의 노하우

앞에서는 위대한 성취를 이룬 인물들의 방법론을 살펴보았다. 이번에는 시선을 조금 낮춰 일반인들이 실천한 사례들을 들려드릴까 한다. 다음 전략들은 여러 해 동안 '창의적 사고'라는 수업을 하면서 학생들이 도움을 받았다고 이야기해준 내용이다. 학생들이 몸으로 입증한 것들이니만큼, 당신의 생활에 적용하면 소박하지만 작지 않은 도움이 될 것이다.

왜 이 일을 하려고 하는지, 그 일이 나와 구체적으로 무슨 관련이 있을지 글로 써보라[13]

3장에서 우리는 몰입으로 들어가는 가장 큰 조건이 '분명한 목표'라는 것을 배웠다. 아울러 어떤 일을 하더라도 그것이 나와 무슨 관련이 있는지 생각해보는 것이 더 나은 성취를 보장한다는 사실도 알았다. 이 전략은 업무 등 어떤 일에도 적용할 수 있지만, 학습에 특히 효과가 크다. 수업 초기에 분위기가 좋으면 그것이 학기말까지 지속되는 것을 많이 느꼈는데, 글쓰기는 그런 분위기를 조성하는 데 큰 역할을 한다.

방해물을 찾아라[14]

내가 창의성을 마음껏 발휘하지 못하도록 발목을 잡고 있는 요인이 무엇인지를 생각해보는 것도 중요하다. 가정에서는, 사회에서는, 그리고 문화적으로 어떤 것들이 내 잠재력의 최적화를 막고 있는지 찾아보는 것이다.

내가 창의적이었던 순간을 추적하라

어린 시절에 각별히 관심을 보였던 것들이 무엇인지 생각해보면 내 창의성의 뿌리와 창의적 잠재력이 폭발하는 상황을 가늠할 수 있다. 창의적인 생각이나 행동에 대한 에피소드를 찾는 것도 유용하다. 이때 다중지능과 관련해서 자신의 지능을 측정해본다면 도움이 될 것이다.

한 번도 해보지 않았던 것을 경험해보고 체험수기를 써라[15]

이 전략은 독립적으로 시도할 수도 있지만 앞의 전략과 함께 활용하는 것도 의미 있다. 즉 어릴 때 관심을 가지고 있었지만 본격적으로 경험하지는 못했던 것을 시도한다면 두 전략을 같이 구사하는 셈이 된다.

시인 안도현은 "누구에게 한 번이라도 뜨거운 사람이었느냐"고 일갈했다. 그런데 내 주위에는 타인에게는커녕 자기 자신에게조차 한 번이라도 뜨거운 적이 없었다고 고백하는 학생들이 의외로 많다. 대학만을 바라보느라 어릴 때부터 좋아하던 일들이 뒷전으로 밀려나 자신에게서 멀어져갔다는 사실을 대학에 들어와서야 발견하고 후회하는 학생이 어디 한둘이겠는가?

과거의 에피소드를 반추하며 숨어 있던 자신의 관심사와 재능을 다시 찾고, 다중지능 검사 등을 통해 적성을 확인하는 작업을 거치며, 많은 학생들이 진로에 대한 정체성을 진지하게 생각해보게 되었다. 그 과정에서 적지 않은 학생이 전공을 바꿀 것을 심각하게 고민했으며, 비록 취미일지라도 어렸을 때 꿈꿔왔던 것을 다시 시작하는 것을 보곤 했다.

이 전략이 가지는 장점은 새로운 경험을 해보고 어떤 점이 좋았고 싫었는지를 분석해봄으로써 자신의 소질과 능력을 재검토할 수 있다는 것이다. 창의성은 본인이 재미있어하는 주제를 선택하고 이를 열심히 할 때 나오는 결과물이다. 그런 점에서 한 번도 경험하지 못한 것을 해보는 것은 자신의 창의성을 밖으로 끄집어내는 활동이라 할 수 있다.

많은 학생들이 자신의 이야기를 들려주었는게, 그중에서 독립영화 감독이 되겠다고 시나리오를 가지고 왔던 경영학과 학생이 생각난다. 진로를 찾도록 계기를 마련해주었으므로 꼭 영화에 출연해야 한다고 해서 자못 기대하고 있었는데, 배역이 담긴 시나리오를 보니 '딸의 남자친구를 제거할 방법에 몰두해 있는 대머리 조폭 보스'였다. 아직 대머리는 아니니 그때가 되면 고려해보겠노라고 설득해 돌려보낸 기억이 난다.

이 밖에 긴 설명은 하지 않겠지만 다음 전략들도 추천되었다.

다양한 아이디어 생성기법을 조합하라

하나의 아이디어 기법만을 고집하지 말고 여러 가지 기법을 자유롭게 섞어 쓰는 방법이다. 이를테면 고스톱 브레인스토밍을 실시한 후에 '고'가 나온 항목의 아이디어를 얻기 위해 강제연결법이나 플러스–마이너스 방법을 접목할 수 있다.

창의성의 세 박자 모델을 적용하라

우리 주변에 있는 창의적 산물들을 선택하고 이러한 결과가 나올 때까지의 과정을 세 박자 모델에 접목시켜보는 것이다. 당연하다고 생각해왔던 창의적 물건들이 완성되기까지 다양한 우여곡절이 많았다는 사실도 알 수 있고, 또한 거의 동시대에 같은 발명품이 나왔으나 어떤 것은 선택되고 다른 것은 이름 없이 사라져간 경우처럼 흥미 있는 소재들이 많이 발견될 것이다. 우리 수업에서는 기업, 디자이너, 영화, 스포츠에 이르는 다양한 소재들이 다루어졌다. 특히 디씨인사이드가 어떻게 진화해가고 있는가에 대한 분석은 날카로웠다.

주변에서 롤모델을 찾아라

'주변'에서 찾는다는 것이 중요하다. 유명인은 찾기도 어렵고 인터뷰 시간을 얻기도 하늘의 별 따기다. 오히려 주변에 있는 친근한 사람들에게서 의외의 창의적인 면을 발견하고 인터뷰하는 것이 더 의미 있다. 창의성은 나와 그리 멀지 않은 곳에 있다는 것을 느끼게 될 것이다.

일상이 바뀌어야
인생이 바뀐다

우리는 누구나 창의적으로 살고 싶어 한다. 자신이 잘하고 싶은 분야에서 성취와 보람을 느끼며 행복하게 살고 싶어 한다. 그런데 그게 참으로 거창하고 어려워 보이니 문제다. 그래서 엄두도 못 내고 지레 포기해버리는 사람들이 적지 않은 듯하다.

그러나 지금까지 살펴보았듯이 전문가들이 개발한 창의성 도구나, 창의적 인물들의 노하우나, 20대 대학생들의 경험이나, 면밀히 따져 보면 큰 간극이 없다. 누구든 창의적으로 자신의 삶을 살 수 있다는 말이다. 단, 여기에는 한 가지 조건이 붙는다. 스스로를 돌아보고, 생각을 하고, 글로 쓰고, 사람을 만나며, 자신의 일상을 흔들어야 한다는 것이다. 그런 노력을 할 때 오늘 하루가 바뀌고, 내일이 달라질 수 있다.

제자 유진이는 내일을 바꾸려 오늘을 변화시키고 있다. 그 기록을 본인 동의 하에 여기에 소개한다. 이 청춘의 삶에 어떤 변화가 싹트고 있는지 함께 보면서 이 장을 마칠까 한다.

"'창의적 사고' 수업을 들으면서 내가 느낀 창의성의 정의는 '좋아하는 일을 할 수 있는 용기'였다. 창의적인 사람들은 모두 어떤 일에 '몰입'하며, 그렇게 몰입할 수 있는 원인은 그 일을 좋아하기 때문이었다. 우리가 자신의 창의성을 맘껏 발휘하지 못한다면, 그 이유는 좋아하는 일을 찾지 못했거나, 좋아하는 일을 찾았지만 어떤 외부적 시선이나 고정관념에 가로막혀 포기해버리기 때문이라는 생각이 들었다.

수업이 끝나면 어쩐지 우울한 기분까지 들곤 했다. 나는 엄청나게 열망하고 있는 일이 있는데도, 줄곧 그것을 하면 안 된다고 생각해왔기 때문이다. 내가 기회를 놓쳤기 때문이기도 하고, 부모님이 그건 이제 안 되는 일, 불가능한 일이라고 단정 지으셨기 때문이다….

'안 될 게 뭐가 있지?' 하는 생각이 들었다. 내가 이렇게 원하는데, 이것이 분명 내가 좋아하고, 그만큼 노력을 쏟을 수 있다는 확신이 드는데, 내가 살아온 날이 얼마나 된다고 그렇게 돌아갈 수 없는 길이라고 단정 지었는지 모르겠다.

나는 어렸을 때부터 피아노를 쳤는데, 중학교에 들어가면서 어머니께서 피아노와 학업 중에서 선택하라고 하셨다…. 그 후 적성검사 등에서도 나는 눈에 띄게 예술적 지능이 높게 나왔지만, "예술적 지능이 가장 높네. 하지만 이쪽은 이제 안 되니까." 하면서 예술과 관련된 직업은 논의에서 제외되었다.

나를 결정적으로 흔들어놓은 사건은 바로 '그루브 공연'(재즈동아리)이었다…. 공연을 보고 나서 한동안 그날의 충격에서 헤어 나올 수가 없었다. 마치 운명적인 상대를 만나 사랑의 열병을 앓는 것처럼, 내가 가야 할 길은 이것이라는 생각이 들었다. 그래서 얼마 안 되어 그루브에 들어갔고 (…) 요즘은 틈만 나면 동아리방에 가서 피아노를 친다. 하루 종일 피아노만 치라고 해도 할 수 있을 것 같다. 그저 내가 좋아서, 재미있어서 하기 때문이다. 나는 아직 구체적으로 앞으로의 계획을 짜지 못했다. 그렇지만 점점 이것이 내가 원하는 일이고, 행복할 수 있는 일이고, 노력한다면 잘할 수 있는 일이라는 확신이 생긴다. 'Job=Hobby.' 내 삶의 행복과 나에 대해 진지하게 고민하게 하고 '안 된다'는 고정관념을 깨뜨려준 이 스업을 ○○히 ○○○ 할 것이다."

주(註)

1   이 방법은 드 보노의 PMI 방법과 비슷하다. 내가 이 방법을 처음 사용한 것은 대학신입생 때니 약 30년 전이다. 여기에 코비의 성공법칙, MBTI, 플로우, 에포케 등 여러 기법을 추가하여 내 나름대로 발전시키고 있다. 이 방법을 전수받고 실행에 옮긴 대학생들을 통해 그 효과성은 지금도 꾸준히 확인되고 있다.

2   Getzels, J. W. (1975). "Problem Finding and the Inventiveness of Solutions." *Journal of Creative Behavior, 9*, 12–18.

3   원어로는 'tolerance of ambiguity'다. 최근 경인교대의 박인기 교수는 이를 '애매모호함에 대한 너그러움'으로 풀었다. 참으로 맛깔스런 우리말 풀이가 아닐 수 없다.

4   Duane P. Schultz. (2007). 《성장심리학》. (이혜성 옮김). 서울 : 이화여자대학출판부. (원저 1977 출판).

5   Treffinger, D. J., Isaksen, S. G. & Dorval, K. B. (2000). *Creative Problem Solving: An Introduction*. Waco, TX : Prufrock Press.

6   영어수업의 문제를 해결하기 위한 구체적 대안은 다음과 같았다.
첫째, '영어와 토론 문제'에 대한 해결책으로는 다음과 같은 방안이 제시되었다. ①발표나 강의의 80%를 영어로 진행하되, 마지막 20%는 한국어로 요약하는 시간을 갖자. ②조별 편성을 하고 외국인을 포함해 영어를 잘하는 사람이 그 조에서 리더 역할을 하자. ③중국, 일본 학생을 위해 판서할 때 영어와 함께 약간의 한자를 써주는 것도 좋겠다. ④테이블의 배치도 토론에 적합하도록 원형으로 만들 수 있는 강의실을 찾아보자는 의견도 나왔다.
둘째, 자신감 부족 및 계면쩍음을 해소하기 위해서는 ①수업시작 전에 15분 정도 일상생활이나, 그 주의 핫 이슈(스포츠나 연예방담 등)에 관한 대화를 영어로 나누는 워밍업 타임을 갖자. ②처음 만난 급우들과 낯선 벽을 허물기 위해 '데어나이트(명령하면 따라 하기)'와 같은 게임을 하자는 의견이 나왔다.
셋째, '수업시간'의 문제는 요일이나 시간을 옮기는 방안을 찾아보기로 했다.

넷째, '철저한 수업준비의 부족'을 해결하기 위해 교수는 과제의 양을 늘리고 엄격히 점검해야 할 필요성을 자각하고, 아울러 학생 스스로도 이 수업을 듣는 이유와 자세에 대해서 구체적으로 적어보면서 마음을 가다듬기로 했다.

7 박종안. (2005). 《대한민국 창의력 교과서》. 서울: 푸른솔.

8 Buzan, T. (1974). *Use Both Sides of Your Brain*. E. P. Dutton: New York.

9 Gruber, H. E. (1981). *Darwin on Man: A Psychological Study of Scientific Creativity* (2nd ed.) Chicago: University of Chicago Press (Original work published 1974).

10 Choe, I. S. (2006). 'Creativity: A Rising Star in Korea." In R. Sternberg (Ed.), *International Handbook of Creativity* (pp. 395-420). NY: Cambridge University Press, 2006. 한국에서 창의적 성취를 이루기 위해서 필요한 요인들에 대한 구체적인 설명은 9장에 나온다.

11 김정택, 심혜숙, 임승환. (1993). 《나의 모습, 나의 얼굴》. 서울: 한국심리검사연구소.

12 '여가'라 하면 머릿속에 떠오르는 시나리오는 아마 '해가 중천에 이를 때까지 방해받지 않고 수면을 취한 후에 꿀물이나 과일주스로 목을 축인다. 이어 누군가가 차려준 맛있는 점심을 먹고는, 소파에 기대어 리모컨을 습관적으로 만지작거리다 스르르 다시 잠속으로 빠져드는 모습'일 거다. 그러나 이렇게 행복한 상상을 막상 실천에 옮긴 다음날 개운하지 못하고 뻐적지근한 것은 왜일까? 두 가지 이유다. 하나는 일상적인 바이오리듬을 벗어난 하루를 지냈기에 몸이 다시 제자리로 돌아오지 못했기 때문이고, 다른 하나는 지우개로 머릿속을 지우지 못해 전날의 잔유물들이 그대로 남아 있기 때문이다.

13 Hulleman, C. S. & Harackiewicz, J. M. (2009). "Promoting Interest and Performance in High School Science Classes." *Science, 326*, 1410-1412.

14 Davis, G. A. (1998). *Creativity is Forever*. Dubuque, Iowa: Kendall/Hunt Publishing Company.

15 Csikszentmihalyi, M. (2003). 《창의성의 즐거움》. (노혜숙 옮김) 서울: 북로드. (원저 1996 출판). Csikszentmihalyi, M. (2006). 《몰입의 경영》. (심현식 옮김). 서울: 황금가지. (원저 2003 출판).

 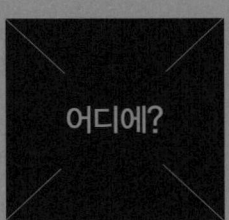 

누가?   어디에?   왜?

8

인성이 없으면 창의성도 없다

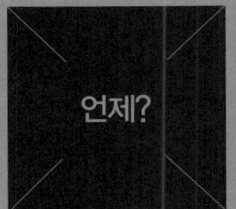
언제?

무엇?

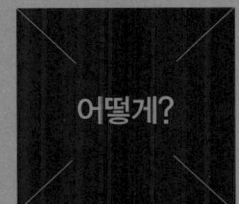
어떻게?

대한민국 모든 사람이 창의적이 된다고 해서 우리나라가 창의선진국으로 직행하는 것은 아니다. 창의성의 수준에 걸맞은 인성이 갖추어지지 않으면 오히려 폐해만 늘어날 뿐. 이런 문제의식 하에 최근 창의성 개발에 못지않게 인성교육이 병행되어야 한다는 목소리가 높다. 과연 창의성 교육과 인성교육이 합치되어야 하는 이유는 구체적으로 무엇인가? 그리고 어떻게 이 두 가지를 조화롭게 함양할 수 있을까? 8장에서 다룰 주제는 바로 이것이다.

  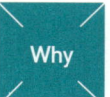   

창의적 이기주의자로
키우지 않기 위해

창의적인 사람이란 개인의 잠재력을 충분히 발휘하고 사는 사람이라 정의할 수 있다. 그러나 만약 사회 구성원 개개인의 잠재력이 모두 극대화되어 모든 사람이 창의적 슈퍼맨이 되었다고 가정해보자. 과연 멋진 사회가 구현될까?

결코 그렇지 않을 것이다. 반드시 부딪히게 될 문제가 생긴다.

그것은 다름 아닌 '다른 사람들과 더불어 살기'다. 다들 자기가 최고라고 생각하는 사람들이 모인 사회에서 조화로운 어울림을 기대하기는 어렵다.

세상의 모든 것이 그렇듯이 창의성 또한 양면성을 가진 칼과 같아서, 그것을 소유한 사람이 어떻게 사용하는가에 따라 흉기가 되기도,

생명을 살리는 수술칼이 되기도 한다. 아름다운 불꽃놀이를 하기 위해 개발된 중국의 창의적 산물인 화약이 인명살상용으로 변용되는 것을 보라. 그러나 창의적 성취의 결과가 악용될 가능성 때문에 창의적인 노력을 제한해야 하는가의 문제는 원자연구와 원자폭탄의 연관성만큼이나 많은 도덕적 담론과 논의를 필요로 하는 것이니, 이곳에서는 여백으로 남겨두도록 한다.

문제는 처음부터 악의적인 의도를 가지고 창의성을 활용하는 경우일 것이다. 레너드 디카프리오 주연의 영화 〈캐치 미 이프 유 캔〉은 변장술과 천부적인 재능으로 희대의 사기극을 벌였던 실존 인물을 다룬 영화다. 동의하지 않을 사람도 있겠지만, 나는 이러한 사기꾼도 창의적이라 불릴 수 있다는 입장이다. 다만 의도 자체가 순수하지 않으니 이를 '불순한 창의성'이라고 부르자는 학자들의 의견에는 반대하지 않는다.[1]

글로벌 시대를 맞아 도덕적 해이로 인해 지구촌 전체에 피해를 준 경제·정치·학문적 사례는 점점 더 늘어나는 추세다. 중요한 것은 이러한 문제를 야기한 장본인들이 하나같이 가장 머리가 뛰어나고 최고의 교육을 받아 나름 창의적이라고 불리던 사람들이라는 사실이다. 정부의 구제금융을 받는 처지에 초호화 파티를 열었던 월스트리트의 투자회사 대표들, 혁신경영을 전면에 내세우고는 불량을 쉬쉬했던 자동차회사 경영진, 자료를 조작했던 최고의 지성인들에 이르기까지 말이다.

우리는 이 문제가 남의 집 불구경만은 아니라는 것을 우리나라의 사례를 통해 잘 알고 있다. 물론 과거에도 탁월한 창의성을 가지고 우리를 어렵게 했던 경우가 없지 않았지만, 시간과 공간의 경계가 허물어진 앞으로는 그 피해의 규모와 정도가 더욱 심해질 것이라는 사실이 문제가 된다.

그렇다면 우리나라를 이끌어갈 창의적 인재들의 상황은 어떤가? 성적을 지상목표로 하는 현실이 고등학생 자녀를 둔 부모를 이유 없는 죄인으로 만들어, 부모로서 당연히 가져야 할 훈육권과 통제권을 모두 반납하게 하고, 최고의 영재를 모아놓았다고 하는 특수목적 고등학교에서도 성적만 좋으면 선생과 부모의 속을 엔간히 긁어도 모른 척 넘어가게 되는 것이 우리의 현실이다. 나만의 희망인가? 머리만 커지고 마음은 자아중심적인 유아기에 고착되어 있는 영재들이 우리나라의 미래를 이끌어가는 모습은 별로 생각하고 싶지 않다. 이제는 우리나라에서도 다른 사람에게 귀감이 되는 성숙하고 건강한 리더가 많이 나와야 한다. 이런 맥락에서 인성과 창의성을 동시에 함양해야 하는 것은 선택이 아니라 미래를 위한 필수사항이다.

최근 창의성을 연구하는 학자들은 이러한 문제를 인식하고 '인간적인 창의성'이라는 이름 하에 다양한 분야에서 창의성의 긍정적 사례들을 수집하고 이것이 가능했던 인성요소, 환경요소를 추출하는 작업을 하고 있다.[2] 인간이 가진 긍정적인 모습을 살펴보고 이를 통해 삶의 질을 높이고자 하는 긍정심리학에서도 비슷한 노력을 하고 있다. 문제의식을 통감하고 더불어 사는 세상에 도움이 되는 방안을 다각도로 모색해보자는 시도들이다.

이러한 참에 우리나라에서도 창의인성 교육을 본격적으로 실시하려는 움직임이 일고 있으니 매우 고무적이다. 우리나라의 미래를 짊어질 아이들에게 창의성의 함양뿐 아니라 이를 올바르게 활용할 수 있는 마음가짐을 심어주는 것은 지속가능한 한국사회의 발전을 위해 매우 시급한 과제이기 때문이다. 교육계가 향후 지향점으로 '창의인성 교육'을 천명하게 된 문제의식도 여기에 있다고 생각한다.

물론 이전의 교육정책에서도 창의성과 인성을 언급하지 않은 적은 없었다. 그러나 지금까지의 교육적 현실에서 창의인성 교육은 마치 선거공약처럼 갑자기 등장했다가 아무도 모르게 뒷전으로 사라져버리곤 했다. 또다시 이러한 전철을 밟아서는 안 된다.

일반적인 예상과는 달리 창의인성 교육을 명시적 교육정책의 목표로 삼아서 시행하는 나라는 거의 없다. 이는 창의성과 인성함양의 가치를 인정하지 않아서라기보다는 창의성이라는 것을 교과내용에 묻어서 가르쳐야 한다는 교육철학 때문일 것이다. 또한 더불어 사는 삶에 도움이 되는 창의인성을 길러야 한다는 적극적인 입장이 외국에서도 최근에야 본격적으로 표명된 까닭도 있다.

창의인성 교육을 교육정책과 과정의 구체적 목표로 삼아 적극적으로 실천해보겠다는 시도는, 한 번도 교육선진국의 영예를 누려보지 못한 우리나라가 그 탄열에 오를 수 있는지를 시험하는 리트머스 종이가 될 수 있다. 그러니 또 한 번의 교육유행이라 생각하지 말고, 멀리 찾을 것 없이 나와 내 가족을 위해 그 중요성을 다시 한 번 생각해볼 필요가 있다.

창의인성 교육은 과연 가능한가?

창의성과 인성을 함께 교육하자는 창의인성 교육은 사실 그 정의를 내리는 과정부터 쉽지 않다. 창의성과 인성은 양자택일의 문제이지, 공존할 수 있는 것이 아니라는 반론도 있다. 창의성은 기존 사회나 문화의 규범을 타파하고 변혁하는 성향이 강한 반면, 인성 좋다는 것은 애초에 사회적으로 바람직한 성향을 지니고 있다는 의미이니만큼 이 둘이 양립하기 어렵다는 것이다. 예리한 지적이다.

교육계의 원로 정범모 교수는 창의성과 인성 간의 딜레마를 해결하는 대안으로 창의성을 좀 더 역동적인 인성개념으로 바꾸는 것을 제안한다. 즉 창의성을 문제, 고민, 갈등을 적극적으로 푸는 능력 또는 특성이라고 푼다면, 이 맥락 하에서는 창의인성 교육이 가능할 수 있다는 것이다.

딜레마를 해소하는 또 하나의 방법은, 창의인성 교육을 논할 때 창의성의 개념을 둘로 나누어 생각해보는 것이다. 철학자 보덴(Magaret Boden)은 창의성을 두 가지로 나누었는데, 하나는 인류에게 극명한 변화를 가져다주는 '역사적 창의성'이고, 다른 하나는 남들이 인정해줄 정도의 독창성은 아니지만 본인에게는 큰 의미를 갖는 '심리적 또는 개인적 창의성'이다. 이런 분류로 볼 때 우리가 지금까지 관심을 가져왔거나 예찬해왔던 창의성은 아인슈타인이나 뉴턴같이 그 분야에 한 획을 그었던 역사적인 창의성을 말해온 것이다.

그러나 우리가 창의성 교육을 말할 때에는 천부적인 창의적 재능을 지닌 1%만을 위한 교육을 하자는 것은 아닐 것이다. 또 모두를 그런 1%의 사람으로 만들자는 것은 더더욱 아닐 것이다. 기실 그렇게 하려야 할 수도 없다. 오히려 나머지 99%의 사람들이 자신의 진정한 개성과 능력을 발견해가도록 도와주는 것이 목표가 되어야 할 것이다. 좀 엉뚱한 사람도, 남과 생각이 다른 사람도 무시되지 않고 그들만의 잠재된 능력을 실현할 수 있도록 도와주는 것이 그 목표가 되어야 한다는 말이다.

한국인의 창의력 향상을 위해 경기창조학교를 설립한 이어령 교수는 앞으로의 인사말을 "창조합시다!"로 바꾸자고 제안한다. 이 말이 우리 모두 아인슈타인이 되자는 뜻은 아닐 것이다. 오히려 그 사람만의 창조력을 극대화하자는 말로 풀어야 한다. 또 이어령 교수는 규범을 깨고 없애는 것이 창조성 교육이라는 발상은 심각한 오해이며, 규범이 없으면 창조성도 없다고 주장한다.[3] 단, 그가 말하는 규범은 다양함과 벗어남을 허용하는 너그러운 규범이며, 규범 자체만을 강조하는 교육은 창조력 있는 아이들을 낙제생으로 만든다는 경고도 잊지 않는다.

이와 관련해 슘페터(Joseph Schumpeter)가 말한 '창조적 파괴'라는 표현을 상기할 필요가 있다. 우리의 발목을 잡는 비창의적 전형과 관습, 변화에 뒤떨어진 규범이라면 과감히 파괴해서 신명나는 창조사회를 만들어야 한다. 그 결과 사회 구성원의 전반적 삶의 질을 높이는 결과를 초래하는 것, 이것이 바로 창의인성 교육의 목표인 것이다.

다른 한편으로 앞에서 주장했던 바와 같이 창의성은 시간과 공간을 초월한 절대불변의 개념이 아니고 공간적으로는 사회·문화에 따라서, 시간적으로는 시대에 따라서 변화를 겪으며 구성해가는 개념이다. 그러므로 현재 우리 사회와 문화를 고려하는 가운데 적용 가능성을 찾아본다면 창의인성 교육을 우리나라에 정착시키는 것이 불가능하지는 않을 것이다.

이처럼 진지한 논의와 고민의 과정을 통해 창의인성 교육의 근간이 마련되고 이를 성공적으로 착근시킬 수만 있다면 우리 학생들에게 큰 도움이 되리라는 것을 의심하고 반대하는 사람은 없을 것이다.

창의성 교육과 인성교육이 결합되어야 하는 이유

그렇다면 대한민국의 '창의인성 교육'은 어떻게 정의할 수 있을까? 이 분야에 오랫동안 관심을 가지고 있으며, 이론적 토대를 마련하기 위해 노력하고 있는 서울대학교 문용린 교수의 목소리를 들어보자. 그는 최근 한 칼럼을 통해 창의인성 교육을 "창의성 교육과 인성교육의 독자적인 기능과 역할을 강조하는 동시에, 두 교육의 유기적 결합을 통해 올바른 인성과 도덕적 판단력을 구비한 창의적 인재를 육성하는 것"이라 규정했다. 나아가 "창의성의 배양과 발휘를 촉진하는 사회문화적 가치와 풍토 조성"까지 아우르는 교육이라고 구체적으로 정의하고 있다.[4]

즉 21세기에 필요한 창의성 교육, 인성교육을 따로따로 진행하지 말고 양수겸장의 교육을 해보자는 것이다. 이에 대해 조금 더 쉽게 풀어보자.

첫 번째, 인성교육은 창의성 교육에 어떤 영향을 줄 수 있을까? '배려'와 '정직'이라는 인성요소를 예로 들어 설명해보자.

창의적 성취는 혼자 이루는 것 같지만 DNA 나선구조를 발견한 왓슨(James Watson)과 크릭(Francis Crick), 비행기를 만든 라이트 형제의 경우를 보더라도 협동과 경쟁의 절묘한 조화를 이룬 상태에서 얻어진 경우가 많다. 또한 점점 전문화되고 세분화되는 학문분야에서 서로를 넘나드는 협동과 소통의 필요성은 앞으로 더욱 중요해질 것으로 예상된다. 단적으로, 최첨단 콘텐츠와 테크닉을 필요로 하는 디자인만 하더라도 이제는 천재적인 디자이너 한 명에 의해서가 아니라 다양한 기능을 담당하는 멤버들이 팀을 이뤄 진행하지 않는가. 이는 최근 노벨상 수상자들의 인터뷰에서도 재차 언급되고 있다.[5]

이러한 맥락에서 '배려'라는 인성요소는 동료들과의 창의적 협동을 더 원활하게 해줄 수 있다. 그러므로 친구들과 함께하는 탐구활동이나 모둠활동에 이러한 창의인성 교육을 적극적으로 적용하면 좋을 것이다.

한편 '정직'이라는 인성교육은 어떤가? 세계 최고가 되려던 찰나에 정직하지 못해서 나락으로 떨어졌던 사례가 생각나는가? 나는 지금도 신문지상을 뜨겁게 달구었던 그 사건이 아니었다면 우리나라의 줄기세포 연구가 세계에서 가장 창의적이고 앞서가는 분야가 되었을 것이라고 생각한다. 그런데 왜 문제가 되었는가? 정직하지 못했기 때문이다. 객관적인 근거를 있는 그대로 제시하고 받아들이지 못한 결과, 우리가 얼마나 많은 퇴보를 했는가 말이다. 따라서 인성요소인 '정직'은 장기적인 관점에서 창의한국으로 가는 지름길에 필수지참물이 되어야 한다.

두 번째, 창의성 교육은 인성교육에 어떤 도움을 줄 수 있을까?

창의성을 가르친다는 것은 문제해결력을 길러주는 것이기도 하다. 주어진 문제뿐 아니라 스스로 문제를 발견하고 이를 해결하기 위한 노력을 경주하는 것은 창의성 교육에서 가장 중요한 목표다. 그런데 이러한 문제해결력은 도덕적 딜레마를 풀어가는 데에도 매우 중요한 역할을 한다.

동물 세계에서의 갈등에 대한 해결책을 영어 대구로 재미있게 표현한 것이 'fight or flight(투쟁-도피)'라는 말이다.[6] 이 표현처럼 동물의 세계에서는 '이것 또는 저것', 'Yes 또는 No'라고 양단간에 결정하면 된다. 그러나 같은 문제도 인간의 세계로 오면 두 가지 대안 사이에 회색의 선택지가 끼어든다. 게다가 그 회색의 종류마저 무한대로 늘어난다. 성장과 분배, 낙태, 안락사 등 도덕적 딜레마의 종류는 앞으로 더욱 많아질 것이 확실하다. '나눔과 배려'라는 가느다란 줄에서 떨어지지 않으면서도 현명한 판단을 내리기 위해서는 이러한 갈등을 스스로 책임지고 풀어나갈 수 있는 문제해결력이 반드시 필요하다. 이것이 창의성 교육이 인성교육에 도움이 되는 예다.

세 번째, 창의성 교육과 인성교육을 무 자르듯 나눌 수 있을까?

두 교육이 별개가 아니라는 근거는 창의성 교육요소와 인성교육 요소가 완전히 독립적이지 않다는 데 있다. 아래 그림에서 보듯이 두 요소는 서로 중첩되는 부분을 공유하고 있다. 예를 들어 '열린 마음'을 의미하는 용서와 배려라는 인성교육의 요소는, 창의적인 아이디어를 얻기 위해 다양한 관점을 받아들이는 개방성 요소와 의미상 많

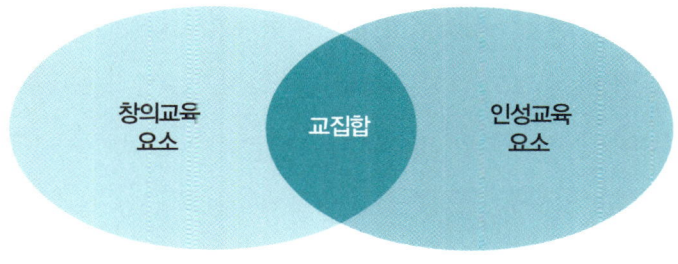

■ 그림 창의성 교육과 인성교육의 교집합

은 부분 겹친다. 또한 다양한 문화를 이해하고 받아들이는 다문화 교육은, '열린 마음'이라는 맥락에서 볼 때 다양한 학문을 이해하고 받아들이는 학제간 교육과 상통한다.

창의인성 교육이 뿌리 내리기 위해서는?

지금까지 우리는 창의성 교육과 인성교육이 별개의 것이 아님을, 나아가 유기적으로 결합시켜야 하는 이유를 알아보았다. 그렇다면 우리에게 남은 과제는 창의인성 교육이 제대로 뿌리 내리도록 하기 위해 무엇을 어떻게 해야 하는가다. 창의인성 교육에서 고려해야 할 점은 무엇인지, 간략히 살펴보도록 하자.

첫째, 창의성 교육의 요소가 무엇인지를 최근의 이론들과 우리의 문화를 고려해서 정선(精選)해야 한다. 문화를 고려해야 한다는 말은 무슨 뜻인가? 한국의 창의인성 교육을 한다면서 외국에서 연구된 창의성 요인들을 검토도 없이 그대로 받아들이지는 말자는 것이다. 창의성 교육을 위해 필요한 요소를 가릴 때는 가능한 한 한국의 연구결과를 충분히 반영해야 할 것이다.

최근 이론을 종합해보면 창의성의 요소는 머리와 관련된 부분, 성향과 관련된 정의적 부분, 하고 싶어 하는 동기 등 3가지로 대표된다.

먼저 머리와 관련된 것이라 함은 창의적인 아이디어를 생성하고 문제를 풀어가는 데 필요한 '인지적 능력'을 가리킨다. 인지적 능력을 구성하는 요소들은 많지만 그중에서도 대표적인 요소가 '문제해결', '사고의 확장', '사고의 수렴'과 관련된 능력이다. 문제해결력에 관해서는 6장과 7장에서 자세히 설명했고, 확산적 사고는 우리나라에서 꽤나 인기가 높다고 말한 바 있다. 그런데 수렴적 사고는 창의성 교육에서 소홀히 취급된 바 없지 않으므로 제자리를 찾게 도와주어야 한다. 일각에서는 정답을 요구하는 기존의 학교교육 자체가 수렴적 사고를 키우는 것 아니었냐고 반문하기도 한다. 틀린 말은 아니다. 그러나 여기에서 강조하는 것은 '문제해결 도구'로서의 수렴적 사고다. 확산적 사고가 아이디어를 많이 확대해서 산출하는 것인 만큼, 이렇게 많이 산출된 아이디어로부터 옥석을 가려내어 정말 필요한 해결책을 찾아나가는 수렴적 사고는 문제해결의 각 단계마다 필수불가결의 요소라는 사실을 알면 이 사고를 바라보는 틀이 달라질 것이다.

어쨌든 머리와 관련해서는 '문제해결력', '사고의 확장', '사고의 수렴'이 중요하다. 이 3가지 범주 안에 무수히 많은 하위요소들이 포함되겠지만, 논의를 더 복잡하게 할 우려가 있으므로 큰 범주만 소개하고 넘어가는 것이 좋겠다.

다음으로, 어떤 '창의적 성향'에 초점이 맞추어져야 할까?

가장 중요한 것을 꼽자면 개방성과 독립성이라 할 수 있다. 나는 1장에서 창의적인 사람들의 수많은 성격적 특성을 다 훑어 낼 수도 없고, 그럴 필요도 없다고 용감하게 주장한 바 있다. 그리고 양쪽 극단의 조화를 내건 태극창의성을 그 대안으로 제시했다. 한쪽 특성에만 매몰되지 않고, 대조되는 특성에도 마음의 문을 열어놓는 태극창의성이야말로 개방성 없이는 발달할 수 없다.[7] 이와 함께 창의성에서 빠뜨릴 수 없는 또 하나 중요한 성향은 '독립성'이다. 창의적 산물은 독창성을 가지고 있어야 한다는 정의 자체가 독립성을 요구한다. 물론 이외에 창의성에 도움을 주는 다양한 성향들이 존재한다. 그러나 개방성과 독립성은 우리나라에서 창의성 교육을 함에 있어 우선순위가 주어져야 하는 큰 주제다.

다음으로, '동기적 요소'다. 한국문화와 교육의 중요한 코드가 되고 있는 몰입(플로우)과 호기심 그리고 흥미는 창의인성 교육의 요소로도 반드시 포함되어야 한다. 물론 동기까지도 억지로 주입하면 된다고 생각하는 분은 없으리라 믿는다. 학생들이 자발적으로 동기와 흥미를 고양할 수 있도록 교육내용에 동기유발 요소를 포함시켜야 할 것이다.

둘째, 창의인성 교육을 설계할 때는 미래지향적인 인성교육 요소를 추출해야 한다.

앞으로 제시할 새로운 인성요소가 '착하게 살자' 식의 진부한 레퍼토리여서는 곤란하다. 내가 어렸을 때 절대 끝나지 않을 것으로 생각되던 것이 월요일 조회시간의 교장선생님 훈화말씀이었다. 한번 마음먹고 끝까지 경청한 적이 있었는데, 내용은 여섯 글자로 정리되었다. '착하게 살아라!' 나를 포함한 다른 친구들의 얼굴표정으로 보아이 정신교육은 우리에게는 별로 효과적이지 않았던 것 같은데, 이상하게 그 당시 '형님'들에게는 잘 받아들여진 것 같다. 목욕탕에 가면 '착하게 살자'라는 문신이 유행했으니 말이다. 어떤 뜻인지는 지금도 의문이다.

아무튼 이제는 21세기를 살아가기 위해 필요한 덕목과 능력이 무엇인지 새롭게 찾아야 한다. 이와 관련해 문용린 교수는 다음과 같은 6개의 덕목이 앞으로 사회에서 매우 중요한 역할을 할 것으로 전망한다. 이는 곧 '정직, 약속, 용서, 책임, 배려, 소유(타인의 성과와 능력을 인정하고 자신의 역량에 맞는 결과를 받아들이는 것)'다. 이 덕목들을 외우기 쉽게 하기 위해 문용린 교수는 '정약용책배송 : 정약용이 직접 책을 배송해준다'라는 기억책략을 고안해내기도 했다. 아울러 이러한 덕목을 갖춤과 동시에 도덕적 판단력을 갖는 것도 중요하다고 덧붙인다.

셋째, 창의인성 교육이 효과를 보려면 나이에 맞게 가르치는 것이 중요하다.

초등부터 고등까지, 창의인성 교육의 요소들은 달라지지 않는다. 그러나 어떤 주제를 어떻게 가르쳐야 하는지에 관한 교육내용은 달라야 한다. 4장에서 설명했듯이 눈으로 보아야 이해가 되는 나이가 있고, 말만 들어도 이해가 되는 연령이 있다. 이제는 조급증고 강박관념에서 벗어나, 학생들의 발달수준에 맞추는 교육방안을 세워야 한다.

넷째, 해당 교과와 관련된 특성들을 신중하게 고려하여 선택해야 한다.

최근의 이론과 문화를 고려해서 선정한 요소라 할지라도, 교과별로 그 중요성은 다를 수 있다. 따라서 각 교과 전문가들의 의견을 반영해서 그 교과를 통해 가르칠 수 있고, 가르쳐야 하는 요소가 무엇인지를 사전에 조사해야 할 것이다. 예를 들어 체육과목에서 필요한 인성요소는 다른 사람과 약속한 규칙을 잘 지키는 '책임감'이, 그리고 창의성 요소는 게임을 '즐기는' 마음이 다른 어떤 것들보다 우선할 수 있다.

다섯째, 가르치는 방법에도 변화가 있어야 할 것이다.

강의 위주의 방식 외에 학생들이 직접 체험하고 참여할 수 있는 방법들이 추가되어야 한다. 물론 제한된 시간 안에 많은 내용을 전달하는 방법치고는 강의만 한 것이 없다. 그러나 강의 이외에 토론을 장려한다든가, 문제중심 학습이나 창의적 문제해결법과 같은 다양한 교수방법이 교과목에 따라 융통성 있게 적용되어야 할 것이다.[8] 아울러 주제 중심의 프로젝트를 만들어 교과영역을 넘나드는 시도도 해볼 만하다. 물론 어떤 방법을 사용하든, 가장 먼저 생각해야 할 것은 그것이 학생들의 흥미와 호기심을 유발하느냐 여부다. 그런 의미에서 재미와 교육 두 요소의 유기적 결합을 표방하는 에듀테인먼트의 개념은 다시 한 번 강조할 만하다.

여섯째, 교사의 수고를 덜어줄 데이터베이스와 교육 리소스가 필요하다.

우리가 논의한 다양한 교수방법과 주제를 찾는 작업이 교사의 몫으로 고스란히 넘겨져서는 곤란하다. 지금까지 창의성 교육이 현장에 뿌리 내리지 못한 가장 큰 이유 중 하나는, 창의성 교육이 무엇이고 어떻게 가르쳐야 한다는 구체적인 가이드라인 없이 '교사자율'이라는 명목 하에 교사에게만 책임을 떠넘겼기 때문이다. 창의인성 교육이 성공하기 위해서는 다양한 교육리소스와 가이드라인이 풍부하게 제시되고, 그 후에 교사들이 취사선택하고 운용할 수 있도록 체계적인 시스템이 마련되어야 한다.

일곱째, 무엇보다도 현장의 목소리가 반영되어야 할 것이다.

아무리 좋은 교육방침이라 할지라도, 그것을 학생들에게 전달하는 역할은 교사의 몫이다. 사실 창의성, 인성이라는 용어는 전혀 새로운 것이 아니다. 이미 과거의 교육과정에서도 익히 들었고 어느 정도 시행해온 부분도 있다. 문제는 왜 지금까지 이 멋진 목표가 현장에서 잘 수행되지 못했는가다. 이에 대한 체계적인 분석과 대책이 필요하며, 그 과정에 현장을 가장 잘 아는 교사들의 의견과 제안을 십분 반영해야 할 것이다. 그렇지 못하다면 창의인성 교육은 또 하나의 구호로만 머물 가능성이 높다. 교사가 신나지 않다면 학생도 재미가 없을 것이고, 그러면 어떤 교육정책도 성공하기 힘들다는 사실을 유념하자.

여덟째, 장기적인 시야가 필요하다.

진정한 창의인성 교육이 되기 위해서는 체계적인 자료구축 및 전문가들의 장기적인 연구와 검토가 필요하다. 정부가 바뀔 때마다 교육정책이 흔들린다면, 체계적인 교육이 어떻게 가능하겠는가? 교육정책이 단기처방에 끝나지 않도록, 거시적인 안목에서 마스터플랜을 마련하고 지속적으로 문제점을 수정 보완할 수 있도록 해야 한다.

백년대계를 논하는 마당이니만큼 나도 모르게 말투가 딱딱해져 버렸다. 이해를 바란다.

이것은 창의인성 교육이 아니다

재미있는 상상을 해보자.

21세기는 창의성의 시대라고 해서 드디어 우리나라에서 '창의학'이라는 과목을 신설하기로 결정하고, 대학입시에서도 이 과목의 점수가 꽤나 중요한 비중을 차지한다는 발표가 났다. 신설과목이니만큼 교과서가 없었기에 창의성을 연구하는 국내 최고의 집필진이 열과 성을 다해서 교과서를 완성했다. 그러자 얼마 되지 않아 입시를 대비한 예상문제집이 시중에 돌기 시작했다. 가장 적중률이 높으리라 예상되는 것들만 모았다고 홍보가 요란하다. 이 문제집을 살펴본 집필진은 아연실색하고 만다. 문제는 다음과 같았다.

1 다음 중 확산적 사고가 아닌 것은?

① 독창성 ② 정교성 ③ 유창성 ④ 조화성 ⑤ 정답 없음

2 다음 중 창의적 사람들의 특성이 아닌 것은?

① 외향적이다 ② 내향적이다 ③ 확산적 사고를 한다

④ 수렴적 사고를 한다 ⑤ 정답 없음

창의성 교육이 오지선다형 암기과목이 되어버렸다. 그리고 그 답에 대한 논란도 끊이지 않는다.

전혀 불가능한 상상인가?

창의인성 교육을 왜 실시하는지에 대한 목표가 명확하지 않고, 교육을 담당하는 모든 구성원들 간에 교감이 이루어지지 못한다면 전혀 근거 없는 상상은 아닐 것이다. 몇 가지 잘못 이해될 수 있는 창의인성 교육의 방향에 대해 언급해보자.

첫째, 창의인성 교육이면 수학·과학 교사가 윤리와 도덕을 가르쳐야 하는가? 아니다.

과학과목의 특성은 무엇인가? 여러 가지가 있겠지만, 그중 하나는 실험결과를 있는 그대로 전달하는, 그야말로 데이터 앞에서 무한히 정직해야 한다는 것이다. 그렇다면 과학교육을 통해 '정직'이라는 가장 중요한 덕목을 가르칠 수도 있다는 말이다. 그러나 이 말이 과학교사가 따로 윤리와 관련된 내용을 가르쳐야 한다는 의미는 아닐 터다.

창의성과 인성의 교육내용을 날것 그대로 가르치기보다는, 흥미 있

는 수업 그리고 관련된 주제들을 다루며 자연스럽게 녹아들어가도록 해야 한다. 경기도의 한 학교는 구성원들이 힘을 합쳐 버려져 있던 자재창고를 생태환경이 살아 있는 작은 숲으로 만들었다. 힘을 합쳐 만드는 것 자체가 협동과 배려심을 가르치는 교육 아닌가. 이렇게 완성된 숲은 교과영역별로 다채롭게 활용되고 있다. 미술시간에는 이 숲을 오브제로 한 공모전을 열고, 과학시간에는 이 숲에서 발생하는 산소의 양을 계산함으로써 지구온난화에 대한 지식과 관심을 높이는 데 적극적으로 활용하고 있다. 바람직한 창의인성 교육의 한 예다.

둘째, 모든 교과에 다 통하는 창의인성 요소와 교수방법을 알려달라? 그런 것은 없다.

문제가 다르면 정답이 다른 것처럼, 교과에 따라 중요하게 요구되는 창의인성 요소와 교수방법은 달라질 수밖에 없다. 예컨대 과학에서는 문제해결력, 사회에서는 정직과 배려 같은 요소가 더 의미를 가질 수 있다. 그러므로 교육요소와 교수방법은 교과와 학습주제에 따라 융통성을 가지고 적용해야 한다. 같은 교과라도 토론식 수업을 할 때도 있고, 상황에 따라서는 교사의 요약강의와 토론 그리고 프로젝트를 섞어서 운용할 수도 있다. 예를 들어 인지적 요소인 사고의 확장과 수렴, 문제해결을 가르치는 데는 최근 관심을 끌고 있는 문제중심 학습법(Problem Based Learning, PBL)이나 창의적 문제해결법(CPS)이 적절할 것으로 생각된다. 그러나 독립성이나 개방성을 키우기 위해서라면 관련 주제로 프로젝트를 진행하는 것이 더 적합할 것이다.

셋째, 모든 수업에서 창의성과 인성을 50대 50으로 가르쳐야 한다? 천만의 말씀이다.

인성과 관련된 부분에서는 수업시간 모두 인성을 강조할 수도 있고, 창의성이 중요한 부분에서는 그 반대일 수도 있는 것이다. 비율을 미리 정해놓는다는 발상 자체가 창의성과는 거리가 멀다.

넷째, 창의인성 수업을 하려면 교사 업무가 더 많아진다? 그래서는 안 된다.

창의인성 교육은 정답과 고정된 교육방법을 고수하지 않고 융통성을 발휘해 최적의 방안을 찾아서 현장에 적용해보고, 그 결과에 대한 피드백이 다시 새로운 시도에 반영되는 무한루프의 과정을 거치면서 완성된다. 이 고난의 과정이 개인 교사들의 어깨를 짓눌러서는 곤란하다. 앞에서도 지적했듯이, 오히려 교사들이 다양하게 선택할 수 있도록 자료가 충분히 주어져야 한다.

창의적 체험활동을 할 수 있는 구체적인 정보는 물론, 체험활동 시 발생할 수 있는 여러 가지 상황에 대한 대처방안, 교과별로 적절한 교수방법에 대한 소개, 실제 수업사례, 평가방안에 관한 정보들이 먼저 마련되어야 한다. 정보 데이터베이스를 구축하고, 여기에 교사가 쉽게 접근할 수 있도록 인프라를 마련하는 것은 유관 교육부서에서 지원해야 할 문제다.

다섯째, 창의인성 교육에 치중하면 교과교육의 비중은 줄어들 것이다? 그렇지 않다.

   창의인성 교육은 지식기반 위에서만 가능하다. 지식과 창의성과의 관계는 6장에서 설명한 바 있다. 교과지식이 바탕이 되지 않은 창의성 교육은 진공상태에서 창의적 성취를 기대하는 것과 같은데, 이미 이 가능성은 희박하다는 점을 밝힌 바 있다. 학문적 기초가 튼튼하지 않으면 그 학문의 경계에서 이루어지는 핵심적인 문제들을 풀 수 있는 안목을 갖추지 못하기 때문이다.

   우리가 창의인성을 함양하는 것이 21세기 대한민국의 미래를 위해 어떤 의미를 가질까? 이 질문에 진지하게 고민하고 답을 모색해간다면, 지금까지 살펴본 오해들은 피할 수 있을 것이다. 아무쪼록 우리의 미래를 위해 선택이 아니라 필수가 되어버린 창의인성 교육의 토대가, 이번에야말로 잘 마련되기를 희망한다.

주(註)

1. Cropley, D., Kaufman, J. & Cropley, A. (in press). Malevolent Creativity: A Functional Model of Creativity in Terrorism and Crime. *Creative Research Journal*.
2. 《인간적인 창의성》, 《몰입의 경영》, 《Good Work》 등이 모두 이러한 입장에서 씌어진 연구결과물이다.
   Fischman, W., Solomon, B., Greenspan, D. & Gardner, H. (2006). 《인간적인 창의성》. (전경원 옮김). 서울 : 창지사. (원저 2004년 출판).
   Csikszentmihalyi, M. (2006). 《몰입의 경영》. (심현식 옮김). 서울 : 황금가지. (원저 2003 출판).
   Gardner, H., Csikszentmihalyi. M. & Damon, W. (2007). 《Good Work》. (문용린 옮김). 서울 : 생각의나무. (원저 2002 출판).
3. 김진현, 이어령, 문용린. (2000). "새 천년을 여는 한국교육 : '규범 없으면 창조성도 없다. 통합적 가치관이 시대적 요청.'" 《교육마당21》 215, 6-11.
4. 문용린. (2010). "이제는 창의인성 교육이다", 한국과학창의재단 칼럼. '창의성의 배양과 발휘를 촉진하는 사회문화적 가치와 풍토'가 함의하는 바를 이해하기 위해서는 이 책의 1장을 참고하기 바란다.
5. 최인수. (1998). "창의적 성취와 관련된 제 요인들 : 창의성 연구의 최근 모델인 체계모델을 중심으로." 《미래유아교육학회지》 5(2), 133-166.
6. 이 말은 직역하면 '싸울 것이냐, 도망갈 것이냐'라는 뜻이다. 대학교 때 한 친구가 이 말을 잘못 번역하여 '싸울 것이냐, 날아갈 것이냐'로 풀어 교수에게 야단을 맞았는데, 지금 생각해보면 꼭 틀린 답도 아닌 것 같다.
7. 개방성을 구체적으로 표현하자면 자신과 다른 아이디어나 입장을 얼마나 잘 수용할 수 있는가라는 열린 태도, 모순되는 특성을 조화롭게 활용하는 능력, 다양성을 추구하는 정의적 특성이라고 할 수 있다.
8. CPS, 즉 창의적 문제해결에 관한 설명은 7장에 나온다.

 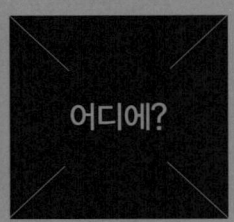 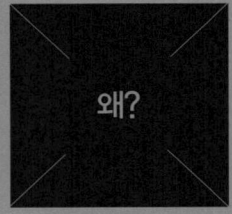

9

한국인에게 맞는 창의성 DNA를 찾아라

언제?

무엇?

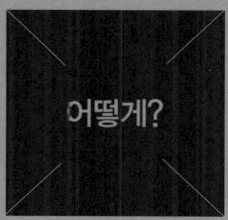
어떻게?

한국인들에게만 내재한 특별한 창의성 DNA가 있을까? IT산업의 창의적 리더들을 중심으로 한 인터뷰에서, 나는 세계 공통의 창의성 인자뿐 아니라 한국인만의 독특한 요소를 함께 발견할 수 있었다. 9장에서는 그들의 생생한 육성을 통해 한국적 창의성의 구체적인 요소가 무엇인지 알아보겠다. 아울러 IT산업의 사례를 통해 개인의 창의성을 적극적으로 수용하는 사회와 국가의 역할에 대해서도 생각해보고자 한다.

이번 장과 다음 장에서는 지금까지 나누었던 내용들을 정리하면서 창의성을 앞으로 어떻게 바라보아야 할 것인가에 대해 같이 생각해 보기로 한다.

이 책의 거의 모든 장에 공통으로 들어 있는 메시지는 무엇일까? 눈치 빠른 독자는 이미 알아챘을 것이다. 바로 문화의 중요성, 다른 말로 표현하면 '한국의 창의성'을 찾자는 것이다.

2장에서도 강조했지만, 창의적 성취는 한 개인의 탁월한 재능만으로 이루어지지 않는다. 다양성을 허용하는 사회 분위기와, 창의성을 평가할 수 있는 문화적 안목이 뒷받침되지 않으면 결코 열매를 맺지 못한다. 가장 널리 인용되는 창의성의 정의는 '새롭고 유용한 것을 만들어내는 개인의 능력'이며, '새롭다', '유용하다'는 조건을 판별하는 필터가 바로 사회·문화의 색안경이라는 사실도 지적한 바 있다.

이 논리를 따른다면, 외국에서 창의적 성취를 이루기 위해 필요로 했던 요인들이 한국에서도 그대로 적용될 것이라고는 장담할 수 없게 된다. 어떤 요소가 공통되고, 어떤 요소는 아닌지를 연구한 자료가 필요하다. 한국의 사례를 근거로 한 자료 말이다. 과연 현시점의 한국에서 창의적 성취를 이루기 위해 어떤 것들이 필요할까?

이 의문에 사로잡혀 지내던 중, 마침 운이 좋았는지 미국의 스턴버그 교수가 세계 각국의 창의성을 비교분석하는 책을 기획하면서 내가 한국에 관한 부분을 집필하게 되었다. 그래서 그 기회에 창의적인 한국인들에 대한 인터뷰를 시도해보기로 했다.

다양한 영역에서 세계적인 업적을 만들어내는 한국인이 많지만, 나는 그중에서도 IT분야에 주목했다. 적어도 외형적으로는 이미 2003년에 브로드밴드 인터넷 보급률이 73%로 세계1위에 올랐을 뿐 아니라, PC 보급률도 세계4위에 갈할 정도로 빠른 성장을 거듭하고 있었기 때문이다.[1] 아마 '선진국'이라는 나라에 가서 인터넷을 사용해본 사람이라면 우리나라의 인터넷 속도가 얼마나 빠른지 체감했을 것이다. 그뿐이랴, 최근 아이폰의 도전을 받기까지 휴대폰 시장에서 우리나라의 위상은 놀라울 정도가 아니었던가.

이러한 발전이 상대적으로 짧은 기간에 이루어져서 그 성장과정을 한눈에 살펴볼 수 있다는 점, 아울러 눈부신 발전을 주도한 혁신적 리더들이 대부분 생존해 있어 생생한 인터뷰가 가능하다는 점이 이 분야를 선택한 큰 이유였다.

나는 관련업계에 종사하는 많은 분들의 추천을 받고, 인터뷰가 끝나면 즉석에서 추천을 또 받는 식으로 해서 한국에서 창의적 성취를 이룬 이들의 성공요인을 탐색해갔다. 그 결과는 이미 책[2]으로 묶여 나왔지만 개인적인 관심에 따라 인터뷰는 현재까지 계속되고 있으며, 영역도 IT에서부터 예술과 공연부문에 이르기까지 확대되었다.

인터뷰 대상자로 선정되고 나면 다음과 같은 질문을 받게 된다.

- 인생의 성취에서 무엇이 가장 자랑스러운가? 이 성취를 이루기 위해 도움이 되었던 것은 무엇인가?
- 가장 극복하기 힘들었던 난관은 무엇이었는가?
- 부모님으로부터 받은 영향은 무엇인가? 가훈은 있었는가?
- 당신의 분야에 뛰어드는 사람들에게 어떤 조언을 하겠는가?
- 문제에 봉착했을 때 어떤 식으로 해결해나가는가?
- 앞으로 인생의 목표는 무엇인가?

애초에는 1시간 정도 양해를 구해두지만, 대부분의 참여자들이 예약된 시간을 훨씬 넘기면서까지 최선을 다해서 인터뷰에 응해주었다.

다음은 그들이 말한 창의성의 요인들이다. 상당한 많은 요인들이 언급되었지만, 그중에서 여러 명이 지목한 것들만 선별해서 소개하겠다. 맥락에 따라 실명을 언급한 분도 있고, 익명으로 기술한 경우도 있음을 양지해주기 바란다.

한국인이여, 창의성 DNA를 갖춰라!

하고 싶은 것을 한다

이미 앞장에서 자신이 하고 싶은 것을 하는 것, 즉 '내재적 동기'가 창의적 성취에 얼마나 중요한지를 설명한 바 있다. 이것의 중요성은 동서양을 막론하며, 이미 2,500여 년 전 공자에 의해서도 강조되었다고 했다. 이번 인터뷰에 참여한 사람들도 무려 85%가 하고 싶은 일을 한 것이 가장 중요한 요인이라고 답했다. 심지어 이들은 자신의 성취를 정말 하고 싶은 일을 열심히 하던 중에 얻어진 부산물 정도로 생각하는 듯했다. 적지 않은 인터뷰 참여자가 창의적 성취를 어떻게 이루게 되었는가에 대한 질문에 "운이 좋아서."라고 대답한 것은 이런 맥락에서 풀이할 수 있다.

내재적 동기가 이들의 창의성에 영향을 미치는 구체적인 이유는 크게 두 가지로 나눌 수 있다.

첫 번째, 내재적 동기는 플로우를 유발하고 즐거움, 호기심, 열정과 같은 긍정적인 심리적 상태를 제공했다. 이들에게는 '일은 일이요, 놀이는 놀이'라는 이분법이 없었다.

특히 과학을 전공하는 사람들이 다른 분야에 비해 내재적 동기의 중요성을 더욱 강조했다. 사회적 지위나 물질적 보상과 같은 외부적 보상이 타 분야에 비해 상대적으로 드문 분야임을 감안한다면, 순수 과학에 종사하는 이들은 본인 스스로 흥미와 즐거움을 찾아나가는 것이 그만큼 중요하다 할 수 있겠다.

2시간 넘게 진행된 인터뷰 내내 열정적인 태도로 '내재적 동기'가 무엇인지를 몸소 보여준 이어령 교수는 우리의 일이 생리적 욕구를 해결하기 위한 '노동(labor)'이 아니라 스스로의 존재의미를 확인해가는 '활동(action)'이 되어야 한다는 아렌트의 견해를 재차 강조했다.

두 번째, 내재적 동기는 점점 더 난이도가 높은 과제에 도전하게 만드는 동력이 되었다. '인터넷 전도사'라 불리는 전길남 박사는 어려운 문제를 푸는 지적 게임 자체를 좋아한다고 했다. 쉽게 결론이 나지 않을 문제에 도전하고 난관을 헤치며 해결하는 순간 느끼는 희열은, 또다시 창의적 난제를 찾는 선순환의 고리를 만들어준다.

최고를 지향한다

내가 만난 창의적 인물들은 최고에 도달하기 위한 엄격성(또는 수월성)에 대한 집착이 있었다. 한마디로 깐깐하고 꼼꼼했다는 것이다.

창의적 인물의 가족사를 살펴보면 편부모 아래에서 큰 경우가 꽤 있다. 비트컴퓨터의 조현정 사장도 어린 나이에 아버지를 여의고 자수성가했다. 그는 어려운 문제가 닥치거나 문제를 해결해야 하는 상황이 되면 '아버지가 보시기에 부끄럼이 없도록 하자'고 다짐했다고 한다. 얼굴도 기억나지 않는 상상속 아버지를 기준에 두고 자신을 다스린 것이다.

엄격성은 그들의 성취에서 3가지 역할을 했다.

첫째, 그들의 노력이나 행동습관을 통제하는 원칙이 되었다. 그들은 자신의 일에 대해서는 최선을 다해 완성품을 만들려는 원칙을 지켰다. 어영부영 대충 넘기는 법 없이, 한번 맡은 일에 대해서는 최고의 꼼꼼함을 견지하려는 노력을 하고 있었다.

둘째, 자신의 정체성, 자아실현을 완성해가는 목표가 되었다. 최고를 위해 평생 노력해왔다는 자긍심은 그들에게 큰 내적 보상이 된다.

셋째, 삶과 직업의 궁극적인 목표가 일치되도록 견인했다. 이노디자인의 김영세 대표는 인간이라는 것은 변하게 마련이고, 이런 인간의 변화를 담아야 하는 디자인도 끊임없이 변할 수밖에 없다고 말한다. 그렇기에 현재보다 더 좋은 디자인은 항상 존재하며, 이를 추구하는 과정이 어떻게 지루할 수 있겠느냐고 반문한다. 그에게는 직업이 도구적 역할을 넘어, 삶의 가장 중요한 목적이 된 것이다.

이 3가지는 우리나라뿐 아니라 외국의 인터뷰에서도 동일하게 강조된다. 창의적 성취를 이룬 사람들만이 주장하는 가치는 더더욱 아니다. 이런 엄격함을 가져야 한다고 많은 어른들과 많은 책이 누차 강조해왔다. 창의적인 인물들은 이를 타인이 아니라, 자기 자신과 자신의 일에 적용한다는 점이 다를 뿐이다. 이런 맥락에서 이 요인은 '신독(愼獨)'이라는 개념과 비슷하다. 신독은 누가 보지 않더라도 자신의 모습에 대해 책임지는 태도를 의미한다. 사회학자 미드(George Mead)의 논지를 빌리자면, 내가 나를 가리키는 'I'와 다른 사람이 어떻게 보는가를 지칭하는 'self'가 일치할 때의 모습이라고나 할까.

다른 우물에 욕심 내지 않는다

한 우물 파기란 두 가지로 해석될 수 있다. 하나는 지금 하고 있는 일에 최고로 '집중'하는 것을 가리키고, 다른 하나는 최선을 다하는 '헌신'을 뜻한다.

창의적 성과를 내기 위해서는 일정기간의 집중적인 주의가 필요하다. 한 참여자는 이렇게 말하기도 했다.

"창의적인 아이디어는 불씨에 불과합니다. 이를 살리기 위해서는 연료가 필요한데, 그 연료가 바로 주의력이에요."

어렸을 때 보았던 만화영화에 〈마징가Z〉라는 것이 있었다. 이 로봇은 광자력 빔이라는 무기가 있어서, 악당 아수라 백작이 조종하는 로봇들에게 동료 군단이 무수히 얻어맞고 있으면 혼신의 힘을 다해 초절정 광선을 뿜어내 한 방에 끝내버리곤 했다.

앞 문장에서 중요한 단어는 무엇일까? 바로 '혼신의 힘'이다. 모든 힘을 한데 모으지 못하면 아무리 멋진 무기를 장착해도 강력한 광선을 뿜어낼 수 없다. 대한민국의 '창의 마징가Z'들도 모두 혼신의 힘을 다하는 사람들이었다. 그들은 '실패하면 어떻게 할까, 다른 사람들이 나를 어떻게 볼까?' 같은 생각으로 에너지가 누수되는 상황을 만들지 않았다. 토착적인 '몰입 광자력 빔'을 고안해 실천하고 있는 서울대학교 황농문 교수는 풀리지 않는 문제가 있으면 아예 주위 사람들에게 소문을 낸 후, 강력한 빔을 쏘기 위한 칩거에 들어간다. 혼신의 힘을 다해 에너지를 모으려는 시도다.

헌신의 태도는 창의적 성과를 높여주는 주요 동력이다. 미국에서 나와 함께 연구했던 캐롤 맥크로스(Carol Mockros)는 비슷한 경력과 능력을 가진 두 사람 중 A연구실에 들어간 사람은 평범한 학자에 그치는 반면 B연구실에 들어간 사람은 노벨상 수상후보가 되는 경우가 있다는 사실을 발견했다. 심지어 B연구실에는 그 연구자뿐 아니라 연구자의 지도교수와 조교에 이르는 3대가 모두 노벨상 수상 가능성이 점쳐지고 있었다. 개인의 능력 외에 그 연구실의 헌신적 분위기와 리더십이 상승효과를 가져온 것이다.

아호열역불 지습시이학

많은 인터뷰 참여자들은 책읽기의 중요성을 강조했다. 특히 고전이나 역사서를 즐겨 본다는 사람이 많았다. 법철학자 너스바움(Martha Nussbaum)은 사회적으로 영향력 있는 사람들이 결정을 내리는 방법은 투키디데스, 아리스토텔레스부터 벤담과 칸트에 이르기까지 모든 사람의 관심사일 뿐 아니라, 문학이나 현대경제학에서도 매우 중요한 주제라고 했다. 시대를 선도하는 사람들이니만큼 결정을 내리는 순간은 항상 외로웠을 것이고, 그런 만큼 역사 속에서 새로운 영역을 개척해갔던 사람들의 이야기는 문제해결 방법뿐 아니라 정서적인 응원도 줄 수 있기 때문이리라. 한 참여자는 칭기즈 칸에게서 많은 통찰을 얻고 있다고 했다.

그렇지만 반드시 역사적 오피니언 리더들의 이야기에만 귀 기울일 것은 아닌 듯하다. 인터뷰 참여자 중에는 남독(濫讀)의 중요성을 강조한 이도 있었다. 이것저것 가리지 않고 두루 익히라는 것이다. 퓰리처상 수상자인 앤서니 헥트 또한 모든 시를 저절로 욀 만큼 읽고 난 후에야 비로소 어떤 시가 자신에게 가장 잘 맞는지 보인다고 했다. 이어령 교수의 이야기를 들어보자.

"꼭 고전이라는 건 아니지요. 책이란 건 나쁜 책이 없어요. 나쁘게 읽는 사람이 있는 거지. 야한 책을 보더라도 '아, 이러면 추잡하구나' 그러면 성교육 책이지. 이 세상에 악서(惡書)는 없어요. 나쁘게 읽는 사람이 있을 뿐이야. 그런데, 난 남독을 했어요. 만화에서 《파우스트》까지 닥치는 대로 읽었어. 고전을 읽으라고 해서 '꼭 읽어야 할 100권의 책' 이렇게 하는 게 웃긴 거지. 그건 절대 독서가 아니야. 친구 만날 때 이상적인 친구 100명 명단 쓰고 그 친구 만나요? 책이라는 건 운명 같은 거야. 그러니까 그냥 눈에 띄는 걸, 우연한 기회에 빌려주거나, 형이 놓고 가거나, 그럼 그냥 그 책을 읽는 거야. 내가 보기에 제일 웃긴 게 독서지도야. 선생이 쓰라고 감상문 쓰는 건 창의적이 아니지."

아울러 배움의 즐거움뿐 아니라 가르침, 즉 창의적 산물이나 지식 체계를 축적해서 다음 세대에 전달하는 것에 대한 중요성도 언급이 되었다. 상당수의 참여자들은 후학을 지도하는 일도 병행하고 있었는데, 이들에게 가르침은 단지 지식을 전달하는 것뿐이 아니라 새로운 지식을 얻는 통로이기도 했다.

구성원으로서 사회에 대해 책임진다

흔히 창의적 성취에 몰두하는 사람은 자기 일 외에는 관심이 없는 것처럼 묘사되곤 한다. 사람의 시간과 에너지가 한정되어 있다면 당연히 자신의 일에만 집중해야 할 것이고, 그렇다면 주변에 관심을 쏟는 것은 기대하기 힘들기 때문이다. 그래서인지 일반인이 생각하는 창의적 인물의 특징은 이기적이고 독단적이며, 타인이나 사회, 국가에 대해 별반 관심이 없는 모습이다.

그럼에도 불구하고 본 인터뷰에 참여한 대다수가 그들 자신을 넘어서 국가와 사회에 대한 책임감을 느끼고 있다는 것은 흥미로운 사실이 아닐 수 없다. 칙센트미하이 교수의 연구에서도 상당수의 창의적 인물들이 다른 사람들에 대한 책임감을 언급했다는 사실은, 이들에게 타인에 대한 배려와 책임감은 단순한 생색의 차원을 넘어서 그들의 삶을 이끌어가는 중요한 동력이 아닐까 생각하게 한다.[3]

이용태 전 삼보컴퓨터 사장의 책임감은 전후(戰後) 폐허가 된 나라에 대한 것이었다.

"요새 세대는 모르지만 우리 세대는 '어떻게 하면 내가 잘 사느냐' 하는 것보다 '어떻게 하면 나라가 잘 될거냐' 그런 생각을 하는 습관이 있어서, 선천적으로, 선천적이라기보다는… 시대상황이 그랬겠죠. 아마 일제 강점기 때, 소위 식민지의 서러움, 이런 것이 돋에 밴 세대의 특징일 겁니다."

서정욱 박사가 엔지니어링을 전공한 이유도 같은 맥락이었다.

"고등학교 2학년, 3학년에 무슨 철이 들었겠습니까? 그런데도 나름대로 생각을 해본 거죠. 내가 앞으로 살아갈 길이 뭔가? 1945년에 광복은 됐다고 하지만, 그 혼란과 갈등 속에 (…) 그 과정에서 우연인지, 여러 나라에 대한 책을 봤어요. 그리고 내가 할 일이 뭔가를 생각해봤어요. 내가 엔지니어가 되겠다는 생각은 우리가 이 가난으로부터 어떻게 해방될 건가 하는…."

인터뷰 대상 중 상대적으로 젊은 세대인 조현정 사장은 한국이 바로 되기 위해서는 실력도 실력이지만 원칙을 지키는 것, 그리고 사회에 대한 책임감을 성실히 수행하는 것이 중요하다는 점을 학생들에게 항상 강조한다.

"모든 성공한 기업의 경영 교과서는 초등학교 바른생활 교과서에 들어 있다고, 어디 가도 그렇게 강의를 해요. 전국 대학교 우수생들에게 그랬어요. 너희가 기업가정신을 갖기 위해서는 이미 모든 내용이 초등학교 바른생활 책에 다 나와 있으니, 그대로 하면 된다고요. 저는 철저하게 그대로 살았다고 자부하는 사람이에요. 그래서 그 초심을 강조하는 거죠."

인간관계를 포기하지 않는다

좋은 인간관계나 네트워크는 어디에서나 다 중요하다. 그중에서도 서구에 비해 집단의 목표와 조화가 강조되는 한국에서 인간관계의 의미는 더욱 중요할 수밖에 없다.

한국의 창의적 리더들에게는 인간관계의 의미가 다음의 3가지 맥락에서 강조되었다. 삶의 기본적인 원칙으로서, 재능 있는 인재를 주위에 두려는 목적으로서, 그리고 배움과 즐거움의 원천으로서다.

첫 번째 요인에 대한 언급은 주로 '부모님으로부터 받은 영향은 무엇인가? 가훈은 있었는가?'라는 질문에 대한 답변에서 나왔다. 집안의 어른으로부터 사람과의 인연을 중시하라고 배웠다는 것이다. 한 참여자의 말을 들어보자.

"우리 아버님이 가훈으로, '사이를 알자'는 말씀을 (하셨어요.) 인간은 '사이 간(間)'이라고, 사람끼리 서로 기대어 산다는 것에 대해서요. 사이가 아니면 인간이 아니다. 서정주 시인의 〈국화 옆에서〉를 얘기하면서 국화꽃이 필 때 모든 것들이 다 연관되어 피는 것처럼, 사람도 인연을 중시하지 않으면 관계를 제대로 맺기 어렵다. 참 생각을 많이 하게 하는 그런 말씀을 자주 하셨어요."

적재적소에 좋은 인재를 등용함으로써 위기상황을 넘어갈 수 있는 시스템을 만드는 것은 넓은 네트워크가 필요한 두 번째 요인이다. IMF 위기를 넘기는 데 핵심적인 역할을 했다고 인정받는 한 참여자의 이야기다.

"그다음에 본인이 알던 사람들 중에서 로열티가 있고, 헌신할 수 있고, 편파성이 없는 젊은 전문가를 외부에서 아웃소싱하고 일의 순위를 조정해서, 상당히 강력하게 드라이브를 걸고 나갔어요. (…) 올바른 사람을 선택하는 것, 그것이 굉장히 중요해서…. 원래 시스템이 다 망가져 있을 때는 사람이 문제라고요."

세 번째 요인은 사람과 함께 일하는 즐거움이다.

한 연구에서 어떤 일을 할 때 '재미있다'는 것이 무엇인지 생각나는 대로 말해달라고 했다. 그때 가장 많이 나온 대답 중 하나가 '좋아하는 사람들과 어울리는 경험'이었다. 창의적인 인물들도 죽이 맞는 사람들과 함께 어울린 경험이 성취의 밑받침이 되었다고 증언한다.

이 모든 이유를 종합하는 표현으로, 어느 참여자가 맹자의 다음 구절을 언급했다.

"天時不如地利 地利不如人和(천시불여지리 지리불여인화)."

즉 하늘이 주는 좋은 때는 지리적 이로움만 못하고, 지리적 이로움은 사람의 화합만 못하다는 뜻이다.

관심과 경험을 넓혀나간다

창의성을 정의할 때 '전혀 관련이 없어 보이는 두 가지 물체를 강제로 연결하는 능력'이라고도 푼다. 그래서일까, 인터뷰 참여자들은 자신의 전문영역 외에 다른 분야에도 관심을 가져왔다. 더욱이 순수한 호기심으로 출발했지만 단순한 애호가 수준 이상이라는 점이 일반인과 다르다.

그들은 다른 분야를 통해 자기 분야에서는 볼 수 없는 새로운 시각을 가질 수 있었다. 예를 들어 전자공학을 전공했던 한 참여자는 현재 생물학을 공부하고 있는데, 이를 통해 유전자정보와 컴퓨터 프로그래밍을 연결하고 싶다는 포부를 밝혔다.

이런 다양한 경험은 새로운 시각을 제공해줄 뿐 아니라 리더십도 키워준다. 재경부 장관을 지낸 이헌재 씨는 다양한 경험에서 지도력이 나온다는 주장을 한다.

"저는 마오쩌둥의 말을 비유해서 이야기하는데, 그가 뭐라 그랬냐면 '권력은 총구에서 나온다'고 했다죠. 저는 '지도력은 경험에서 나온다'고 해요. 자꾸만 경험을 쌓아서 변화해야 어떤 큰 문제가 생길 때 그것을 치고 나가는 지도력이 나와요. 지도력이 나와야 카리스마도 생길 거고 남들이 존경도 할 거고, 그래야 의견의 합의도 일으키고…."

다양한 관심과 경험은 인적 네트워크를 만드는 데에도 해당된다. 다른 참여자의 이야기다.

"나는 내 분야가 아닌 사람들하고 가능하면 많이 만나려고 노력해요. 내 전문분야 외에 의사, 변호사, 문필가, 언론인… 그런 분들이 내 스승이에요. 미래학회 같은 것은 아주 좋죠."

'경험'의 측면에서 볼 때 타문화를 접촉하는 것만큼 강력한 것은 없다. 외국의 경우 창의적인 인물들의 상당수가 어린 시절에 다른 나라를 여행한 경험이 많다고 한다. 같은 지구에서 같은 인간이 이렇게 다른 모습으로 살고 있다는 사실만큼 어린아이들에게 신선한 자극을 주는 것이 있을까? 가드너가 창의적 인물의 조건으로 이야기했던 '주변인'의 개념은 나라와 나라를 넘나드는 경험을 많이 한 사람을 뜻하기도 한다. 서로 다른 문화를 보면서 그 사이의 틈을 통해 문화의 블루오션을 개척하는 것이 창의적 성취에 큰 도움이 된다는 것이다. IT영역에서도 여러 나라에서의 경험이 큰 도움이 되고 있다는 증언이 있었다.

"IT분야에서⋯ 미국에서의 경험이 없었으면 할 수 없었을 것 같아요. 세계 최고가 그곳인데. 그런 맥락에서는 (외국의 경험이) 도움이 되는 것 같아요. 그렇게 몇 군데 지역에서 살았던 경험이 좋은 것은 조금 객관적으로 볼 수 있다는 것. 가끔 우리나라에서 일할 때도, 아시아에서 일할 때도 객관적으로 봐야 할 때가 있는데, 그런 때 도움이 되는 거죠."

개방적이다

창의적 인물은 고집불통인 것으로 생각된다. 자신이 소중하다고 생각하는 가치, 열정을 가지고 추구하는 과제는 그들에게 타협의 대상이 아니다.

그러나 동시에 이들은 비판이나 지적은 과감하게 수용하는 배포도 가지고 있다. 단, 그들이 추구하는 목표를 위해서 말이다. 그들과의 인터뷰에서 나온 개방성은 크게 3가지로 해석될 수 있다.

첫째, 다른 사람의 의견과 비판을 수용하고 타인을 통해 배울 수 있다는 것으로, '반면교사'라는 단어로 설명할 수 있다.

둘째, 중대한 결정을 내릴 때 항상 똑같은 방법만 고집하지 않고 상황에 따라 융통성을 발휘한다는 뜻이다. 사안에 따라서는 직관적인 결정을 내리는 융통성도 필요하다. 경상현 교수의 말을 들어보자.

"중대한 결정을 내릴 때는 계산을 합니다. 지금까지 혼자서만 분석을 했다면 그때는 혼자가 아니라 가까운 동료라든가 주변 사람들과 생각을 많이 해요. 그러면 결정내용이 뚜렷하게 눈에 들어오는 경우가 많고, 그런 경우는 비교적 자신 있게 결정을 합니다. 그런데 여러 가지로 분석하고 비교도 하고, 토론도 하고, 그랬는데도 감이 안 잡히면 그런 거는 직관적으로… 그러니까 처음에 이슈를 딱 접했을 때 느꼈던 것, 그런 쪽으로 가는 경우가 많아요."

셋째, 개방성의 마지막 단계는 아예 처음에 경험했던 것을 깡그리 지워버리는 수준에 이르는 것이다. 채움을 위한 비움의 단계라고나 할까. 이어령 교수의 이야기다.

"만년필이 아무리 발달해도 원시적인 연필이 있는 이유는, 연필은 지울 수 있다는 거죠. 우리는 지우는 가치를 부정적으로 보는데 불교만 해도 '망각, 즉 잊는 것이 얼마나 귀중한 기능이냐' 이거예요. 교육에서도 소각시키는 기능이 중요해요. 내 강의에 들어오면 모든 걸 회의(懷疑)하고 던져버리라 그래요."

근면하다

근면과 노력이 창의적 성취와 불가분의 관계에 있다는 점에 대해서 모든 참여자들이 한 목소리로 강조한다. 근면성은 창의적 성취에만 국한되는 것이 아닌 모든 직업적 성공의 필요조건이다. 그러나 화려한 창의성과 관련되면 근면한 노력이라는 말이 왠지 초라하게 들린다.

그러나 그렇지 않다. "성공은 1%의 영감과 99%의 노력"이라는 에디슨의 경구를 반복하지 않더라도, 창의적 성취에서 소걸음의 우직함이 필요하다는 것을 젊은이들에게 꼭 전해주고 싶다는 의견이 많았다. 외국의 사례지만 생물학자 마이어는 부지런하지 않다면 아예 과학을 전공할 생각을 접는 것이 좋으리라고까지 충고한 바 있다.

위험을 감수하고 뛰어든다

'감각추구'라는 인간 특성은 모험과 위험감수를 선호하는 특성이다. 그런데 심리학자 데이비스는 감각추구 점수가 다른 어떤 창의성 검사점수보다 더 정확하게 창의적인 사람을 맞힌다고 장담했다. 창의적인 사람은 모두 타고난 위험감수자라는 말이 된다.

정말 그럴까? 운 좋게도 이번 인터뷰 참여자 중 스카이다이빙, 암벽등반, 마라톤과 같은 스릴 있는 운동을 즐긴다는 사람이 있기는 했다. 이런 성향이 창의적 성취의 필수조건이라고 증명할 만큼의 데이터는 아니지만, 관련성은 있다는 정도로 일단 이해하고 넘어가자.

그렇다면 왜 위험을 감수하고 도전하는가?

첫째, 한때 불가능한 것처럼 보였던 것을 해결하고 나면 엄청난 희열과 자긍심이 생기기 때문이다. 서정욱 박사가 TDX[4] 상용화의 핵심인물로 추천한 이성재 사장의 말을 들어보자.

"어려운 일에 빠진단 말이에요. 굉장히 어려운 일에 빠지죠. 그러면 보통 사람들은 빠지면 헤어나기 어려우니까 피해서 가거나 안 가버리거나 하죠. 그런데 과감하게 한번 맞서서 싸워보는 게 좋아요. 왜냐하면 한번 해결하고 나면 나에게 엄청난 시너지를 낼 수 있는 능력이 생기니까…. 해본 사람들은 마다하지 않는 이유가, 하고 난 뒤에 오는 희열이, 피해가는 사람들은 느끼지 못하는 그 무언가가 있기 때문이죠."

둘째, 남들이 간 길을 그대로 따라가기만 한다면 절대로 앞설 수 없다는 것도 중요한 이유다. 전길남 박사는 이렇게 말한다.

"유닉스(UNIX). 찬성하는 사람이 거의 없다, 다 무조건 반대했어요. 그 얼마나 어려운데. 잘못하면 내가 사기꾼이 될 건데. 그러나 남들이 다 하는 것을 천천히 도입하면 선진국이 될 수 없죠. 제일 안전한 거는 천천히 도입하는 거죠. 다른 나라에서 다 검증하고 나서… 브로드밴드를 세계에서 처음으로 하지 말고, 지금 정도 시작하면 되는 거죠. 그러면 다른 나라에서 다 고생하고 우리나라로 들어올 거니까, 그때는 문제 있는 것 선진국에서 다 해결해줄 테니까. 그렇게 하면 영원히 선진국은 안 되는 거죠."

셋째, 자존심도 위험감수의 중요한 요인이었다. CDMA 개발에 뛰어든 이유가 다른 나라들이 한국의 기술수준을 우습게 봐서 본때를 보여주기 위함이었다는 답변도 있었다.

운을 끌어들인다

많은 창의적 인물들이 그들의 성공을 운 덕분이라고 한 것은 흥미로운 발견이다. 운이라는 용어가 워낙 정의하기 어렵고 미묘한 뉘앙스를 가지고 있기는 하지만, 인터뷰에서 운이라는 말이 나왔을 때의 맥락을 더듬어보면 몇 가지 범주로 그 의미가 함축됨을 알 수 있다.

전체적으로 운이라는 것은 적절한 시기에, 적절한 장소에, 적절한 사람과 함께 일하는 뜻으로 해석할 수 있다. 그러나 이것 외에 갑작스럽게 아이디어가 떠오르는 세렌디피티도 운이라 말하는 이도 있었다. 어려운 문제에 대해 '판단중지'를 내리고 나면, 정말 운이 없는 경우가 아니라면 일주일 안에 답이 나온다는 것이다.

물론 여기에는 조건이 붙는다. '항상 생각해야 한다'는. 어떤 맥락에서 언급되었든지 간에 모든 행간에는 운이 있기 전에 분명한 준비와 집중적인 관심이 있었다는 것이 전제로 숨어 있었다.

문제발견 · 해결능력이 있다

어려움이 닥쳤을 때 무엇이 문제인지를 발견하고 해결하는 능력도 창의적 성취에서 매우 중요한 역할을 했다. 이 부분은 문제해결 능력을 전반적으로 다루었던 7장을 참고하면 된다.

우리 사회는 개인의 창의성을
어떻게 뒷받침하는가 : IT산업을 중심으로

지금까지 개인과 관련된 요인들을 짚어보았다. 이제부터는 개인을 넘어서는 창의성 요인 중 가장 많이 언급된 두 가지, 즉 사회문화적 영향과 정부의 강력한 지원에 대해서 간략하게 소개하기로 한다. 여기에서는 한국의 IT산업이 꽃필 수 있었던 요인을 분석함으로써, 우리 사회와 국가가 어떻게 개인의 창의성을 지원해야 할지 생각의 단초를 모색해보겠다.

사회문화적 요소

한국에서 IT산업이 꽃필 수 있었던 사회문화적 이유 가운데 몇 가지 공통된 부분을 간략하게 소개하면 다음과 같다.

첫째, 필요는 발명의 어머니였다.

우리나라 경제가 막 발전할 무렵에는 비즈니스 상대 간의 의사소통 비용이 너무 컸기 때문에, 이를 해소하는 것은 선택이 아닌 필수사항이었다. 한마디로 커뮤니케이션 비용을 낮추기 위해 IT산업이 시작되었다는 말이다. 지금은 상상하기 어렵겠지만, 1970년대만 해도 전화기 한 대 값이 아파트 한 채와 맞먹었으니 그 열악함을 짐작할 것이다.

둘째, 기회는 찬스다.

장사가 되는 곳에는 돈이 몰린다. 실리콘밸리에 투자를 목적으로 하는 사람들(엔젤)이 항상 모여 있는 것처럼, 우리나라 IT산업의 가능성을 본 투자자들의 지원이 몰려들었다. 초창기에 초고속 인터넷 사업에 관여했던 한 참여자의 말을 들어보자.

"그 당시의 자본시장, IT마켓 그리고 우리나라 사람의 기질 이런 것이 맞물려 가능했다고 생각되고요. 미국 같은 경우는 불가능한 시스템입니다. 미국 같은 자본시장에서 일단 시장 자체가 전망이 보이지 않는데 전혀 검증되지 않은 상태로 누가 2조, 3조 되는 투자를 집어넣을 수 있습니까? 불가능하거든요. 우리나라는 삐삐사업의 성공으로 엄청난 캐피털이 투자를 했고, 과잉투자에 대한 살 길로 초고속 인터넷으로 승부수를 띄운 것이 맞아 들어갔고…. 그다음에 또 하나는 새로운 서비스에 대해 우리나라 사람들이 기질적으로 별 거부감 없이 받아들이는 부분도 있고…."

셋째, 사이버 문화의 등장도 중요한 요인 중 하나였다.

인터넷의 발전은 사이버 문화를 태동하게 했고, 사이버 문화는 IT 기술의 발전을 재촉하는 선순환 고리를 형성했다.

우리의 사이버 문화는 소위 '3P의 문화'라 일컬어졌는데, 곧 참여(Participation), 파워(Power), 열정(Passion)을 지칭한다. 쉽고 빠른 인터넷 접속은 모든 사람들이 예민한 사회적 문제에 대해 각자의 의견을 피력할 수 있는 참여의 장을 만들었다. 2004년 통계에 의하면 전

국민의 4분의 1이 자신의 홈페이지를 가지고 있으며, 4분의 3이 인터넷 카페에 가입한 것으로 나타났다. 지금은 더 늘었을 것을 감안하면 실로 놀라운 수치가 아닐 수 없다. 아울러 이러한 사이버 네트워크는 멤버들끼리의 밀접한 인간관계를 형성해 대통령선거와 2002년 월드컵에서 그 힘을 보여주었다. 수백만 명의 사람이 모여서 뜨거운 열정을 나누었던 것이다. 이상철 박사는 말한다.

"그다음에는 정보를 공유하기 시작했어요. 정보공유도 전 세계에서 우리나라가 처음이었는데, 월드컵, 촛불시위, 대선으르 가면서 이제 새로운 '감성의 공유' 시대로 들어갑니다. (…) 콜드머신이지만, 이 콜드머신을 통해서 새로운 감성 공유의 시대로 들어갔습니다. 이걸 보면 열정, 파워, 참여가 이 IT에서 다 나온 겁니다."

넷째, 창의적 실험이 가능한 토양과 시대적 요구가 있었다.

창의성이라는 것은 너무 안정된 곳에서도, 너무 변화구쌍한 곳에서도 일어나지 않는다. 질서와 변화가 공존하는 간극에서 창의적인 아이디어가 꽃필 수 있다. 대한민국이 대내외의 혼란과 시련을 딛고 이제 정치경제적으로 상당한 안정을 이룬 것처럼 보이지만, 아직도 수많은 혼돈과 불확실성이 공존하고 있기 때문에 그 간격에서 다양한 창의적 실험을 할 수 있다. 급작스러운 글르벌 사회의 변화에 대한 우리의 대응이 IT산업을 성장시킨 동력이 되었던 것과 같은 맥락이다.

정부의 지원

인터뷰를 하다 보면 재미있는 점이 눈에 띈다. 외국의 인터뷰에서는 많은 경우 개인적인 사건들에 초점이 맞추어지는 데 반해 우리나라에서는 정부, 사회에 관한 언급이 많이 등장한다는 사실이다.

이러한 차이가 단순히 개인적 관심사의 차이인지, 실제로 정부의 영향이 상대적으로 컸기 때문인지에 대해서는 확실하지 않다. 그러나 몇몇 동의하지 않는 사람도 있긴 했지만, 대부분의 인터뷰 참여자들은 정부의 강력한 지원이 한국의 IT산업 발전에 중요한 토대가 되었다는 점을 지적했다. 그것은 어쩌면 우리나라의 입지를 십분 활용했기에 가능한 것이었다. 선진국에서는 합의에 필요한 절차가 복잡해서 시행에 어려움이 따르고, 후진국에서는 공무원의 자질, 제도미비, 예산부족 등으로 힘에 부치는 그 틈새를 활용한 결과물이다.

그렇다면 구체적인 지원 내용은 무엇이 있을까? 인터뷰 참여자들은 다음의 사항을 언급했다.

첫째, R&D 등 물적 투자와 관련된 지원이 있었다. 양승택 전 장관에 따르면 정보통신이 전망이 있다고 생각한 정부는 이미 1980년대 초반 TDX 개발에 240억 원, 당시 달러화로는 4,000만 달러가량의 연구비를 투자하기로 결정했다고 한다. 단군 이래 가장 큰 투자규모였다. 이를 기반으로 한 전화설비 완비는 그 뒤의 ADSL을 설치하는 데 큰 기여를 하게 된다.

둘째, 인재유치에도 과감히 지원했다. 인터뷰 참여자들은 당시 정부가 해외인재를 불러들이기 위해 연봉이나 복리후생에 특별히 신경 쓰기도 했다고 전한다.

셋째, 법적·제도적 지원도 수반되었다. IT사업 초기에는 정부정책을 따라서 추진하면 재정적·제도적 지원을 충분히 받았다. 설령 실패하더라도 정부가 보상해주는 경우가 있었다.

많은 전문가들이 우리나라 IT산업의 발전에는 TDX의 성공에 따른 자신감이 뒷받침되었다는 사실에 동의한다. 실제로 TDX는 다른 나라에서도 벤치마킹하려고 하는 통신개발의 대표적 성공사례다. 그런데 TDX의 성공요인도 잘 살펴보면 2장에서 다루었던 세 박자가 잘 맞아 떨어진 것이라 할 수 있다.

첫째, 수많은 외화를 낭비하던 전자교환기의 국산화를 도모한 사람들의 창의적인 아이디어,

둘째, 그 아이디어의 가치를 인정하고 지원해준 평가자인 정부,

셋째, 그 결과로 얻어진 산물을 체계화하고 조직화해 상용화할 수 있도록 매진했던 연구진이 그것이다.

지금까지 우리는 IT산업을 중심으로 대한민국 특유의 창의성 DNA가 무엇인지 탐색해보았다. 국적에 관계없이 통용되는 일반적인 요소도 있었고, 일부 요소는 우리나라만의 기질과 맞물려 상승작용을 일으키기도 했다. 또한 개인의 탁월한 능력이 사회문화적 요청과 국가의 강력한 지원과 맞물릴 때 폭발력이 가일층 커질 수 있다는 것을

알게 되었다.

　이 장에서는 비록 하나의 사업을 중심으로 창의적 성취에 관련된 요인을 뽑아보았지만, 이러한 요소는 단지 IT에만 국한되는 것은 아니다. 상당수의 요인들이 예술 및 과학과 관련된 요소에서도 중요한 것으로 언급되고 있음을 발견한다. 눈여겨 살펴보고 자신의 것으로 만든다면, 대한민국 요소요소에서 창의성을 높이는 데 도움이 될 것이다.

주(註)

1 물론 지금도 소프트웨어나 콘텐츠 부분에서는 아직 한국이 IT강국이라 할 수 없다는 견해를 피력하는 전문가들도 많다. 그러나 IT관련 인프라나 신제품의 테스트 베드로서의 역할, 그리고 IT에 관한 국민의 관심도를 보면 도약의 가능성은 농후하다고 생각된다.

2 Choe, I. S. (2006). "Creativity : A Rising Star in Korea." In. R. Sternberg (Ed.), *International Handbook of Creativity* (pp. 395–420). NY : Cambridge University Press, 2006.

3 Csikszentmihalyi, M. & Nakamura, J. (2007). "Creativity and Responsibility." In Gardner, H (Ed.), *Responsibility at Work : How Leading Professionals Act (or Don't Act) Responsibly*, 64–80. San Francisco, CA : Jossey-Bass.

4 우리나라에서 개발된 디지털 교환방식의 전전자식 교환기 시스템 명칭. 다수의 소형 프로세서에 의한 완전 분산처리가 특징으로 TDX-1, TDX-10, TDX-100 등 계열화가 되어 있다. 전국의 KT 산하 전화국에서 운용되고, 외국에 수출도 되고 있으며, 부호분할다중접속(CDMA) 이동통신 시스템의 핵심 교환장치로 사용되기도 한다.
출처 다음백과사전, http://enc.daum.net/dic100/contents.do?query1=15XXXX9669.

10

창의성은 없다

언제?

무엇?

어떻게?

지금까지 우리는 창의성의 본질과 개발방안에 대해 다양한 각도에서 살펴보았다. 그러나 이미 밝혔듯이, 창의성을 한마디로 명쾌하게 설명하기란 보통 어려운 일이 아니다. 아니, 어쩌면 그런 시도 자체가 창의성과는 이질적인 것인지도 모른다. 10장에서는 창의성을 정의하는 대신, 창의성이 '아닌' 것들을 제외함으로써 창의성에 대해 두루뭉술하게나마 이해해보고자 한다. 이는 또한 지금까지의 논의를 정리하는 용도로도 유용할 것이다.

'노아의 방주'와 관련된 야사(野史)가 있다. 온 세상을 집어삼킬 만한 홍수에 대비하기 위해 배를 만들고 세상 모든 것들을 한 쌍씩 배에 실은 후 문을 닫아야 했다. 그런데 늑장을 부리며 마지막까지 나타나지 않는 녀석이 있어 노아의 속을 태웠으니, 그 녀석은 바로 밝음의 짝꿍인 어둠이었다고 한다. 깜깜한 길을 더듬어 겨우 찾아왔다고 툴툴대는 녀석을 어쩔 수 없이 용서하고 드디어 노아는 방주의 문을 닫을 수 있었다는 것이다.

농담이긴 하지만, 그렇다, 어둠이 있어야 빛이 있음에 감사하고, 추함이 있어야 아름다움이 돋보이는 법이다.

창의성이 모든 사람의 관심 대상이 되는 만큼, 자고 일어나면 하룻밤 사이에도 수많은 이야기들과 설(說)이 난무한다. 제대로 창의성을 이해하기 위해서는 창의성과 관련된 오해와 과장된 주장들을 좀 따져볼 필요가 있겠다. 그래서 지금까지 살펴본 내용을 정리할 겸, 뒤늦게 '창의성은 없다'라는 다소 과격한 표현을 써서 진짜 창의성(?)의 의미를 되새기는 역설적인 시도를 해보고자 한다.

어떤 것이 참이고 거짓 명제인지 잘 따져보자.

창의성은 정의(定義)가 없다

창의성을 한마디로 요약하는 정의는 없다. 한마디로 요약된다면 그것은 이미 세상 사람들이 그렇게 궁금해하는 창의성이 아니지 않을까? 그래서 '창의성은 이것'이라고 확신에 찬 주장을 하는 사람과는 약간 거리를 두고 사귀는 것이 좋다는 생각이다. 고수가 될수록 신중해지는 법이다.

서로 다른 입장을 주장하는 사람들을 어떻게 이해하면 될까? 장님 코끼리 만지기로 비유해보면 될 것 같다. 다만 모든 장님은 분명히 코끼리의 실체를 만지고 있다는 사실을 인정하기만 하면 된다. 마찬가지로 창의성이라는 광대무변의 개념을 연구하는 학자들은 각자의 성격과 학문적 취향에 따라서 머릿속에 일어나는 창의적 문제해결 과정을 탐구하기도 하고, 창의적 인물들의 성격을 파악하려고 하고, 사회·문화가 창의성에 미치는 영향을 조사하기도 한다.

그 연구방법도 가지가지다. 알고리즘이나 프로그램을 통해 모의실험을 해보는 학자도 있는가 하면, 뇌에다 전극을 꽂거나 기능적 뇌자기공명영상장치(f-MRI) 등을 이용해서 활성화되는 뇌 부위의 영역을 촬영하는 과학적인 학자들도 있다. 실제로 스웨덴의 어느 학자는 즉흥연주를 하는 재즈연주자들의 뇌를 촬영해서 창의적 연주에 들어가는 순간 활성화되는 영역이 어디인지 찾아보는 시도를 했다.

그런데 같은 시기에 바다 건너편에 사는 다른 학자들은 질적 연구를 선호해서, 창의적인 인물을 찾아가서 이야기를 나누고 이 이야기를 분석해서 창의적 성격이 무엇인지, 그들의 가정환경이 어떤지에 대해서 연구하는 사람도 있다. 어떤 연구방법이 더 맞고 아니고는 전혀 의미가 없다. 그냥 자신에게 맞고 좋아하는 방법을 선택했다면 그뿐, 다만 열심히 하는지 아닌지만 점검해보면 될 것 같다.

미국심리학회는 창의성에 대한 과학적 연구를 처음으로 시도한 만큼, 당연히 창의성을 독립적으로 연구하는 분과가 있을 것이라고 짐작된다. 그러나 예상과 현실은 사뭇 다르다. 워낙 많은 사람들이 참여하고 있는 미국심리학회는 주제별로 세분화된 분과학회가 존재하기 때문에 특정 주제에 대한 심도 있는 논의가 가능한데, 창의성과 관련된 분과는 최근에야 생겼고 그것도 창의성이라는 단독주제가 아니라 미학과 예술을 다루는 분과와 합쳐서 만들어졌다. 미국심리학회장을 지낸 스턴버그 교수는 창의성을 연구하는 사람들이 최근 심리학의 본류에서 사용하는 방법론과 관심주제를 좀 더 적극적으로 활용해야 한다고, 그래야만 창의성이 심리학의 중요 연구주제로 부각될 수 있고 연구비도 듬뿍 탈 수 있다고 동료들을 채근하고 있지만, 가드너 교수나 칙센트미하이 교수, 데이먼(William Damon) 교수 같은 질적 연구를 선호하는 연구자들은 별로 귀 기울여 듣는 것 같지 않다. 오히려 창의성 연구는 그러한 제한과 속박으로부터 자유로워야 하지 않느냐고 되묻는다.

다행스러운 것은 다양한 입장을 견지하고 있는 학자들이 최소한 소통을 하자는 데는 동의하고 작업을 같이하기 시작했다는 것이다. 스턴버그 교수, 그리고 그의 제자 카우프만 등이 나서서 창의성과 관련된 다양한 주제들을 묶어 책을 출판하는 노력을 하고 있다. 그리고 이러한 소통의 노력은 서구의 학자들에 국한되지 않고 유럽이나 아시아까지 확대되고 있으니, 앞으로 창의성이란 것의 모습은 점점 더 명확해질 것으로 믿는다.

그럼에도 어쨌든 정의는 있어야 한다고 요구하시는 분께는 당분간 미흡하더라도 '창의성이란 새롭고 유용한 산물을 생성해낼 수 있는 인간의 능력이고, 이러한 능력은 인지, 정의, 동기와 같은 다양한 속성으로 구성되어 있으며, 그 사회와 문화에서 잘 키워주어야만 결실을 맺을 수 있다'는 장문의 정의로 갈증을 달래실 것을 권한다.

참고로 많은 곳에서 창의성의 정의는 크게 4P로 나누어진다고 설명한다. 백가쟁명 상황인 창의성 주제와 연구방법을 범주화하기 위한 노력의 소산으로, 창의성을 창의적인 사람(Person), 창의적 사고과정(Process), 창의적 산물(Product), 사회문화적인 영향(Press 또는 내 주장이 얼마나 설득력이 있느냐를 의미하는 Persuasion)으로 나누어서 설명하려는 시도로 이해하면 된다.

탁월한 천재의 단독플레이로 만들어지는 창의성은 없다

'영웅은 시대가 만든다'는 말처럼 창의적 성취도 시대의 운을 타야 한다. 운칠기삼(運七技三)이 창의성 영역에도 적용된다는 말이다. 창의적 산물은 탁월한 능력을 가지고 있는 소수에 의해 만들어진다고 생각하기 쉬우나, 사실은 같은 시기에 비슷한 생각을 가지고 있는 여러 사람들 중에서 운 좋게 한 사람이 그 영예를 걸머쥐는 경우가 훨씬 많다. 그런 맥락에서 명지대학교 최일호 교수는 창의적 성공을 코앞에 둔 상태에서 끝내 완성하지 못했거나, 완성했다 해도 인정받지 못해 역사의 뒤안길로 사라져버린 수많은 실패와 좌절의 사례에서 더욱 다양하고 풍부한 창의적 아이디어를 얻을 수 있다고 주장한다.

대표적인 예로 다윈의 진화론, 뉴턴의 미적분학, 왓슨과 크릭의 DNA 나선구조 등을 들 수 있는데, 여기에서는 그중에서 다윈의 진화론을 예로 들어 설명해보자. 다윈은 과연 어떤 운을 가지고 있었는지, 숨은 그림 찾기를 해보자.

영국의 명문가에서 출생하긴 했지만, 다윈은 어렸을 때 의사이며 철학자였던 할아버지나 아버지만큼 탁월한 학문적 재능을 발휘하지는 못했다. 다만 다른 점이 있었다면 자연관찰에 대한 지대한 호기심과 열정을 가지고 있었다는 것이랄까?

다행히 주변 사람들과의 관계는 그리 나쁘지 않았던 것 같다. 이 덕분에 그는 케임브리지 대학의 교수들에게 좋은 인상을 주었고, 식물학자 헨슬로의 적극적 추천으로 진화론의 맹아를 싹틔우게 될 비글호에 탑승해 세계일주를 하게 된다. 관찰에 대한 그의 천재적인 감각과 주변 사람들의 적극적인 도움도 있었지만, 사실 다윈의 생각은 맬서스의 인구론에 힘입은 바 크다고 스스로 자서전에 기술하고 있다. 또한 다윈보다 100년이나 앞서 진화에 대한 의문을 가졌던 박물학자 뷔퐁이 있었고, 진화에 대해 많은 관심을 가졌던 다윈 할아버지의 지지를 받았던 라마르크의 이론도, 알려지지는 못했지만 다윈보다 앞서서 자연선택설을 발표한 매튜도 있었고, 비글호에서 자료수집을 하는 데 가이드라인을 마련해준 라이엘의 이론도 있었다.

어쨌든 다윈은 진화에 대한 충분한 증거들을 확보하고 논리적인 결론을 내렸음에도, 독실한 신앙을 가지고 있었기에 자신의 이론이 세상에 미칠 파장을 염려해 세상에 알리지 못하고 20여 년 동안 고민과 갈등을 반복한다. 그러던 중 월러스라는 학자로부터 자신과 비슷한 이론을 창안했다는 편지를 받고 결국 역사적인 발표회와 함께 《종의 기원(On the Origin of Species)》을 발간한다. 월러스의 편지가 없었으면 진화론의 창시자라는 영예는 다른 사람에게 돌아갔을까?

왓슨과 크릭 또한 비슷한 시기에 DNA의 모형을 찾기 위해 경쟁적으로 노력했던 사람들의 연구결과에 힘입은 바 크다고 할 수 있다. 이들은 자신들보다 1년 앞서서 DNA가 나선이라고 믿고 있었던 프랭클린의 통찰력, 그리고 이런 통찰력의 근간이 되었던 X선 사진을 그들에게 살짝 보여준 윌킨스, 연구모형의 기반을 발전시켜온 폴링 등에게 결정적인 도움을 받은 것이라고 할 수 있다.

와이스버그의 책 《창의성(Creativity)》을 읽어보면 예술에서도 이와 비슷한 사례를 찾는 것은 어렵지 않다는 사실을 알 수 있다. 피카소의 〈게르니카〉도 최종 그림이 완성되기까지 많은 곳에서 아이디어를 얻었다는 것이다.

이러한 사례는 무엇을 의미하는가?

첫째, 무에서 유의 창조는 없다는 것을 말한다. 지식의 진공상태에서 탁월한 천재의 노력에 근거하는 창의적 발견은 거의 없고, 오히려 창의성은 철저한 지식기반 위에서 꽃피울 수 있다. 나무 밑에 누워 있다가 우연히 떨어지는 사과를 보고 만유인력을 발견하는 것이 아니라, 만유인력을 발견하기 위한 치열한 준비와 고민을 마치고 사과나무 밑에 누워 있으면 그때까지 그 사람을 손꼽아 기다리던 사과가 옳거니 하고 머리맡으로 떨어진다는 것이다. '나의 발견은 나를 앞서 간 위대한 거인들의 어깨 위에 앉아 있었기 때문'이라는 뉴턴의 이야기가 이를 웅변해준다.

물론 지식과 경험이 너무 많으면 오히려 새로운 아이디어가 들어올 틈을 주지 않는다는 것에 대해서는 앞에서 설명한 바 있다. 그러나 나의 지식이 창의성을 방해하면 어쩌나 하는 걱정은 조금 나이 들어서 해도 늦지 않다. 머리를 채우는 것이 먼저다. 그리고 나중에 지우개로 지우면 된다.

둘째, 쿤(Thomas Kuhn)이 말한 것처럼 그 시대의 주류인 정상과학에서 풀지 못하는 이상점들은 이미 많은 사람들에게 알려져 있기에, 이를 해결하기 위해 달려드는 사람들은 혼자만이 아니라는 것이다. 비슷한 시기에 비슷한 아이디어를 가지고 경쟁하는 창의적 인물들의 격전장은 다양한 영역에서 쉽게 발견된다. 누가 물적·인적 지원을 더 받는가에 따라 영예의 주인은 달라질 수 있다.

셋째, 아무리 창의적인 아이디어를 냈다고 하더라도 제대로 평가받고 선택되지 않으면 역사의 뒤안길로 밀려난다는 것을 의미한다. 세 박자 모델에서 이미 이야기한 바 있지만, 창의성은 한 사람의 아이디어가 좋다고 해서 결코 완성되지 않는다. 이를 제대로 수용하고 평가하는 사회문화적 풍토가 무엇보다 중요하다.

기준이 바뀌지 않는 한, 아동의 창의성은 없다

우리 대한민국의 창의성을 짊어지고 갈 사람들은 기성세대가 아니라 지금 커가는 꿈나무 어린이들일 것이다. 그렇지만 창조경영, 창의실용정부, 창의시정 등 눈만 뜨면 보이는 구호에서 우리나라 아이들이 들어갈 틈은 보이지 않는다. 무슨 해괴한 소리인지 지금부터 살펴보자.

앞에서 이야기한 창조경영, 창의실용정부, 창의시정은 모두 실용적 관점에서만 창의성을 논하고 있다. 이 관점에서 창의적 산물은 두 가지 기준을 만족시켜야 한다.

첫째, 전에 없이 새롭고 독창적이어야 한다. 예를 들어 낙도에 사는 경호가 몇 달을 고심한 끝에 독자적으로 개발한 이차방정식의 근은 이미 세상에 존재하기 때문에 창의적이라 할 수 없다는 것이다.

둘째, 적절성을 가지고 있어야 한다. 여기서의 적절성은 얼마나 쓸모 있는가 또는 유용한가의 틀로 생각하면 될 것 같다. 내가 심사위원으로 참여했던 우리나라 '창의력 올림피아드'의 문제 중 하나는 고층 아파트의 유리벽을 사람이 매달려서 닦지 않고도 깨끗이 할 수 있는 아이디어를 묻는 것이었다. 중학생 팀이 고층 아파트를 땅 밑으로 점차적으로 끌어내리면 제자리에서 청소할 수 있다는 아이디어를 그림과 함께 제출했다. 일견 독창적인 것처럼 보이지만, 이 아이디어는 이차방정식 근의 해법과 마찬가지로 실용적 창의성의 범주에 들어가지 못한다. 청소를 위해 건물을 땅 밑으로 당긴다는 아이디어는 만장일치로 예선 탈락하고 말았다. 유용하지 못했던 것이다.

이렇듯 실용적인 관점에서 아동의 창의성을 논하자면 불가피하게 '아동의 창의성은 없다'라는 결론에 도달할 수밖에 없다. 아동이 표현하는 창의적 아이디어는 최신성, 실용성을 갖지 못하기 때문에 실용적인 관점을 취하는 연구자들은 아동의 창의성에 대해 별로 관심을 기울이지 않는다. 혁신을 논하는 자리에서 아이들은 찬밥신세인 것이다.

앞에서 설명한 바와 같이,[1] 어떤 분야에서 창의적 성취를 보이기 위해서는 최소한 10년 동안 꾸준한 인내와 노력으로 준비해야 한다. 어렸을 때부터 천재적인 음악성을 보인 것으로 알려진 모차르트의 경우에도 주목받을 만한 작곡을 하기까지 10년의 시간이 필요했다는 사실이 밝혀지고 있다.[2] 따라서 아직 구체적인 지식과 전문성을 갖추지 못한 아동기의 재능이 실용적인 관점에서 평가될 수 없는 것은 너무도 당연하다.

실용적인 관점에서는 아이의 창의성을 바라볼 수 없다면, 대안은 무엇일까?

자기계발 및 자아실현의 관점에서 찾을 수 있다.[3] 이 관점은 인간은 누구나 정도는 다르더라도 창의성을 발휘할 재능을 가지고 있다는 전제에서 시작한다. 창의적인 인간은 자기에게 주어진 이 재능을 최적으로 발휘하고 사는 사람이라는 것이다.

이 입장은 우리가 영재성이나 재능을 표시하는 영어단어인 '탤런트(talent)'의 어원이 함축하고 있는 의미를 풀어보면 알 수 있다. 웹스터 사전에 의하면 고대화폐를 지칭하는 '달란트'라는 말에서 탤런트라는 단어가 나왔음을 알 수 있다. 성서에 나오는 비유처럼 인간은 많고 적음을 떠나서 누구나 재능(달란트)을 가지고 있는데, 중요한 것은 이러한 재능을 발휘하고 사는가, 아니면 그야말로 땅속에 묻어두는가의 문제라는 것이다.

한편 인본주의적인 입장에서 창의적인 인간이란 자신이 갖고 있는 능력이나 재능을 최대한 발휘하는 인간이라고 정의한다. 단순·용감하게 표현하자면 창의성은 인간이 가지고 있는 능력을 십분 발휘할 때 나타나는 것이고, 창의적 산물은 이런 자아실현의 과정에서 파생되는 부산물이라고까지 할 수 있다.

자아실현의 관점에서 아이의 창의성은 매우 중요한 의미를 지닌다. 어렸을 때부터 자신이 가지고 있는 창의적 재능영역을 발견하고 이에 대한 관심과 노력이 지속될 수 있도록 도움과 격려를 받는다면 그 능력이 성인기까지 이어질 가능성이 높다. 실제로 창의적 인물들과의 인터뷰를 보면 이들이 유아·아동기에 가졌던 특성들, 즉 맹렬한 호기심, 자기몰입의 특성, 제약받지 않는 탁월한 상상력, 타인의 평가로부터의 자유로움 등은 성인기의 성취에 매우 중요한 역할을 한다는 것을 알 수 있다.[4]

아이들이 창의적인 성향을 어른 때까지 간직할 수 있으려면 우리가 다음의 사실을 분명히 인식해야 한다.

창의적인 아이는 성공하는 아이가 아니고, 행복한 아이여야 한다는 것을 말이다. 아이를 성공시키기 위해 창의성을 키워야 한다고 생각한다면, 그것은 목표설정이 잘못된 것이다. 창의적인 아이는 실용적인 산물을 만들어내 성공하겠다는 목표는 안중에 없다. 자신이 좋아하는 것을 재미있게 할 수 있는 행복한 아이로 만들겠다는 마음이 창의적인 아이를 만드는 첩경임을 알아야 한다.

아이들의 창의성 교육이 실용성에 대한 지나친 요구와 강조에 경도되어 있다면, 그것은 황금알을 낳을 거위의 배를 성급히 가르는 것과 같다는 사실을 반드시 기억해주기 바란다.

뇌 반쪽짜리 창의성은 없다

최근 들어 창의성을 위해 우뇌를 집중적으로 교육해야 한다는 주장이 있다. 일례로 미래학자 다니엘 핑크는 새로운 미래의 중심에 우뇌가 있다고 했으니, 우뇌교육은 미래를 위해서 필수적이라 여겨지고 있다.

그러나 혼동하지 말자. 한쪽 두뇌만으로 활성화되는 창의성은 없다. 그동안 사회적으로 중요하지 않은 것처럼 여겨졌던 우반구의 특성인 은유, 심미, 종합, 맥락적 사고의 가치를 21세기에 다시 새겨보자는 의미를 '우뇌교육'으로 곡해해서는 곤란하다. 다니엘 핑크도 좌우 반구로 나누어진 우리 두뇌가 한쪽 뇌의 스위치가 켜지면 다른 쪽 뇌의 스위치가 꺼지는 식으로 작동하지 않는다는 점을 분명히 하고 있다. 오히려 양쪽 뇌를 모두 사용하는 사고가 미래형 사고라는 것이다. 이 점은 앞에서 설명한 태극창의성과도 궤를 같이하고 있다.

심리학자 로저 스페리의 연구로 반구의 기능 차이는 밝혀졌지만, 2억~2억 5,000개에 이르는 뇌량이라는 신경전달의 메신저가 좌반구와 우반구 사이에 쉴 새 없이 정보를 퍼나르고 있는 상황에서 왼손이 하는 일을 오른손이 모를 수 없다. 평상시에 말을 들을 때에도 대화

내용의 분석은 좌반구가 담당하지만 같은 시간에 발생하는 감정의 분석은 우반구에서 진행된다. 심지어 좌반구가 담당하는 것으로 알려졌던 인지과제를 처리하는 경우에도 뇌영상촬영기법을 통해 들여다보면 좌뇌와 우뇌가 동시에 기능하는 것을 알 수 있다.[5]

루트번스타인은 예술과 과학의 창의성은 결코 다른 사고과정과 인지능력을 요구하지 않는다고 누차 강조하고 있다. 그에 따르면 노벨물리학상 수상자인 파인만의 경우 수학문제를 풀기 이전에 그 문제의 해결책이 심상으로 나타났다고 한다. 수학과 물리학처럼 논리적인 과정을 연구하는 학자들도 해결책을 찾는 과정에서 우뇌의 특성인 심상과 통찰과 같은 심리기전에 의존하는 경우가 빈번하다는 증거는 이 밖에도 많다.

창의적 아이디어 생성기법 중에 시네틱스라는 방법이 있다. 이는 은유나 비유를 통해 문제의 해답을 찾아가는 것인데, 그 예로 자주 인용되는 것이 아인슈타인이 상대성원리를 찾기 위해 본인이 원자가 되어 우주에서 움직이는 상상을 했던 것이라든지, 소아마비 백신을 개발한 소크 박사가 스스로 바이러스가 되어서 신체로 들어가는 것을 상상한 사례들이다. 최첨단 과학의 맨 앞자락에서도 상상력과 비유와 같은 우반구 기능이 큰 자리를 차지한다는 좋은 증거다.

편식은 좋지 않다. 좌뇌와 우뇌를 차별하지 말자.

당신의 창의성을 한 번에 맞히는 검사는 없다

그렇게 중요하다는 창의성이니만큼 자신의 창의력을 간박에 제대로 알아낼 수 있는 측정도구가 있었으면 하는 바람을 누구나 가지고 있을 것이다. 특히 미래를 이끌어나갈 영재나 신입사원의 선발에서 창의적 인재를 찾기 위한 노력은 전에 없이 치열하다.

시중에서 "당신의 창의성을 한 번에 측정해드립니다."라는 광고를 본 적이 있다. 그러나 내가 알기로는 이러한 신통력을 가지고 있는 검사는 아직까지 세상에 나오지 않았다. 그러니 하나의 측정도구를 가지고 창의성을 측정하겠다는 생각은 지금 접는 것이 좋겠다.

그렇다면 몇 개의 검사가 필요하다는 말인가?

이 책이 아니더라도 창의성에 관한 책을 읽어보면 창의성은 크게 인지적 특성, 정의적 특성, 동기적 특성이라는 3가지 심리특성으로 구성됨을 알 수 있다(물론 최소한의 구분이다). 따라서 내용면에서는 3개의 검사가 필요하다는 결론이 도출된다.

아울러 이러한 심리특성들을 측정하는 심리검사들은 저마다 검사 방식이 다르다. 예를 들어 인지능력인 확산적 사고를 측정하는 검사들은 주어진 시간 안에 자신의 능력을 최대한 발휘하도록 하는 형태를 취한다. 가장 확실한 예가 대한민국 국민 누구나 알고 있는 수능 검사다.

반면 정의적 특성이나 동기적 특성을 물어보는 검사는 제한된 시간에 얼마나 잘하는가 또는 많이 알고 있는가에는 별반 관심이 없고, 대신 평상시에 보이는 그 사람의 특성이나 습관태도를 물어본다. 한 번쯤 받아보았을 법한 성격검사가 대표적 유형이다.

따라서 검사방식의 측면에서 한마디로 표현하자면, 최소한 수능검사와 성격검사를 함께 치르는 두 가지 유형의 창의성 검사가 필요한 셈이다.

물론 내 지적을 현재 사용되고 있는 검사가 잘못되었다거나 창의성을 전혀 측정할 수 없다는 뜻으로 오해하면 곤란하다. 통용되는 검사들은 모두 치열한 검증과 수많은 표본을 통해 만들어진 타당하고 신뢰할 만한 방법들이다. 그러나 더 복잡하고 세밀한 평가를 원할수록 창의성 검사와 종류는 늘어날 수밖에 없다. 마치 애인, 배우자, 직장상사, 거래선에 대해 궁금할 때 그 사람을 아는 한 명의 이야기를 듣는 것보다 여러 사람의 이야기를 종합하는 편이 정확한 것과 같다.

앞으로 창의성 검사를 개발할 때 꼭 고려해야 하는 것은 설명이 좀 길어지니 이 장의 주(註)를 참조하기 바란다.[6]

어쨌든 정말로 자기 자신이 창의적인지 아닌지 한 번에, 그것도 지금 당장 알고 싶은가? 그 답은 이미 5장에서 제시했다.

자신이 정말 창의적인지 아닌지, 스스로에게 물어보면 된다.

창의성의 팔방미인은 없다

영어로 '르네상스맨(renaissance man)'이라는 단어가 있다. 우리가 말하는 '팔방미인'이 그 뜻일 것 같다. 인간이 우주의 중심이었던 르네상스 시대에, 인간이라면 당연히 세상의 모든 지식을 습득하고 재능을 발휘하도록 시드해야 하고, 또 노력하면 성취할 수 있다는 자신감을 표현한 말이다. 이 단어를 듣는 순간 우리 머릿속에는 당연히 다 빈치가 떠오르지만, 사실 이 단어의 주인공은 조각가, 화가, 시인, 과학자, 수학자, 그리고 탁월한 기수였던 알베르티였다.

그러나 이러한 낭만적인 인간의 모습은 21세기 현실에서는 더 이상 가능하지 않다. 백남준이 덩크슛을 하는 모습은, 박지성이 미분을 하는 모습처럼 왠지 잘 그려지지 않는다. 물론 노벨 물리학상을 받은 파인만이 봉고를 잘 쳤고, 집안에 화가가 많았던 칙센트미하이 교수도 그림을 잘 그리지만, 그것은 꽤나 잘하는 애호가의 경지이지 그 분야의 최전선을 넘어가는 수준에는 이르지 못한다.

왜 그럴까?

첫 번째, 준비할 시간이 모자란다는 것이 가장 큰 이유다. 10년 법칙을 생각해보자. 이 말은 어느 분야에서든 창의적 성취를 이루기 위해서는 상당한 준비단계가 필요하다는 것을 의미한다. 다윈, 아인슈타인과 같은 과학자뿐 아니라, 모차르트, 피카소 등 예술가에게도, 우리 주변에서 만나는 '생활의 달인'에게서도 입증되는 사실이다.

10년간 노력하여 일가를 이룬 후, 다른 분야에 뛰어들어도 한 우물을 10년 파면 되지 않겠느냐고 주장하는 사람도 있을 것이다. 그러나 아쉽게도 어떤 분야에서든 '결정기'라는 것이 있다. 언어영역에서 제2외국어를 모국어처럼 구사하기 위해서는 최소한 중학교 이전에 두 개의 언어를 자유롭게 듣고 말할 수 있는 환경에 놓여야 한다. 미국이민도 그때 이후에 가면 영어를 잘하기는 해도 발음이 모국어처럼 되지는 않는다. 운동도 마찬가지다. 김연아의 연기를 보고 감탄해서 피겨스케이팅을 시작하려는 우리 이모님들이 뼈를 깎는 노력을 한다 한들 금메달을 기대하기는 어려운 것이다. 세분화된 학문의 세계는 최적의 연령대에 지식과 기술을 철저히 습득할 것을 창의적 성취의 필요조건으로 요구하고 있다.[7]

두 번째는 영역별로 창의적 성취를 이루기 위해 요구되는 정의적 특성에 차이가 있기 때문일 것이다. 예컨대 시카고 대학의 연구결과 인내와 근면은 사회과학이나 예술분야보다는 자연과학에서 더 강조되었다. 한국의 경우 과학자들은 전문적 지식을 필요로 하는 과제를 선호하는 반면, 예술가들은 일반적인 인간정서의 표현과 전달에 관심을 가지는 것으로 나타났다.[8]

어쨌든 이런 이유에서일까, 박학하고 재능이 많은 사람을 일컬어 우리는 '이 시대의 마지막 로맨티스트'라 부른다. 점점 더 복잡해지고 세분화되는 세상에서 여러 영역을 넘나들며 우리의 찬탄을 일으키는 폭넓은 행보를 앞으로는 보기 힘들어질 것이라는 안타까운 예언인지도 모른다.

'우물 안 개구리'에게는 창의성이 없다

여기서 한 가지 분명히 짚고 넘어가야 할 점이 있다.

여러 분야에서 동시에 팔방미인이 되기가 힘들다는 말을 '어차피 힘들 것 한눈 팔지 말고 무조건 한 우물만 파야 한다'는 뜻으로, 마치 초보운전자가 뒤 창문에 붙여 놓는 경고처럼 딴 데 보지 않고 '무조건 직진'을 금과옥조로 여겨야 한다는 뜻으로 확대해석하면 곤란하다.

오히려 창의적인 사람은 학문과 학문, 작게는 주제와 주제 사이의 경계영역에 있었던 '주변인'이었음을 잊지 말자. 프로이트는 생리학과 심리학 사이에 있었으며, 다윈은 지질학과 생물학, 안철수는 의학과 IT, 최경주는 역도와 골프의 경계에서 양쪽의 중첩 부분을 최대한 활용한 사람들이다.

한 분야에만 천착함으로써 오는 사고(思考)의 고착은 새로운 문제에 대한 해결책을 찾는 데 걸림돌이 될 수 있다. 이러한 고착으로부터 벗어날 수 있는 좋은 방법은 그 문제와 관련된 다른 분야의 도움을 얻는 것이다. 바로 이것이 최근 강조되고 있는 융복합, 통섭의 기본적인 원리다.

흔하지 않지만 개인적으로 융복합을 추구했던 흥미 있는 사례로 노벨 화학수상자인 일리야 프리고진(Ilya Prigogine)의 예를 들어보자. 클레어몬트 대학 심리학과에 있는 창의성 전문가 나카무타 교수가 프리고진과 직접 나눈 인터뷰에서 빌려온 내용이다.

유대인 집안에서 태어난 프리고진은 으레 그렇듯 부모의 기대에 부응하기 위해 전문직을 택한다. 법학을 공부하고 변호사의 길로 들어섰지만, 의뢰인의 심리를 제대로 파악하지 못하고서는 좋은 변론을 하기 어렵다는 사실을 깨닫는다. 그래서 심리학을 공부하기로 마음먹는다. 그러나 사람의 심리라는 것이 두뇌의 신경화학적 작용에 의존한다는 사실을 깨닫고는, 뇌화학을 알면 사람의 마음을 더 잘 이해할 수 있겠다는 기대를 한다. 그러나 신경화학을 통해 사람의 마음을 꿰뚫어볼 수 있으리라는 그의 야심은 그리 성공적이지 못했다.

그러나 인간만사 새옹지마, 바로 이러한 섭렵과 고민의 과정은 그에게 노벨상을 가져다준 큰 통찰을 제공해주었다. 즉 분자들의 불규칙한 움직임이 인류가 지금껏 고민해왔던 불확정성, 선택, 책임감과 같은 문제를 해결하는 실마리를 제공하리라는 생각에 다다른 것이다. 그래서 학문의 종적·횡적 경계선을 넘나드는 첨단 비빔밥을 과감히 시도해보기로 했다. 비평형 열역학 이외에 그가 연구한 소산구조나 자기조직화 이론 등은 자연과학뿐 아니라 철학, 심리학, 진화이론 등에 큰 영향을 미치게 된다. 그는 분자의 불규칙성에 대한 연구를 통해 미래가 과거를 통해 확정적으로 예측될 수 있다는 것에 의문을 제기한다. 이런 까닭에 그는 자연스럽게 시간의 흐름에 관심을 갖게 되었고, 한국을 방문했을 때 가장 먼저 경주 박물관에 가고 싶어 했다. 그곳에서 그는 젊은 날 하이데거의 책을 통해 관심을 가지게 되었던 시간의 개념이 법학, 심리학, 신경화학, 화학이라는 복잡하고 먼 융합의 길을 돌아 자신에게 찾아온 본질적인 운명이었다는 사실을 느겼을지도 모른다.

《생각의 탄생》의 저자인 루트번스타인 부부는 인류가 풀지 못한 난제를 해결하는 열쇠로 '융합'을 강조한다. 난제가 난제인 이유는 우리가 자신이 속한 학문 내에서만 해결하려 했기 때문이라는 것이다. 한 발자국만 물러나서 다른 시각에서 바라보면 의외로 쉽게 해결책을 찾을 수 있는데, 무조건 자기가 들어가 있는 우물 안에서만 답을 찾는 경우가 여전히 너무도 많다.

영혼 없는 비즈니스의 미래는 없다

앞서 한국에서 창의적 리더가 되기 위해 필요한 요인에 대해 설명했다. 창의적 인물이라면 괴팍하고 자기중심적인 경우를 떠올리기 십상이다. 그러나 막상 만나보면 동네 할아버지 같기도 하고, 수줍은 소녀 같기도 하는 등 다양한 스펙트럼의 사람이 있다는 것을 느낀다. 오히려 사회적인 책임감이거나 후학에 대한 배려 면에서는 부정적인 이미지의 반대쪽에 있는, 도덕과 윤리를 고민하는 모습도 많이 볼 수 있다. 자신이 원하는 삶의 목표를 위해 열심히 달리는 사람에게서 느껴지는 자긍심일 수도 있겠다는 생각이다.

최근 우리나라뿐 아니라 외국의 경우를 보더라도 사회적 책임감이 결여된, 더불어 사는 지구공동체의 인적·물적 환경에 반하는 기업과 CEO들의 설 땅이 점점 좁아지고 있다. 나만의 지나친 낙관이라 생각하지 않는다. 창의적인 혁신을 통해 창조경영을 실천하고 그만큼의 수익창출이 되었다 할지라도, CEO들의 도덕적 해이가 발견되는 순간 그동안 쌓아놓았던 브랜드 가치가 한순간에 곤두박질치고 소비자들이 외면하는 경우는 예전에 비해 분명 늘어났다.

지금 기업을 사로잡은 가장 큰 화두는 창조경영이다. 그렇다면 창조경영 이후는 무엇일까? 이미 미래학자들은 '윤리경영'이라는 답을 내놓았다. 나눔과 배려의 초석이 되는 멋진 직장을 다니고 싶어 한다는 말이다. 분식회계를 한다든가 멕시코 만에서 사상초유의 원유유출을 초래한 BP 같은 회사에는 더 이상 다니고 싶지도, 충성스러운 소비자가 되고 싶지도 않다고 거부하는 시대가 곧 온다.

그런 의미에서 '영혼이 있는 기업'을 이야기한다.[9] 안철수 교수는 개개의 목적이 아니라 사람이 바뀌어도 지속되는 공동의 가치관을 가지고 있는, 그래서 지속적으로 우량기업이 될 수 있는 기업을 '영혼이 있는 기업'이라 칭했다. 이처럼 승진이나 연봉인상과 같은 외부적 보상 이외에 가치 있는 목표와 비전이 있는 기업이 미래를 주도할 수 있다.

그런 의미에서 앞으로의 창의성 교육에는 나눔과 배려라는 덕목이 함께해야 한다. 창의적이지만 더불어 사는 삶의 가치에 공감하지 못한다면 우리 사회에 미칠 영향은 자못 심각할 수 있다. 구체적으로 교육현장에 접목하려는 창의인성 교육의 의미와 발전방향에 대해서는 8장에서 다루었다.

문화와 스토리 없이는 창의성도 없다

때로는 우리가 모르는 우리의 모습을 우리와 섞여 사는 외국인의 눈을 통해서 바라볼 필요가 있다. 숭례문 화재에 온 국민이 눈물을 흘리는 모습이 있는가 하면, 또 다른 국보인 울주 반구대 암각화는 아무 대책 없이 물속에 방치한다. 문화관광산업을 일으키려 애쓰는 한편, 한쪽에서는 우리나라의 역사와 음식에 대한 스토리가 살아 있어서 외국인들도 즐겨 찾았던 피맛골을 개발이라는 명목 하에 밀어 없애는 이런 양면성을 어떻게 설명해야 할 것인가. 이런 모습이 외국인들의 눈에 '발칙한' 모습으로 보인다 하더라도 남의 일에 간섭 말라고 화만 낼 일은 아니다.[10]

마치 성형중독증에 걸린 것처럼 오래된 건물을 허물고, 골목길을 확장하는 것이 창의선진국으로 가는 길은 아니다. 고목을 자르고, 간판을 통일하고, 흙바닥에 콘크리트를 들이붓는 것이 르네상스로 가는 길이 아니라는 것이다. 자기 나라에서 흔히 볼 수 있는 현대화된 건물과 분수를 보려고 외국인이 한국을 찾지는 않는다. 우리나라의 있는 모습 그대로를 보고 싶어 하는 것이다. 그 안에 담겨 있는 스토리 하나하나가 다 문화적 재산이고 다른 나라들이 갖고 있지 못한 관광자원이다. 경제적 고려가 우선이라면 오히려 이렇게 말해야 하지 않겠는가? '우리의 문화유산은 다 큰 돈 된다'고!

이제는 비즈니스도 문화를 고려하지 않으면 안 된다.

스마트폰이 나오기 이전에 매일 다섯 차례 메카를 향해 기도해야 하는 아랍문화권 사람들을 위해 기도시간과 방향을 표시해주는 창의적 휴대폰으로 대박을 낸 회사가 있다. 그 문화권에 대한 이해 없이는 가능할 수 없는 아이디어다. 세계의 많은 기업들도 세계화와 지역화를 동시에 겨냥하는 '글로컬라이제이션(glocalization)'으로 마케팅 전략을 바꾸고 있다. 가장 지역적인 것이 가장 세계적이라는 패러독스를 활용하자는 것이다. 아름다움은 세상 모든 사람이 추구하는 절대 명제이지만, 그 아름다움의 기준은 문화권마다 다르다는 것을 잊지 말자.

과욕으로는 창의성을 얻을 수 없다

그 밖에도 창의성에는 '없는' 것들이 많다. 1장을 읽어보면 창의적인 사람들의 대표적인 특성을 한마디로 요약하기가 쉽지 않다는 것을 알 수 있다. 대표적인 성격이 없는 것이다. 그뿐인가. 3장에서 봤듯이 플로우 상태에 빠지면 그 일을 하는 이유도, 시간개념도 없어져 버린다.

그 많은 '없는' 것 중에서도, 발달단계에 맞지 않은 창의성 교육은 효과가 없다는 것을 마지막으로 한 번 더 강조하고 싶다. 아무리 맛있는 밥상이라도 아직 이가 나지 않은 아이거나, 먹기 싫어하는 아이에게는 필요 없다. '발달에 적합한 교육'이라는 기본 명제는 창의성에도 적용된다. 물론 개인차에 따라 인지능력이 또래에 비해 앞서갈 수는 있다. 그러나 일반적으로 발달수준을 고려하지 않은 선행 및 조기학습은 학습에 대한 아이의 흥미를 빼앗아가는 가장 큰 위험요소다. 한번 싫어진 것을 좋아하게 만들기란 참으로 어려운 법 아닌가.

주(註)

1. Hayes, J. R. (1981). *The Complete Problem Solver*. Philadelphia: Franklin Institute Press.
   Gardner, H. (2004). 《열정과 기질》. (임재서 옮김). 서울 : 북스넛. (원저 1994 출판).
2. Weisberg, R. W. (1993). *Creativity: Beyond the Myth of Genius*. New York : Freeman.
3. Rogers, C. (1961). *On Becoming a Person*. Boston : Houghton Mifflin.
   Maslow, A. (1962). *Toward the Psychology of Being* (2nd ed.). Princeton : D. Van Nostrand.
   Csikszentmihalyi, M. (1996). *Creativity : Flow and the Psychology of Discovery and Invention*. NY : HarperCollins.
4. Csikszentmihalyi, M. (1996). *Creativity : Flow and the Psychology of Discovery and Invention*. NY : HarperCollins.
5. 로저 스페리의 수제자는 제리 레비(Jerre Levy) 교수이고, 제리 레비의 수제자가 대구대학교의 김홍근 교수다. Banich, M. (2008). 《인지신경과학과 신경심리학》. (김명선, 강은주, 강연욱, 김현택 옮김). 서울 : 시그마프레스. (원저 2004 출판).
6. 향후 개발될 검사가 고려해야 하는 점들을 정리해본다.
   첫째, 한국의 사회문화적 특수성을 고려한 검사여야 한다. 미국에서 만들어진 검사가 한국에서도 그대로 적용된다는 법은 없다. 인지능력은 문화의 영향을 상대적으로 적게 받는다고 할 수 있으나 정의적 요소, 동기적 요소 등은 반드시 한국의 상황을 고려해야 한다. 나는 다른 연구자들과 한국, 일본, 중국에서의 창의성 개념을 비교하는 연구를 수행중인데, 지금까지 나타난 바로는 창의성의 개념뿐 아니라 창의적인 사람들에 대해서도 3개국이 서로 다른 생각을 가지고 있다는 것을 알 수 있었다. 예를 들자면 우리나라 사람들은 과학자를 가장 창의적인 직업군으로 생각하는 데 비해 일본사람들은 예술인을, 중국사람들은 정치인을 우선으로 꼽는다.

둘째, 재능을 보이는 영역별로 특화된 검사여야 한다. 르네상스 시대에는 다 빈치와 같이 다양한 영역에서 두각을 나타내는 것이 가능했을지 몰라도, 현재는 모든 분야에서 각각 전문화된 지식과 특성을 필요로 하기 때문에 과학에서 창의성을 보이는 사람이 예술에서도 창의성을 나타내기가 쉽지 않다. 즉 영역마다 필요로 하는 특성들이 다르다는 것이다. 모든 것을 설명해주는 것은 아무것도 설명해주지 못하는 것과 같다. 각 영역마다 요구되는 특성을 중심으로 평가하기 위한 노력이 필요하다.

7 Csikszentmihalyi, M. (2003). 《창의성의 즐거움》. (노혜숙 옮김). 서울 : 북로드. (원저 1996 출판).

8 강정하, 최인수. (2003). "과학적 창의성과 시각예술적 창의성 : 창의적 성취 사례의 영역보편성 및 영역특정성." 《영재교육연구》 18(2), 201-237.

9 하루는 칙센트미하이 교수가 그동안 모아온 창의적 인물에 대한 인터뷰에서 '영혼(spiritual 또는 spirit)'이라는 검색어를 넣어 관련 대목을 찾아오라고 부탁했다. 그때는 몰랐다, 그 말이 어떤 의미를 갖는 것인지. 지금 곰곰이 생각해보면, 자신만을 위해서가 아니라 다른 사람을 위해서도 심리적 에너지를 사용하는 개체를 '영혼이 있다'고 했던 것 같다.

10 Bergeson, J. S. (2002). 《발칙한 한국인》. 서울 : 이글리오.

열망이 창의성을
이끌어간다

지금까지 창의성에 대해 다양한 방면에서 접근해보았다. 그렇다면 질문을 하나 하자.

그래서, 창의성이란 무엇인가?

내가 몸담은 학교에서 '창의적 사고'라는 교양수업을 개설했는데 어느덧 제법 인기강좌가 되었다. 한 학기가 지나고 종강에 다다를 무렵이면 학생들에게 창의성에 대한 이해가 어느 정도 되었느냐고 묻곤 한다. 그때마다 학생들의 대답이 애처롭다.

"수업 시작할 때는 뭔가 알고 있었던 것 같은데, 수업이 끝나가니까 더 모르겠어요!"

정형화된 모범답안에 익숙한 우리이기에, 정형화를 거부하는 창의성에 접근하면 할수록 더 혼란스러워지는 것이다. 처음에는 자못 당황했지만 이제는 경륜이 붙어 그렇게 푸념하는 학생들을 응시하며 이렇게 말한다. 이제야 제대로 가르친 모양이라고! 한 학기 열심히 가르친 보람을 느낀다는 말도 덧붙이면서 말이다.

빈말이 아니다. 내가 생각하기에 저 사람이 창의성의 고수인지 아닌지를 구별하는 가장 확실한 방법은, 그 사람이 창의성의 정의에 대해 얼마나 확신에 차 있는가를 보는 것이다. '창의성은 바로 이것이다'라고 단호하게 말하는 사람은 아직 내공을 더 필요로 한다고. 가만히 보면 언제부터인지 모르게 우리 주변에 이런 사람들이 하나둘 늘어나는 듯한데, 약간은 경계해야 한다.

그렇다. 창의성을 연구하는 학자들도, 한 학기 수업을 들은 학생들도 정의내리기 어려운 것이 창의성이다. 그러니 너무 부담 갖지 말고 편안한 마음으로, 그러나 약간의 호기심을 잃지 않고 긴 호흡으로 이 주제를 생각해주었으면 좋겠다.

창의성을 가르치다 보면 가끔 '당신은 창의적인 사람이냐'는 질문을 받게 된다.

그럴 때마다 '창의적인 사람이라기보다는 창의성을 좋아하는 사람'이라고 답변한다. 겸양의 표현이 아니라, 내가 지금까지 연구를 계속해올 수 있었던 것이 창의성에 대한 애정에서이기 때문이다.

아무 생각 없이 막연하게 교수가 되겠다는 가슴에 유학까지 가게 됐는데, 필요한 과목을 수료할 때쯤 갑자기 공부가 하기 싫어졌다. 왜 심리학을 공부해야 하는지 확실한 의미를 찾지 못한 상태에서 무작정 공부를 하기는 어려웠다. 결국 지도교수를 만나서 상의한 후 휴학을 하게 되었다. 휴학 동안 이런저런 책도 보고 다른 전공도 기웃거리며 지내던 중, 경제적 어려움을 안 지도교수가 용돈도 벌 겸해서 아르바이트를 해보면 어떻겠냐고 연락을 해왔다.

그 아르바이트란 책에서도 언급했던 대로, 지도교수와 동료들이 창의적 인물들을 인터뷰한 자료를 분석하는 일이었다. 녹화필름도 보고 인터뷰 녹취록도 읽으면서 그들의 창의적 성취에 도움을 준 요인들을 뽑아내는 작업이었다.

이 프로젝트에 참여한 사람들은 다 연령이 높았다. 그래서 어찌 보면 인터뷰라기보다 생생한 자서전을 보는 듯한 느낌이었는데, 그 안에 이분들 삶의 희로애락이 고스란히 녹아 있었다. 특히 갈등과 고민의 순간 그리고 이를 극복하는 과정에 대한 진솔한 고백은 돈 주고도 살 수 없는 좋은 약이었다. '어! 노벨상 수상자에게도 이런 순간이 있었네?'라는 반가움(?)과 함께 위안도 얻었다.

분석작업을 어느 정도 마쳤을 때는 나도 모르는 새 다시 공부할 준비가 되어 있었다. 자기가 좋아하는 일을 하면 이렇게 얼굴에서 광채가 나는구나, 해야 하기 때문이 아니라 하고 싶은 것을 하면 이렇게 다르구나, 그래, 앞으로 이런 것을 공부해보자는 결심이 가슴속에서 저절로 만들어졌다. 인터뷰 내용 중 '운이라는 것은 적절한(right) 시기에, 적절한 사람과, 적절한 곳에 있는 것'이라고 한 노벨상 수상자의 말이 나에게도 해당되었던 것 같다.

이 놀라운 경험을 다른 분들과 함께하고 싶은 마음에 시작한 글이 여기까지 왔다. 눈치 채셨겠지만, 아직 나 스스로도 창의성이라는 비전(秘典)을 얻지는 못했다. 아니, 나를 포함한 수많은 학자들이 지금도 그 비전을 얻기 위해 무림에서 경쟁하고 있는 중이다. 아직은 모든 경쟁자를 압도할 단한 내공을 가진 고수가 정해지지 않은 듯하다. 그래서 그 비전은 어딘가에 그대로 잘 보관되어 있다. 여러분 중 누군가가 고수가 되어 찾아오기를 즐거운 마음으로 기대하며 이 책을 마친다.

최인수

감사의 글

I.

　사회심리학자 에릭슨(Erik Erikson)은 성인기에 꼭 해야 하는 과제는 다름 아닌 '생산'이라 하였다. 여기에는 생물학적 의미도 있지만, 심리적 분신(分身)을 만들어내는 것도 포함한다. 심리적 분신인 이 책을 나 혼자 만들 수는 없었을 것 같다. 참 많은 분들의 도움을 받았다. 생각해보니 지금까지 받아온 것만 같기도 하다. 그래서 이 자리를 빌려 그 모든 분들께 감사 인사를 드린다. 감사 인사만으로 부족한 은인들께는 글로나마 마음을 전하고 싶다.

　인생의 나침반 한승호 목사님 가족,
　존경하는 스승 칙센트미하이, 마이클 리나커, 안창일, 이정모 교수님,
　외국생활 동안 큰 도움을 주신 유오종, 김현주, 장호, 박희교, 한진희, 장순민, 조재형 박사님, 이사벨라, 베티 여사, 한국고등교육재단, 임수석 장로님 내외분,
　아껴주신 이창우, 김완석, 김명권, 김정호, 조옥경 교수님, 이홍철, 최상섭 박사님,

벗 신행우, 김정운, 최일호 교수,
죽마고우 종국, 삼성, 창섭, 창범, 종석, 규원,
함종빈 사범님, 윤수진 음악선생, 조은예, 김은아 조교,
그리고 조직원들

존경하는 아버님, 어머님,
사위사랑 장모님, 그리고
나의 힘의 원천인 사랑하는 아내 김혜옥과 딸 은서에게

고맙습니다.

II.

책을 쓰는 과정에서 도움을 주신 분들이 있다.
창의성 인터뷰에 참여해주신 여러분,
추천사를 써주신 이어령, 문용린, 안철수, 즈벽 교수님,
책 쓰라고 괴롭힌 김정운 교수,
선뜻 출판약속을 해준 쌤앤파커스에 감사드린다.
끝으로 나와 함께 교감하며 창의성에 관한 생생한 아이디어를 지속적으로 제공해주는 생각의 원천,
나의 학생들에게 고마움을 전하고 싶다.

함께 읽으면 좋은 책들

대한민국 최고의 전략가 송병락 교수가 말하는
인생과 비즈니스 전쟁에서 반드시 이기는 전략!

전략의 신 송병락 지음 | 18,000원

지금 당장, 당신에게는 써먹을 수 있는 '전략'이 있는가? 역사와 비즈니스 속의 위대한 전략가들의 흥미진진한 읽을거리는 물론 독자들이 지금이라도 당장 써먹을 수 있는 전략이 한 상 가득하다. 세상의 패러다임을 읽고, 기상천외한 방법으로 상대를 무력화하고, 강한 상대와 싸워 이기는, 우리가 쓸 수 있는 세상의 모든 전략을 배운다.

사원에서 CEO까지, 업業의 본질을 꿰뚫기 위해 꼭 읽어야 할 책!
상품이 아니라 가치를 팔아라!

모든 비즈니스는 브랜딩이다 홍성태 지음 | 18,000원

동네빵집도 '브랜드' 없이는 살아남기 힘든 시대. 이제는 소비자의 마음에 어떠한 인식을 심어주느냐가 기업의 성패를 좌우한다! 경영학계 최고 권위자 홍성태 교수가 소비자 심리 관점에서 브랜드 컨셉을 도출하고 브랜드 체험을 관리하는 7가지 요소를 통해 브랜딩의 전 과정을 체계적으로 안내한다.

초연결 시대를 지배한 빅브라더들의 세상, 판을 벌이고, 매개하고, 점령하라!
앞으로의 세상, 미래의 기회는 모두 '매개'에 있다!

매개하라 부와 권력의 대이동, 누가 움켜쥐는가?
임춘성 지음 | 16,000원

당신의 업業에 '매개'를 접목하라! 이 책은 완전히 달라진 비즈니스 판도를 읽기 위해 반드시 알아야 할, 필터, 커뮤니케이터, 모빌라이저, 코디네이터, 어댑터, 에이전트, 매치메이커, 컴바이너 등 8가지 매개 전략을 소개한다. 새로운 비즈니스 모델, 유망 아이템은 둘론이고, 당신의 일, 먹고사는 모든 문제, 자녀의 미래직업 등 세상의 축이 어떻게 변하고 있는지를 상세히 보여준다.

세상을 바꾼 놀랍고도 위험한 '생각의 지성사'
"모든 아이디어의 어머니는 모든 오래된 생각들이다!"

리씽크 오래된 생각의 귀환 스티븐 풀 지음 | 22,000원

새로운 비즈니스, 새로운 아이디어, 모든 새로운 생각들의 연계고리를 밝히다! "군대의 침략은 막을 수 있으나 제때를 만난 사상은 막을 수 없다."라는 빅토르 위고의 말처럼 이 책은 '제때'를 만난 아이디어들을 다룬다. 급변하는 시대를 사는 우리에게 필요한 것은 먼지 쌓인 오래된 생각을 꺼내어, 과거에 빠졌던 퍼즐 조각을 채움으로서 현재와 현명하게 결합시키는 것이다.